魏全记 主编

析案说法
——专业化的引力

中国民主法制出版社

图书在版编目(CIP)数据

析案说法：专业化的引力 / 北京京师（天津）律师事务所，魏全记主编. —北京：中国民主法制出版社，2024.11. —ISBN 978-7-5162-3771-7

Ⅰ. D926.5

中国国家版本馆 CIP 数据核字第 20244MC139 号

图书出品人：刘海涛
责 任 编 辑：李　郎

书名／析案说法——专业化的引力
作者／北京京师（天津）律师事务所　魏全记　主编

出版·发行／中国民主法制出版社
地址／北京市丰台区右安门外玉林里 7 号（100069）
电话／（010）63055259（总编室）　63058068　63057714（营销中心）
传真／（010）63055259
http：// www.npcpub.com
E-mail：mzfz@npcpub.com
经销／新华书店
开本／16 开　710 毫米×1000 毫米
印张／14　字数／244 千字
版本／2025 年 1 月第 1 版　2025 年 1 月第 1 次印刷
印刷／三河市宏图印务有限公司

书号／ISBN 978-7-5162-3771-7
定价／56.00 元
出版声明／版权所有，侵权必究。

（如有缺页或倒装，本社负责退换）

编 委 会

主　　编：北京京师(天津)律师事务所　魏全记

编委成员：(按姓氏首字母排序)

蔡　明　　冯　帅　　高　杨　　郭星星

黄露娟　　孔令雨　　李　艳　　李跃东

梁晓光　　苗　菲　　潘　锦　　乔飞行

肖玉超　　张文娟　　左　照

序 一

良法善治是对美好社会的期盼。法律作为一种社会规范和治理工具，承载着维护公平正义、促进社会和谐的重任。在人类历史长河中，法律不断发展演变，为我们提供了丰富的思想资源和实践智慧。

作为社会治理的基石，法律始终与我们的生活紧密相连。它规范着我们的行为，保障着我们的权益，同时也维护着社会的公平与正义。然而，法律条文往往显得抽象而晦涩，难以被普通人所理解。因此，我们需要用一种更加生动、直观的方式来解读法律，让它成为我们生活的一部分。析案说法，正是从法律案例入手，将抽象的法律规定与具体的生活实践相结合，让读者在了解法律知识的同时，也能从中汲取人生的智慧与启迪。

2023年初，京师律所为推动律所的专业化迭代升级，特提出在海口、深圳、太原、天津、山东等京师体系以律所名义推出系列《析案说法》，副标题分别冠以专业化的魅力、专业化的深度、专业化的荣光、专业化的引力、专业化的影响，逐步组成系列书籍，形成品牌合力，提高京师品牌美誉度。

本书精选了一系列具有代表性和启发性的法律案例，从民事纠纷到刑事犯罪，从合同纠纷到知识产权，涵盖了法律领域的各个方面。每个案例都经过精心挑选和深入剖析，力求展现法律案例的完整面貌，让读者能够从中领悟法律精神的精髓。

在本书的撰写过程中，作者注重理论与实践相结合，既有对法律理论的深入阐述，也有对法律实践的详细分析。我们力求做到严谨、客观、公正。我们尊重每个案例的事实与证据，遵循法律的逻辑与推理，力求还原案例的真实面貌。同时，我们也注重案例的启发性和教育性，通过案例的分析与解读，引导读者深入思考法律与生活的关系，从中汲取宝贵的经验教训。

本书凝聚了京师（天津）律所律师总结的办案成果和实务经验，愿本书能够成为您探索法律世界、领悟人生智慧的良师益友。在阅读的过程中，愿您能够感受到法律的魅力与力量。

最后,感佩每一位参与编写的京师律师,感谢京师(天津)律所以及行政服务团队的大力支持,感激百忙之中为本书作序的各位专家老师,感怀每一位支持本书出版的同人,谢谢您们!

邵雷雷　蔡春雷
北京市京师律师事务所创始合伙人
2024 年 6 月于北京

序 二

　　党的二十大报告指出,坚持全面依法治国,推进法治中国建设。纵观全球,世界各国的法治建设事业均离不开律师的参与。京师(天津)律所作为天津市乃至国内颇具规模的知名律所,其业务范围覆盖面广、办案能力强并且热心公益,具有社会责任感,成为首都经济贸易大学法学院在天津市区内共建的第一家教学实践基地。该所律师不仅擅长法律实务操作,更致力于理论研究与实战经验的总结,在繁忙工作之余著成《析案说法——专业化的引力》一书,实为不易。

　　全书内容聚焦于民商事、刑事领域以及民刑交叉领域的典型案例。书中选取的案例,多为京师(天津)律所律师亲自承办的案件。特别是在紧扣当前与生活密切相关的热点法律问题的基础上,加入学界与实务界较为关注的难点、争点问题,通过"案情梳理""争议焦点""理论基础""裁判结果""诉讼经验总结"等结构设计,着眼于细微之处,抽丝剥茧进行法律分析。

　　本书写作简洁而周到。简洁,主要体现在表达清晰、用语规范准确,阐释问题语言明确而清晰;周到,则体现在每一个案例分析的逻辑设计之连贯、立意之专业、内容之丰富。全书以案例为引、立足实践,致力于为读者呈现一个细致、深刻的研究成果,不仅涵盖了必要的理论分析,还总结了丰富的司法实践经验,更强调各种实务操作的指导,实现了理论和实践的紧密结合。因此,本书不仅适用于司法工作人员、律师、公司法务等法律实务工作者,也能满足法学教学与研究人员的需求。同时,该书对涉案纠纷处理的当事人和对法律实操感兴趣的普通读者也有极高的参考价值。

　　本书凝结了京师(天津)律所多位律师的智慧与辛勤努力,他们结合自身丰富的办案经验,以案例为主线,解释法律规范,将案件事实与法律关系层层铺开,条分缕析。这一写作与创作的过程不仅是对自身办案过程的反思和总结,更是将个体经验与见解外化为智慧,成为提升个人能力的有效途径。另外,本书也旨在引导读者思考和把握事实认定与法律适用之间的辩证关系,探明法律规范的意义并总结诉讼经验,进而获得专业化的方法与技巧。相信对于民商事、刑事以及民刑交叉等领域感兴趣的读者，通过阅读本书能够有所收获。

同为法律从业者，我为京师（天津）律所在专业化道路上所取得的成果而深感欣喜，衷心祝愿该律所能持续发扬其专业优势，为法学科研与实践工作贡献更多力量。同时，我也愿意与法律职业共同体内的各位同行并肩前进，为繁荣我国法治事业作出自己应有的贡献。

是为序。

张世君
首都经济贸易大学法学院院长、教授、博士生导师
2024年4月26日

序 三

《析案说法——专业化的引力》作为京师律师事务所出版的系列丛书之一,是京师律师在法律实践上的智慧结晶和深刻思考,更是京师律师致力于推进法治进步、践行社会责任的充分体现。法律,作为社会文明的基石,承载着公正、公平和秩序的期许。法律并不是那么的刻板、空洞、枯燥,也有它的灵动性、丰满性、趣味性,同时更是对正义、良知和人性的深刻理解。

本书旨在通过深入剖析案例、以案说法的方式展现内容,深入浅出地以法理分析、罗列法律规定、司法案例对比、实践总结为内容结构进行编写。文章通俗易懂、结构清晰,有利于读者利用碎片化时间阅读或进行相关案例的查阅参考。同时,本书分析案件背后的办案、审判逻辑,引导读者深入思考与探索。每一个法律案例都反映着社会的现实,法律书籍更是我们理解法律、运用法律的工具。本书的编著,不仅是为了传授法律知识,更是为了传递法律精神,引起读者对法律的热爱和追求、了解法律的内涵和价值,有利于促进读者对法律的思考和探索。

在本书的编写过程中,我们力求准确、客观、全面地呈现法律实践的真实性,查阅了大量的文献资料及法学书籍,参考了大量的司法案例及律师本人承办的真实案例。我们深知,法律是一门博大精深的学问,本书呈现的仅仅是冰山一角、九牛一毛。但我们坚信"众智之所为,则无不成也",用心去探索、学习、实践,必将不断接近法律的真谛。我们也深刻体会到了法律的强大与魅力,法律不仅是一个知识体系,更是一种价值观、一种社会责任。作为法律从业者,我们不仅要掌握法律知识,更要具备良好的道德品质和职业操守。我们要以法律为准绳,以公平与正义为追求,为社会和谐稳定贡献我们的力量。

本书的撰写及出版得到了京师律所总部领导、社会各界专家和学者的支持和指导。他们的宝贵意见和建议,使本书得以不断完善和提高。水积而鱼聚,木茂而鸟集!我们汇集了京师律所多位不同专业律师的文稿,从各个专业角度书写出了高水平的专业文章,展现了我们律师较高的专业能力、深厚的法学功底、丰富的实践经验。在此,向他们表示衷心的感谢!同时,我们更要感谢所有读者,感谢你们的关注和支持,让我们有了持续进步的动力和信心。

本书不是文字的简单堆砌,更包含了律师们丰富的法学知识和对法律实践的深刻思考,期待每一位读者去品阅。更希望能够抛砖引玉,让更多读者学习法律知识。希望这本书能够成为读者探索法律世界的良师益友,陪伴读者在法律的道路上不断成长和进步。同时,我们也深刻知道由于业务能力及文笔有限,书中难免出现错误疏漏之处,敬请广大读者提出更多建议,我们会认真听取,不断丰富改进。

我们法律人"循梦而行,向阳而生",让我们共同携手共进,为实现社会的和谐与进步而不懈努力,在法治的道路上不断勇毅前行!最后,祝愿每一位读者都能在学习法律知识的道路上"行程万里,初心如一",愿每一位读者都能"行而不辍,未来可期",收获属于自己的智慧和成长。

魏全记

北京京师(天津)律师事务所

2024年夏于天津

目 录

商业保理风险的分析与解决方案　　　　　　　　　　　　魏全记　001
从施工单位角度探讨建筑设备租赁合同纠纷
　　常见争议焦点及管理建议　　　　　　　　　　　　　黄露娟　016
票据纠纷中再追索权行使的法律风险及规制　　　　　　　蔡　明　031
掩饰、隐瞒犯罪所得、犯罪所得收益罪与帮助信息网络犯罪活动罪的
　　理论区分及实务处理　　　　　　　　　　　　　　　李跃东　045
居间方切不可反客为主　　　　　　　　　　　　　　　　李　艳　059
建设工程项目"黑白合同"效力认定及结算依据研究　　　张文娟　068
浅析ChatGPT等人工智能技术发展为法律实践工作
　　带来的挑战和变革　　　　　　　　　　　　　　　　左　照　086
追加未届缴资期限股东为被执行人的规则探析　　　　　　郭星星　105
从非法占有目的认定角度界分民事欺诈与刑事诈骗　　　　潘　锦　118
刑事案件中的言词证据浅析　　　　　　　　　　　　　　乔飞行　125
浅析交通事故中的主体责任　　　　　　　　　　　　　　肖玉超　141
网课等视频作品中的信息网络传播权的侵权认定　　　　　冯　帅　163
浅析劳动纠纷案件办理实务　　　　　　　　　　　　　　高　杨　174
股东冒名登记问题探微　　　　　　　　　　　　　　　　梁晓光　186
以"买卖不破租赁"探析"债权物权化"　　　　　孔令雨　苗　菲　204

商业保理风险的分析与解决方案

□ 魏全记[①]

【摘　要】保理业务自20世纪80年代以来在我国得到了快速、稳定发展。商业保理业务也在市场经济制度下得到蓬勃发展,保理业务总量逐年增加。尽管保理业务在我国已经得到长足的发展,但应当说明,我国商业保理行业仍然存在诸多问题,如制度的不完善、法律法规的不健全、市场认知度不高、征信体系不完整、人才缺乏等。以上问题的存在,随之而来的是保理行业风险的不断增加,行业发展的不稳定因素增多,那么保理行业风险分析和风险防控也就成为亟待解决的问题。

【关键词】商业保理;商业保理行业发展;商业保理风险防控

一、商业保理在我国的发展现状

(一) 发展概况

保理业务于20世纪80年代进入我国以来得到了稳定、蓬勃的发展,从2011年起我国已经成为全球最大的保理市场。我国商业保理(本文中除有特别说明外,仅指中国大陆法律及相关规范文件中的商业保理)业务刚刚起步之时,规模较小,对银行保理依赖性比较强。近年来,由于我国经济处于高速发展期,商业保理业务也逐年增加。据统计,2015—2020年,我国注册的商业保理企业从2000多家增加到8000多家,全年保理业务量从2000亿元增加到1.5万亿元。

从总体趋势上看,近年来随着政策的不断调整和法律法规的不断完善,整体上呈稳定趋势,趋于规范发展。

[①] 魏全记,北京京师(天津)律师事务所主任、专职律师、高级合伙人、中小企业争议解决法律事务部主任、中国法学会会员、中华全国律师协会会员、天津市律师协会会员、天津市律师协会律师事务所建设指导委员会副主任、鱼台在京企业商会副会长、国际仲裁云链理事、中国中小企业协会调解中心调解员、天津市金融消费纠纷调解中心调解员、中国商业联合会高级企业合规师、中国管理科学学会法律顾问专业人才。

受不同地区的政策支持力度、经济活跃程度、资源集中程度等因素影响,商业保理公司主要分布在东部沿海地区及北上广深一线城市。

(二)商业保理发展存在的问题

1. 保理行业科技投入不足

商业保理本身属于金融行业,行业发展离不开互联网科技发展和助力,旧的发展模式已经不能适应新的发展。互联网金融已经发展到一个特殊时期,产品良莠不齐,缺乏规范,行业监管存在一定问题,以致对商业保理互联网化、平台化、数据化发展带来负面影响,加之行业科技开发投入力度不足,远远落后于其他金融行业发展。

2. 商业保理行业发展整体放缓

国际商业保理行业发展的趋势逐渐减缓,加之近年来进出口行业的颓势,国内商业保理行业发展放缓。另外,近些年国家加强了对外汇的监管,对金融机构资质的审查比较严格,符合要求的保理公司较少。商业保理公司作为外贸应收账款的保理服务提供商,不能作为收汇主体,缺乏相应的政策支持。

3. 对商业保理公司的政策支持和金融资金支持不足

国内大部分保理业务主要由银行保理机构提供,商业保理公司较少,且少数的商业保理公司业务量有限,业务范围相对较窄。由于地区的发展不平衡,商业保理机构相对集中在政策相对较好的地区,其他相对落后或经济不活跃地区缺乏相应政策支持,长足发展受限。结合目前金融行业发展的现状,系统性金融风险仍然较高,保理行业融资渠道有限。商业保理作为供应链金融的一部分,资金渠道尤为重要。如果没有资金保障,资金链系统风险就会增加,行业风险也会随之增加。银行金融机构对于商业保理公司授信贷款审核相对严格,商业保理公司也难以提供优质资产提供担保,股东资信差,偿付能力不强,以至银行授信难,融资难的问题难以有效解决,商业保理行业发展将受到限制。

(三)商业保理发展的未来趋势

我国商业保理已经进入一个相对稳定的发展期,商业保理机构的数量也极为庞大,业务量也相对进入稳定期。但商业保理业务相较于国外的商业保理较为单一,且不符合我国市场经济发展的预期。过去三年的新冠疫情,对全球经济影响比较大,对外贸易的增长乏力,给商业保理行业发展带来严峻考验。随着国内利好政策的不断出台和法律法规的不断健全,国内保理行业规模将持续增长,商业保理企业的风控水平和抵御风险能力将显著提高,保理行业业务能力必将有所提高,保理行业得到有序发展,保理行业关联市场主体合作将进一步加强。[①]

二、商业保理案例分析

(一)典型案例一

1. 案件信息

(1)案件名称:平安国际商业保理(天津)有限公司诉尚悦(天津)建材贸易有限责任公司、上海世茂建设有限公司、上海沛夏贸易有限公司保理合同纠纷一案;

(2)审理法院:天津自由贸易试验区人民法院;

(3)审理级别:民事一审;

(4)案号:(2022)津0319民初7088号。

2. 裁判依据

商业保理是综合的金融服务,业务包括应收账款的转让、清收、管理、融资、担保等。民法典实施后基于以上合同纠纷统一按照保理合同纠纷进行审理。应收账款的转让实质上是债权转让关系,如各方合同主体之间意思表示真实,不违反相关法律禁止性规定,应属有效,各方合同主体应当按照协议履行各自义务。

3. 案情简介

(1)2021年3月8日,平安公司与尚悦公司、悦隽公司、悦懋公司、沛夏公司签订《应收账款债权债务转让确认协议》,鉴于平安公司已与君聚公司、启德公司、上海竑诺公司、十丰公司、锋亦公司、致瑞公司就附件表格所列应收账款债权通过签订《公开型无追索权国内保理合同》和相关文件达成相应应收账款债权转让合意,平安公司已取得目标应收账款债权及因该等应收账款债权享有的全部权利。平安公司利益相对方四公司已收悉供应商出具的《应收账款转让通知书》,并根据要求出具了相应回执。

(2)2021年3月8日,担保人世茂公司,债权人平安公司签订《担保协议》,担保范围:担保人应债务人要求,自愿向债权人提供不可撤销连带担保义务,担保人的担保范围为债务人在主合同中应履行的一切义务。世茂公

---

① 参见中国银行业协会保理专业委员会编著:《中国保理产业发展报告(2020—2021)》,中国金融出版社2022年版,第109—111页。

司的股东世茂投资控股公司签署《股东决定》,同意公司与平安公司签订的《担保协议》。

(3)2021年3月8日,卖方/转让方锋亦公司,保理商/受让方平安公司签订《公开型无追索权国内保理合同》,约定卖方愿意将目标应收账款债权转让给保理商,保理商同意按照本合同约定的条件和方式受让目标应收账款债权,支付应收账款转让价款并提供应收账款管理、催收等服务。

(4)2021年3月8日,锋亦公司向尚悦公司发送《应收账款转让通知书》,通知目标应收账款债权及因该应收账款债权享有的全部权利已转让予保理商。同日,尚悦公司向锋亦公司发送《应收账款转让通知书回执》,知晓并同意应收账款债权已转让予平安公司的事实,同意出具的《付款确认书》的约定,向保理商履行相应付款义务(含触发提前清偿事件时的提前清偿义务)。同日,尚悦公司向锋亦公司发送《付款确认书》,承诺:将于目标应收账款债权到期日的前一个工作日15:00前自行或通过己方委托的第三方向债权人清偿目标应收账款债权,直至目标应收账款债权获得全部清偿。2021年3月16日,上述保理业务在中国人民银行征信中心办理动产担保登记证明-初始登记。2021年3月17日,平安公司向锋亦公司转款21,030,800.00元。

(5)2021年3月8日,卖方/转让方启德公司,保理商/受让方平安公司签订《公开型无追索权国内保理合同》,约定卖方愿意将目标应收账款债权转让给保理商,保理商同意按本合同约定的条件和方式受让目标应收账款债权,支付应收账款转让价款并提供应收账款管理、催收等服务。

(6)2021年3月8日,启德公司向尚悦公司发送《应收账款转让通知书》,通知目标应收账款债权及因该应收账款债权享有的全部权利已转让予保理商。同日,尚悦公司向启德公司发送《应收账款转让通知书回执》,知晓并同意应收账款债权已转让予平安公司的事实,同意按出具的《付款确认书》的约定,向保理商履行相应付款义务(含触发提前清偿事件时的提前清偿义务)。同日,尚悦公司向启德公司发送《付款确认书》,承诺:将于目标应收账款债权到期日的前一个工作日15:00前自行或通过己方委托的第三方向债权人清偿目标应收账款债权,直至目标应收账款债权获得全部清偿。2021年3月16日,上述保理业务在中国人民银行征信中心办理动产担保登记证明-初始登记。2021年3月17日平安公司向启德公司转款40,048,897.34元。

(7)2021年3月8日,卖方/转让方致瑞公司与保理商/受让方平安公司签订《公开型无追索权国内保理合同》,约定卖方愿意将目标应收账款债权转让给保理商,保理商同意按本合同约定的条件和方式受让目标应收账款债权,支付应收账款转让价款并提供应收账款管理、催收等服务。

（8）2021年3月8日，致瑞公司向尚悦公司发送《应收账款转让通知书》，通知目标应收账款债权及因该应收账款债权享有的全部权利已转让予保理商。同日，尚悦公司向致瑞公司发送《应收账款转让通知书回执》，知晓并同意应收账款债权已转让予平安公司的事实，同意按出具的《付款确认书》的约定，向保理商履行相应付款义务（含触发提前清偿事件时的提前清偿义务）。同日，尚悦公司向致瑞公司发送《付款确认书》，承诺：将于目标应收账款债权到期日的前一个工作日15:00前自行或通过己方委托的第三方向债权人清偿目标应收账款债权，直至目标应收账款债权获得全部清偿。2021年3月16日，上述保理业务在中国人民银行征信中心办理动产担保登记证明－初始登记。2021年3月17日，平安公司向致瑞公司转款19,256,000.00元。

4. 裁判要点

（1）商业保理合同关系中的应收账款转让是否符合法律规定，签署应收账款转让协议是否合法有效？应收账款实际上就是债权转让，债权转让只要不违反法律强制规定，各方主体为真实意思表示，且通知债权人后，债权转让发生效力，各方主体应当按照协议履行各自义务。

（2）供应链金融服务费约定在应收账款转让协议中，该费用是否有法律依据？是否应当由债务人承担？金融服务费是各方主体的意思自治，应收账款转让协议中明确约定的承担费用计算标准，为各方主体真实意思表示，并不违反法律强制规定，应当按照协议约定由债务人承担。

（3）应收账款债权转让是否可以提供担保人？担保人承担什么责任？担保是否符合规定？担保人是为债务人提供自然人的保证，其如果为真实意思表示，其应当承担保证责任。但保证人承担保证责任后，除当事人另有约定外，有权就已承担部分向债务人进行追偿。

（4）应收账款债权转让是否可以有共借人？共借人如何定性？共借人承担什么责任？共借行为是否违反法律规定？共借行为实质上是债务的加入或共同债务人，如果为真实意思表示，并不违反国家强制性法律规定，其应当共同承担还款责任。

5. 裁判结果

2023年1月16日，天津自由贸易试验区人民法院作出一审民事判决：

（1）尚悦公司于本判决生效之日起10日内给付平安公司应收账款80,335,697.34元及罚金（以应收账款80,335,697.34元为基数，自2022年3月18日起至实际付清之日止，按日息万分之四计算）；

（2）尚悦公司于本判决生效之日起10日内给付平安公司供应链金融服

务费1,335,804.12元及罚金（以供应链金融服务费1,335,804.12元为基数,自2022年3月18日起至实际付清之日止,按日息万分之四计算）；

（3）尚悦公司于本判决生效之日起10日内给付平安公司律师费10,000元；

（4）世茂公司对尚悦公司应负的上述金钱给付义务承担连带给付责任,代偿后,有权在其已承担保证责任的范围内向尚悦公司追偿；

（5）沛夏公司对上述第二、三项中尚悦公司不能清偿部分的二分之一承担赔偿责任；

（6）驳回平安公司的其他诉讼请求。

(二)典型案例二

1. 案件信息

（1）案件名称：中国普天信息产业股份有限公司、中国华融资产管理股份有限公司湖北省分公司等合同纠纷一案；

（2）审理法院：中华人民共和国最高人民法院；

（3）审理级别：民事二审；

（4）案号：(2022)最高法民终284号。

2. 裁判依据

本案所涉业务类型为公开型有追索权保理,主要内容包括应收账款的管理和催收、资金的融通等,符合保理合同的特征。本案是保理合同履行过程中,各主体之间发生的争议,属于保理合同纠纷。《最高人民法院关于适用〈中华人民共和国民法典〉时间效力的若干规定》第十二条规定："民法典施行前订立的保理合同发生争议的,适用民法典第三编第十六章的规定。"据此,本案应当适用《民法典》第三编第十六章（保理合同）的相关规定作为裁判依据。《民法典》第十六章第七百六十九条规定："本章没有规定的,适用本编第六章债权转让的有关规定。"

3. 案情简介

（1）普天信息公司与华融湖北分公司、宏鑫实业公司、伟业公司、康怡公司等保理合同纠纷一案,原由建行钢城支行提起诉讼,湖北高院于2017年6月8日作出(2014)鄂民二初字第00024号民事判决。建行钢城支行不服该判决提起上诉,最高人民法院于2018年12月19日以(2018)最高法民终72号民事裁定将本案发回重审,湖北高院依法另行组成合议庭对本案进行了审理。因建行钢城支行将案涉债权转让给华融湖北分公司,湖北高院依法准许华融湖北分公司替代建行钢城支行作为原告参加诉讼,并于2022年3

月9日作出(2019)鄂民初13号民事判决。普天信息公司不服该判决,提起上诉。普天信息公司上诉请求:依法撤销(2019)鄂民初13号民事判决第五项,改判驳回华融湖北分公司的全部诉讼请求;依法判决普天信息公司不承担本案一、二审案件受理费。

(2)2013年9月26日,宏鑫实业公司与普天信息公司签订编号为CPGJ-01-2013-0265的《20万吨钢材供应链项目采购框架合同》(926合同),载明:买方普天信息公司向卖方宏鑫实业公司采购20万吨钢材,钢材的种类、名称、规格、数量、单价和总价、交货日期、交货方式等具体条件由买方订单确定;货款于货物交付且买方出具正式《收货确认书》后180日内支付;本合同从签订之日起有效期为2013年10月1日至2014年9月30日。

(3)2013年10月12日,宏鑫实业公司与普天信息公司签订编号为CPGJ-01-2013-0265的《20万吨钢材供应链项目采购框架合同》(1012合同),合同约定的内容与上述926合同内容一致,但在合同第十一条有"未经另一方事先书面同意,合同任何一方无权转让本合同或其中任何权利"的约定。

(4)2013年10月12日,普天信息公司(甲方)、宏鑫实业公司(乙方)、君盛公司(丙方)签订三方协议,约定:①20万吨钢材的项目产品质量、技术标准、包装、运输等问题由乙方负责解决,丙方可以与乙方协商解决。②与20万吨钢材的项目相关的资金往来,如丙方未按照合同约定时间向甲方支付货款,则甲方无须支付乙方货款,由乙方同丙方协商解决付款问题。③本合同中丙方指定的供货商为乙方,因货物质量产生的问题由乙方直接对丙方负责,甲方不承担任何责任。

(5)20万吨钢材项目的具体执行由甲方与乙方、甲方与丙方分别签署框架合同,并以订单的方式执行。

(6)2014年5月14日,宏鑫实业公司与建行钢城支行签订编号为GCBL2014-宏鑫《有追索权国内保理合同》,约定建行钢城支行为宏鑫实业公司提供最高额20,510万元有追索权公开型国内保理授信额度,额度有效期自2013年10月1日起至2015年4月17日止。编号为BL2013-宏鑫《保理合同》项下未到期债项及相关所有业务按本合同条款执行。保理预付款的利息按日计算,按照每笔保理预付款发放当日中国人民银行公布的同期限同档次贷款基准利率上浮5%。结息方式为按月结息,结息日固定为每月的第20日。如不能按照约定的结息日付息,则自次日起计收复利。逾期罚息计算方法为:逾期罚息=逾期未支付的款项×逾期罚息率×逾期天数,其中逾期罚息率按照保理预付款利率上浮50%计算。宏鑫实业公司应承担其违反本合同任一约定导致的费用(包括但不限于建行钢城支行实际发生的

(7)2013年11月5日至2014年5月21日,建行钢城支行按照宏鑫实业公司出具的《保理预付款支用单》《20万吨钢材供应链合同》项下订单、《收货确认书》《应收账款转让申请书》等,分九次受让宏鑫实业公司对普天信息公司的应收账款债权累计28,829.221552万元。建行钢城支行分九次将总计20,350万元保理预付款发放至宏鑫实业公司的账户。上述款项到期后宏鑫实业公司全部未偿还。

4. 裁判要点

(1)本案是否应适用《民法典》?

宏鑫实业公司与建行钢城支行于2014年5月14日签订的《有追索权国内保理合同》明确约定,本案所涉业务类型为公开型有追索权保理,主要内容包括应收账款的管理和催收、资金的融通等,符合保理合同的特征。本案是保理合同履行过程中,保理人与债权人、债务人之间发生的争议,属于保理合同纠纷,适用《民法典》。据此,1012合同中"未经另一方事先书面同意,合同任何一方无权转让本合同或其中任何权利"的约定不能对抗华融湖北分公司,一审法院适用法律并无不当。普天信息公司关于一审法院适用《民法典》第五百四十五条之规定属于适用法律错误的主张不能成立。

(2)关于案涉两份基础交易合同是否真实?

1012合同系原件,普天信息公司与宏鑫实业公司作为缔约双方对该合同真实性均无异议,法院予以认定。华融湖北分公司主张1012合同及三方协议系恶意串通签订,但并未提供证据予以证明,法院不予支持。926合同仅有复印件,没有原件可以核实,真实与否无法查证。如926合同为虚假,自然不应作为裁判依据;即便926合同为真,因其后的1012合同已对926合同进行了变更,增加了限制债权转让条款,亦不应再以926合同作为本案的裁判依据。因此,无论926合同真伪均不影响本案裁判结果。

(3)普天信息公司是否应当承担赔偿责任?

1012合同第二条约定,普天信息公司在合同签订7个工作日内,向宏鑫实业公司发出首批订单,货款在货物交付且普天信息公司出具正式《收货确认书》后180日内支付。三方协议约定,与20万吨钢材的项目相关的资金往来,如君盛公司未按照合同约定时间向普天信息公司支付货款,则普天信息公司无须支付宏鑫实业公司货款,由宏鑫实业公司同君盛公司协商解决付款问题。据此,三方协议事实上变更了1012合同中普天信息公司和宏鑫实业公司关于付款主体和付款条件的约定。君盛公司未向普天信息公司付款的情况下,普天信息公司可以根据协议向宏鑫实业公司主张不承担付款责任。鉴于1012合同及三方协议签订于2013年10月12日,早于普天信息公司接到债权转让通知的时间,故三方协议中对付款主体和付款条件的变更对保理人发生效力。依据三方协议,在君盛公司未向普天信息公司付款的情况下,普天信息公司无须向宏鑫实业公司付款,亦有权据此向债权受让人华融湖北分公司抗辩。华融湖北分公司起诉请求,均是基于保理合同提出,并未主张普天信息公司承担损失赔偿责任。一审法院在判决宏鑫实业公司偿还保理预付款本金20,350万元及利息,普天信息公司不承担债务偿还责任的同时,判决普天信息公司对华融湖北分公司债权不能收回的部分承担30%的损失赔偿责任,超出了当事人的诉讼请求。在合同有效的情况下,应按约定认定各方当事人应承担的合同义务和责任,而非适用缔约过错责任。对保理合同所依据的基础合同及应收账款的审核是防范保理风险的手段,应为建行钢城支行的责任。普天信息公司不是保理合同当事人,不具有主动告知建行钢城支行基础合同变更的合同及法律义务。一审法院以普天信息公司未及时告知建行钢城支行基础合同变更的事实,违反了诚信原则,酌定其在宏鑫实业公司及各担保人承担责任后,对华融湖北分公司仍不能收回的损失承担30%的赔偿责任不当,二审法院予以纠正。

5. 裁判结果

(1)一审判决结果

宏鑫实业公司于该判决生效后15日内向华融湖北分公司偿还保理预付款本金20,350万元及利息(从每笔保理预付款本金发放之日起按该笔保理预付款发放当日中国人民银行公布的同期限同档次贷款基准利率上浮5%计算至2019年8月19日,自2019年8月20日起,按中国人民银行授权全国银行间同业拆借中心发布的同期限同档次贷款市场报价利率上浮5%计算至到期之日止;逾期利息在期内执行利率基础上再上浮50%,从每笔保理预付款本金到期的次日起计算至清偿之日止);宏鑫实业公司于该判决生效后15日内向华融湖北分公司支付律师费30万元;华融湖北分公司就该判决第一项、第二项确定的湖北宏鑫实业有限公司债务分别在担保责任的最高限额范围内对以下抵押物折价或者拍卖、变卖所得价款优先受偿:(略);伟业公司、康怡公司、宏鑫工贸公司、君盛公司、劳业公司、程某1、祁某、程某2、胡某分别在最高额3.5亿元范围内对该判决第一项、第二项确定的宏鑫实业公司债务承担连带清偿责任。伟业公司、康怡公司、宏鑫工贸公司、君盛公司、劳业公司、程某1、祁某、程某2、胡某承担担保责任后,有权向宏鑫实业公司追偿;对于华融湖北分公司的债权不能收回的部分,普天信息公司承担30%的赔偿责任;驳回华融湖北分公司的其他诉讼请求。若未按该判决指定的期间履行上述给付金钱义务,应当依照《民事诉讼法》(2021年修正)第二百六十条之规定,加倍支付迟延履行期间的债务利息。

(2)二审判决结果

维持湖北省高级人民法院(2019)鄂民初13号民事判决第一、二、三、四项;撤销湖北省高级人民法院(2019)鄂民初13号民事判决第五、六项;驳回中国普天信息产业股份有限公司的其他上诉请求;驳回中国华融资产管理股份有限公司湖北省分公司的其他诉讼请求。

三、商业保理的风险分析

商业保理作为市场经济行为,保理企业作为市场经济主体,参与市场经营过程中难免出现相应的经营风险。保理企业属于金融类机构,其主要面临的风险与其他机构类似,但又有所不同。按照不同的分类风险类型也不同,一般存在信用风险、流动性风险、市场风险、操作风险、法律政策性风险等。比如,按照风险的类型、特点、形成原因进行分类,分为内部风险和外部风险。[①] 本文按照内外风险分析方法,对商业保理企业风险进行分析。

(一)外部风险

1. 政策法律风险

政策法律风险是基础风险,全国性和地方性的政策的制定和实施,关系着商业保理行业的发展,其中又有行业政策法律和宏观政策法律两种不同的风险因素。政策和法律的出台,一般会出现积极影响和消极影响,如果属于消极类型,那么将对商业保理行业造成负面影响。如出台政策限制部分商品进出口,会间接对商业保理细分专业产生影响。法律风险有两个方面:自身法律风险和标的物法律风险(基础合同法律风险)。我国没有具体的商业保理部门法,相应的法律法规并不健全。目前现有法律法规和政策文件较少,难以满足保理行业的发展需要,发展思路和模式缺少政策依据和法律依据。在市场环境下,经济发展具有相应的规律,政策和法律会影响市场行为,风险是难以避免的。

2. 市场环境风险

市场风险同时存在市场竞争风险和客观环境风险。市场风险因素比较多,一般受经济发展周期、国内外经济形势等因素影响,比如供求关系、竞争因素等。保理企业作为市场竞争的主体,除了与本行业企业竞争,还与其他金融机构竞争。竞争可能就会增加成本和经营风险,可能会降低利润,增加

---

① 参见聂峰、谈亮、马泰峰主编:《商业保理风险管理实务与案例》,复旦大学出版社2016年版,第4—12页。

市场风险。客观环境风险因素类似于不可抗力因素,但又有区别,主要是环境因素,比如经济环境、进出口环境、政策环境等。

3. 金融风险

金融风险主要是利率风险和汇率风险。近年来,随着经济发展进入一个新的阶段,央行不断调整银行存款利率和贷款利率,利率本身作为宏观调控的手段,其调整会直接影响市场经济活跃程度。同时,商业银行作为主要的参与主体,利率调整也决定着存贷款市场的情况,商业银行作为保理行业的主要贷款资金来源或间接融资渠道,其发放贷款的审核机制及放贷率会受利率调整的直接影响。商业银行也会将金融风险直接或间接转嫁给贷款的商业保理企业,商业保理企业经营风险随之增加。汇率是对外两种货币的比率,汇率变化直接影响外贸进出口行业,商业保理行业对外贸行业有着巨大依赖,汇率风险会对商业保理行业造成直接影响。汇率风险,又称外汇风险,汇率波动对进出口影响极大,同时会影响证券市场和金融市场,商业保理的业务端和资金端也会受到其波动影响。

4. 行业风险

行业风险主要指特定行业风险,直接或间接对保理行业造成的风险,其表现形式多为间接风险,而非直接影响产生的风险。比如,国际能源价格因素,导致进出口石油价格波动,进出口量及限制出口会对保理行业营收产生影响。商业保理公司对交易对手的风险进行评估时,需要考虑交易对手的行业状况,这将影响应收账款的履行情况。[1]

5. 经营和信用风险

一般经营风险是指买方经营和财务状况风险,信用风险指买卖双方履约风险。市场经济主体的经营风险受到行业影响、市场环境影响、宏观政策影响比较大,作为买方(付款方或购入方)的履行付款的能力非常重要,其财务状况风险越高,对参与交易的保理企业造成潜在风险就越大。买方企业管理能力和抵抗风险能力,直接影响企业履约能力。信用风险其实就是违约风险,可以从主客观两个方面分析,客观方面一般是指因客观因素,如企业被申请破产、资产被查封、资金被冻结等因素。主观方面,其拒绝履行约定或故意不履行约定,可能导致民事欺诈、刑事诈骗的法律后果,继而引发诉讼或仲裁,从而导致保理公司利润率降低,风险增加。

---

[1] 参见聂峰、谈亮、马泰峰主编:《商业保理风险管理实务与案例》,复旦大学出版社 2016 年版,第 5 页。

6. 国际形势风险

国际形势一般可以理解为经济形势和政治形势，两种重要的形势直接影响国际贸易，同时对国际保理行业产生影响。商业保理企业对国际贸易的依赖程度比较高，国际贸易风险是商业保理风险的重要风险因素之一。国际金融风险，也会影响国内政策及行业，对于保理行业风险的增高有着重要影响。政治局势对于双边政策和国际区域经济发展和贸易稳定性有着实质影响。政治局势的紧张直接会导致贸易风险增加或直接导致双边贸易的停滞，直接导致风险的产生，也将给保理行业带来严重负面影响。

7. 不可抗力因素风险

不可抗力一般指不能预知或已经预知但不能归责于交易主体而发生的风险。例如，战争、疫情、自然灾害等不可抗力因素，导致保理企业的客户履约能力降低或不能履约，从而导致风险的产生。不可抗力因素风险发生概率较小，但是作为风险类型之一，仍然应当考虑相应的预防解决方案，以便降低交易主体风险和保理行业风险。

（二）内部风险

1. 企业管理能力差和管理制度不完善

企业管理能力决定企业生存与发展。企业管理能力的重要内容之一是风险管理能力。企业风险管理和治理是企业管理者的重要工作内容，也是核心。对于企业风险的管理，应当加以重视。应当制定相应的风控流程和风控制度，建立风控体系，解决风控难题。可以参照《中央企业全面风险管理指引》的相关要求和规范制定企业内部风控操作流程和制度，以便加强企业的管理，增加企业抵御风险的能力。企业管理制度作为企业管理的核心，是企业运营的重要保障，是企业管理的依据。制度的不完善自然也就会导致管理的不完善，从而引发一系列管理风险。

2. 企业内控、监督、预警机制不健全

财政部等五部门在2008年就公布了《企业内部控制基本规范》，并于2010年颁布了企业内部控制配套指引，由此可见企业内控是多么重要。规范和指引均是引导企业重视内控、建立监督和预防机制，促进企业健康发展，为企业提供风险防控的保障和重要参考依据。企业监督机制一般不被重视，故监督机制缺失普遍存在，导致企业组织机构不健全，经营监督无法保障，滋生腐败、违规、违法行为风险。风险预警机制建立有利于增强企业风险控制能力，能有效抵御企业风险。建立完整的、系统的、有效的风险预警体系尤为重要。提前预知企业风险，如资产风险、监督评级、负债风险、融

资风险、关联交易风险等,以便企业及时采取应对方案,采取必要措施,减少风险的发生。

3. 财务风险控制能力弱

企业财务风险主要集中在财务收支、固定资产管理、利润分配、融资管理等方面,企业应当制定一套财务风险控制制度并进行财务规划。企业缺乏预算规划、税务筹划、财务核销、融资管理等完整制度,直接导致保理企业实现经营目标和利润营收的难度和风险增加。

4. 企业发展规划不清晰、不明确

企业发展需要制订发展目标和长期的发展计划,如果企业发展的规划不清晰,则导致目标不明确,企业发展的方向也不确定。为了企业长期健康、稳定、快速发展,制定有效可执行、可实现的目标是必要的,也是企业发展的内在动力。商业保理企业应当根据现有的经济环境、国家和地方利好政策、自身发展情况制订相应的发展规划,设定目标、制定发展战略。商业保理企业要发展,必须结合自身实际来进行战略规划,制定清晰明确的目标,实现企业的稳健发展。

5. 企业员工风险意识不强

企业员工既包括管理者也包括普通劳动者,作为企业管理和经营的参与者,风险意识尤为重要,这其实是企业管理的薄弱环节,企业应当不断增强员工风险控制意识。如进行安全培训、法律常识培训、制定奖惩办法、建立监督机制、建立个人负责制等,不断提高员工素质,增强识别和控制风险的能力,以减少企业风险。

四、商业保理的风险防控方案

商业保理与银行保理一样均存在较多风险,为了促进保理行业健康发展,近年来我国法律法规在不断完善。北京市地方金融监督管理局为了促进行业健康规范发展,有效防范化解地方金融风险,于2023年5月18日印发《北京市商业保理公司监督管理办法》,目前已经正式实施。结合现有法律法规和司法实践及行业特点,对商业保理风险防范提出以下建议。

(一)建立和完善科学的交易全流程风险管理机制

商业保理的运作模式是多方的,存在多个市场主体,且交易类型相对单一。操作流程中一般会涉及合同签署、物流运输、授信、抵押质押、融资担保、资产评估、交易付款、应收账款等。争议发生或意外发生的交易风险随时会发生,如交易过程中抵押物灭失或被查封、买方信用降低、卖方履约标的物灭失、物流运输延迟等。全流程的风险管理理念尤为重要,每个阶段均应监督防控意外事件发生,避免出现交易瑕疵。要制定整个交易流程的动态风险管理规定,制定完备的业务管理办法、保理流程、操作细则等。结合以上论述,提出以下几点建议:(1)做好贸易背景及单据审核;(2)落实应收账款的合规性、有效性;(3)做好对账、催收、回款管理、争议解决等工作。①

(二)加强客户尽职调查,防范信用风险

保理业务风险防控的最重要前置程序是尽职调查,也是保理业务流程中重要的一个环节,尽职调查不可忽略。保理商一方面要对买卖双方的资信及收付款能力进行评估调查,对双方的资产负债情况、利润营收情况、固定资产情况、企业信用情况、财务状况、税务情况、司法风险进行调查分析和综合研判;另一方面也要对企业行业宏观经济形势、企业市场地位、企业结构、股东情况、企业发展规划等进行分析,以便判断交易双方的履约能力和应收账款偿付能力。

(三)强化风险意识、防范合规风险

保理企业应当强化自身风险意识,重视法律合规,增强法律意识,积极学习法律法规,提高管理者和员工的整体防范意识。建立健全合规培训制度、监督机制、风险预警制度、风险应急预案、事后补救措施。定期对企业内部合规情况监督检查,落实责任,督导改进,尽量减少风险的发生。对此,有三点建议:(1)加强法律法规和政策学习,增强管理者法律风险意识;(2)确保合规经营,预防经营风险;(3)加强保理专业内容的学习,不断提高行业专业能力。

(四)完善内部管理,控制业务操作风险

保理企业面临操作流程烦琐、客户资料多、业务档案管理难度大、事后付款追踪周期长等一系列问题。完善企业内部管理有利于提高企业运营效率,稳定企业发展,有利于业务管理的效率化和精细化,减少业务操作风险。应当健全和完善企业内部人力资源管理、劳动关系管理、财税管理、法律合规管理、业务部门管理、催收管理、纠纷处理机构管理等。各部门协作及业务流程化管理非常重要,应该注意做好以下几点工作:(1)注意加强交易背景的审查;(2)做好应收账款的转让登记工作;(3)做好应收账款的管理工

---

① 参见孙炯炯、张乐乐、曹磊主编:《商业保理概论》,复旦大学出版社2016年版,第90—91页。

作;(4)做好保理业务系统化工作;(5)做好员工保理工作操作流程培训。

(五)做好风险转移和自留工作

风险转移与自留,又称为风险性融资处理方法(risk financing),指的是通过实现的财务计划或合同来筹措资金,以便对风险事故造成的经济损失进行补偿的风险处理方法。[①] 商业保理行为过程中风险是难以避免的,损失也会产生,保理企业一般会采取一些有效的措施或手段来挽回损失和弥补损失。采取的补救措施,其实与事前风险防范机制不同,它实际上是事后的补救,以避免损失的进一步扩大或造成新的风险,故做好风险转移和自留工作非常重要。

五、结语

近年来国际形势瞬息万变,地区紧张局势持续存在。加之,新冠疫情对国际经济造成的冲击和影响,全球经济复苏还需时日。目前的国际经济形势已经给全球人口流动、国际经济合作、物流运输造成极大影响。

2022年底新冠疫情结束以来,我国经济也进入了恢复期。同时,鼓励企业发展政策也不断出台,随着供给侧改革的不断深入,经济逐渐活跃。国家大力鼓励中小企业发展,促进金融行业健康稳定发展,进一步扩大内需、扩大进出口,促进国内和国际经济双循环,增强了企业发展信心。商业保理行业也迎来了新的发展机遇期,也必将在我国这片经济沃土上茁壮成长、稳定发展,为社会主义市场经济发展创造更多价值。

---

① 参见聂峰、谈亮、马泰峰主编:《商业保理风险管理实务与案例》,复旦大学出版社2016年版,第123页。

从施工单位角度探讨建筑设备租赁合同纠纷常见争议焦点及管理建议

——承办某公司近三年同类型案件小结

□ 黄露娟[①]

【摘 要】 建筑设备租赁合同纠纷是建设工程中较常见的争议案件类型,但在民事案由分类中却并不属于建设工程合同纠纷,其与建设工程施工合同纠纷、建设工程分包合同纠纷等建设工程类案件有本质区别。相应地,该类案件也并不适用《最高人民法院关于审理建设工程施工合同纠纷案件适用法律问题的解释(一)》的相关规定,导致该类案件中的常见争议,并无特别有针对性的法律规定予以规范,更多的是引用租赁合同的相关规定,因此,在实务中不同法官也有不同的裁判思路。

在前述背景下,本文结合近三年承办某公司的建筑设备租赁合同纠纷案件,尝试从施工单位的角度,梳理、归纳建筑设备租赁合同纠纷中的常见争议。同时,结合司法判例,从实务以及司法裁判层面进行分析,力图为施工单位维护自身合法权益提供有价值的建议。

【关键词】 建筑设备租赁合同;租赁认定;司法裁判

争议一 建筑设备租赁合同法律关系是否成立

建筑设备租赁合同纠纷案件中,案件当事人首先需要证明的是双方之间存在建筑设备租赁合同法律关系,这也将直接影响案件的管辖及法律适用。

---

① 黄露娟,北京京师(天津)律师事务所高级合伙人、京师国际合作委员会主任、中国政法大学国际法研究院校外导师、中央广播电视总台《法治观察》栏目总法律顾问、北海国际仲裁院仲裁员、北京广播电视台《民法典通解通读》特邀嘉宾、北大博雅EMBA特聘讲师、河北工程大学EMBA特聘讲师、中关村创新研修学院讲师、国际公益学院讲师。

一、如何区分劳务分包合同与建筑设备租赁合同

在建筑设备租赁合同纠纷案件中,由于租赁设备的特殊性,合同中往往会涉及人工的使用并产生相应费用,如脚手架租赁中涉及的搭拆人工费用、吊车租赁中涉及的司机费用等。这类合同中因同时对设备租赁费及人工劳务费进行了约定,往往会导致双方对合同属于建筑设备租赁合同还是劳务分包合同产生争议。

在司法实践中,法院一般会从以下几个焦点问题进行区分判断。

1. 租赁标的物的实际使用人

建筑设备租赁合同系建筑设备所有人将建筑设备交付承租人使用、收益,承租人支付租金的合同,以建筑设备使用权的让渡为基础。因此,在判断合同性质时,应注意区分合同租赁标的物使用权是否进行了移转。

如租赁标的物仅为出租人为完成合同劳务部分而由其自行配备、使用,则应认定租赁标的物使用权未发生移转,不符合建筑设备租赁合同要件,合同应被认定为劳务分包合同。相反,如出租人虽提供了劳务,但租赁标的物实际是由承租人进行使用的,则应认定出租人提供的劳务仅为租赁的附随义务,合同应被认定为建筑设备租赁合同。

2. 合同约定的计价方式

建筑设备租赁合同计价方式普遍为租赁物单价×租期×租赁物数量,而劳务分包合同计价方式一般以完成工程量为依据。因此,合同计价方式也是区分合同性质的重要参考标准。

3. 合同主要条款设置

建筑设备租赁合同的内容一般包括租赁物的名称、数量、用途、租赁期限、租金及支付期限和方式、租赁物维修等条款,而劳务分包合同内容一般包括承包内容、工期进度、质量标准、安全要求等。合同主要条款的不同,将直接导致产生争议的不同。如劳务分包合同中发生的工程质量、工期违约等争议,无法在建筑设备租赁合同纠纷中予以处理解决。因此,合同主要条款的设置也是区分合同性质的重要依据。

二、如何判断建筑设备租赁合同是否成立并生效

1. 签订书面合同的效力

根据《民法典》规定,当事人采用合同书形式订立合同的,自当事人均

签名、盖章或者按指印时合同成立，依法成立的合同，对当事人具有法律效力，当事人应当按照约定全面履行自己的义务。在实践中，如租赁合同加盖施工单位印章的，一般不会产生争议。但由于建筑设备租赁合同租赁标的物较一般租赁合同的特殊性，租赁物实际由项目部使用，因此，经常会出现租赁合同仅加盖项目部印章而未加盖施工单位印章的情况。此时如发生争议，施工单位往往会主张不认可合同效力。理由主要包括项目部未经施工单位授权以项目部名义签订租赁合同，或项目部印章为虚假印章等。

首先，关于项目部签章行为未经授权的主张。在司法实践中，项目部作为施工单位的内部机构，负责项目管理工作，在无特殊约定的情况下，签订的租赁合同一般会被认定有效。同时，因项目部不具有独立的民事法律责任能力，其对外的行为责任应由施工单位承担。

其次，关于项目部印章为虚假印章的问题。根据《民事诉讼法》中关于举证责任分配的规定，如施工单位认为合同加盖的项目部印章为虚假印章，应承担举证责任或申请鉴定。但由于项目部印章与公章、财务章不同，通常情况下不会在公安机关进行备案，因此，即使施工单位申请鉴定，一般也无法提供可以用于鉴定的合规样本，从而使鉴定较为困难，对施工单位不利。

2. 未签订书面合同时，审查是否实际履行

根据《民法典》的规定，当事人采用合同书形式订立合同的，自当事人均签名、盖章或者按指印时合同成立。在签名、盖章或者按指印之前，当事人一方已经履行主要义务，对方接受时，该合同成立。

在建筑物租赁合同纠纷中，如未签订书面租赁合同，一般会从以下几个方面对是否实际履行进行认定。

（1）是否有交付、签收记录；

（2）是否曾支付租赁费用；

（3）现场是否曾使用过租赁物；

（4）如未实际履行是否曾进行催告或主张违约责任等。

三、管理建议

1. 达成建设设备租赁的合意后应第一时间签订书面合同

实务中，施工单位因合同签订流程复杂或其他原因，导致已实际使用租赁物时双方还未签订书面合同，甚至曾出现租赁物已经使用完毕退回出租方时,双方还未签订合同。如此时双方发生争议诉至法院,施工单位作为支付费用的一方,无法就租金的计算方式进行举证,将承担极大风险。因此,建议施工单位第一时间签订书面合同,尽量避免出现先履行后补合同的情形。如确实不能在使用前签订合同的,则尽可能让出租方对租赁合同的主要条款(比如租金标准、租期、租赁物数量等)进行单方书面确认。

2. 关于项目部印章的使用

为避免项目部印章被用于签订经济合同,一方面,可在印章中加刻"不得用于签订经济合同"的字样,避免表见代理的出现;另一方面,可在合同模板中注明签订合同需加盖施工单位公章/合同专用章,仅加盖项目部印章及项目人员签字合同不生效的条款,明确约定合同生效条件。

3. 关于合同实际履行的问题

施工单位在项目现场不可避免地会参与材料的进出场,项目部人员应对各种材料的确认签字秉持高度审慎态度,对于与施工单位无合同关系的材料进出,不进行任何签认,避免因此造成合同实际履行的假象。

争议二　租赁物数量及租期的认定

建筑设备租赁合同纠纷案件中,租赁物数量及租期往往是法院需要重点审查的关键性问题。在实务中,较为常见的争议焦点包括:对数量及租期的确认、签证是否合法有效、未经授权人员签字是否有效、租期截止时间如何确认、因出租人拒不收回租赁物产生的租期争议等。

一、对数量、租期的确认及未按照合同约定形式进行签证的效力以及表见代理问题

建筑设备租赁合同法律关系与一般的租赁合同法律关系不同,基于建设工程的不确定性,施工单位在与出租人签订租赁合同时,往往无法确定具体的租赁物数量以及租期,合同中仅进行估算,最终结算需以实际发生为准。因此,在合同履行过程中就需要施工单位与出租人随时对已发生租赁物数量及租期进行确认。在此情况下,双方就会因签认文件是否有效产生争议。这种争议出现大致因两类情形:一是合同约定了签认人员及形式的情况下,实际签认文件不符合同约定;二是合同未约定签认人员及形式的,由现场工作人员完成签认。

1. 对数量、租期的确认及未按照合同约定形式进行签证的效力认定

在多数较为规范的建筑设备租赁合同中,双方往往会明确约定租赁物数量及租期的确认文件格式,以及有权进行确认签字的人员身份。但基于施工现场人员的复杂性,往往会出现实际签字人员并非合同约定人员或签字格式不符合合同约定的情形。在此情况下,施工单位通常会以确认文件不符合合同约定为由主张签认无效。

实务裁判中该种情况并不会直接导致瑕疵签认文件被认定无效,而仅是增加了认可签认文件一方的举证责任。具体而言,法院认为签认文件仅是一种形式,用来确认实际发生租期及租赁物数量等事实问题。当出现签认文件不符合合同约定形式时,该份签认文件本身的证明力降低。此时,需要提交签认文件的一方另行提供其他证据,证明文件中所载内容确已实际发生。最终法院也会综合考虑全部证据,根据事实进行裁判,而不会仅以签认文件是否有效判断文件载明内容的真实性。

2. 表见代理

所谓表见代理是指代理人实施代理行为时虽然无代理权,但因有权利外观,善意且无过失的相对人有理由相信代理人有代理权,为保护善意相对人的合理信赖,善意相对人有权主张该无权代理发生有权代理的效果。简单举例,施工单位虽未授权现场某项目人员与出租方进行租期及租赁物数量的确认,但如果出租方有理由相信该项目人员有权代表施工单位进行确认时,即使该项目人员未经授权,该确认行为也依法生效。在实务中,法院主要通过以下四点确认是否构成表见代理。

(1)签认人员在签认时是否无代理权。如有代理权则无须核实其他要件,施工单位应承担签认的法律后果。

(2)签认人员有权利外观,也就是有让出租人相信其有权代表施工单位的事实和理由。实务中存在以下几种情形时,一般会被法院认定有权利外观:签认人员曾代表施工单位签认过类似文件且施工单位认可;施工单位明知签认人员进行了签字但未提出过异议;签认人员曾有施工单位授权后被撤销,但施工单位未通知出租人的。

(3)出租人善意且无过失。即出租人对于签认人员无授权是不知晓的,且尽到了合理的注意义务。如施工单位在合同或其他文件中明确告知出租人有权签认人员范围,则应认定为出租人有过失,不构成表见代理。

(4)权利外观的形成可归责于施工单位。如前述第二点所列举的情形,均是由于施工单位的原因导致出租人误以为签认人员有权进行确认。如施工单位不存在过错,则不承担责任。

二、租期截止时间的认定

1. 租期截止时间的举证责任

在建筑设备租赁合同纠纷中,如双方对于租赁期限的截止日期产生争议,承租人往往要承担较重的举证责任。根据《民事诉讼法》证据规则,主张积极事实一方应承担举证责任。因此,如承租人主张租赁物已退还或报停租期应停止计算的,应承担相应的举证责任,否则需承担举证不能的后果。

2. 不定期租赁

如前所述,建筑设备租赁合同纠纷中往往双方在签订合同时无法确定实际的租期,如合同中也未约定租期截止日期的认定方式,根据《民法典》第七百三十条之规定,对于租赁期限没有约定或者约定不明确,依据本法第五百一十条的规定仍不能确定的,应视为不定期租赁;当事人可以随时解除合同,但是应当在合理期限之前通知对方。在此情况下,租赁期限的截止日期应为一方通知另一方解除租赁合同之日。施工单位作为支付租金的一方,应注意以书面方式通知,注意留存证据。

三、出租人拒不回收租赁物的处理方式

在合同约定租赁期限至返还租赁物之日停止计算时,部分出租方通过故意不取回租赁物的方式,恶意延长租赁期限增加租赁费用。如发生该种情况,作为承租人的施工单位应注意以下几点。

(1)第一时间以书面形式明确通知出租人限时取回租赁物,停止计租。

(2)如出租人逾期不予取回租赁物,施工单位可自行安排将租赁物退回,如合同约定运费由出租人承担的,可在结算款中予以扣除。另需注意,为避免无人清点、接收租赁物,可同步进行公证。

(3)如承租人不方便自行退还租赁物,可根据《民法典》第五百七十条之规定将租赁物进行提存,提存后即视为已归还租赁物。

(4)如涉及租赁物体积较大不便提存,可将租赁物依法进行拍卖、变卖,并将所得价款依法提存。如确需进行变卖,建议先向公证机关提出提存申请,并要求公证机关就无法进行提存出具书面文件。而后在拍卖或变卖过程中,可对询价及买卖过程进行公证,证明系按照市场价格进行,获得的价款应及时提存。须特别说明的是,该种方式一般不建议使用,由于部分建筑

设备市场价格不易确定,即使进行公证,如变卖后出租人主张变卖价格过低,要求承租方承担赔偿责任仍存在一定的风险。

(5)如确发生出租人拒不履行回收义务时,施工单位作为承租人也不应急于处理,应尽快自行退回或办理提存,避免因在此期间租赁物损坏承担责任。并且,如承租人有怠于履行行为,法院也可能会以此为由,认为承租人在出租人违约后没有尽到减少损失的义务,而判令承租人承担部分赔偿责任。

四、管理建议

1. 关于签字人员授权

建议在租赁合同模板中加设相关条款,明确项目人员身份及各自被授权范围,以及各类文件的授权签字主体,避免产生表见代理及其他争议。

2. 关于租赁物数量

租赁物数量虽然法律上没有针对性的条款规定,但实务中也极易发生纠纷。产生争议的原因除了前述签认效力的问题,主要是出租人及承租人在租赁物进场、退场时未进行详细核对确认。如进场、退场时对数量未进行核对,在实务中甚至曾发生合同约定按米数计价的架料,进出场时却按照重量进行核对,导致无法确定具体数量;进场时未对规格进行核对,退场时出租人主张退场材料与进场材料不一致而拒绝接受,使承租人额外承担赔偿责任。

因此,施工单位应在租赁物进场、退场时按照合同约定的规格、种类、计价方式严格进行核对,并由双方进行签认。

3. 关于租赁期限

首先,合同中租期的表述一定要简明扼要且不存在歧义。由于建筑工程中会存在一些习惯用语,但该用语并非法律用语且界定并不清晰,从而导致发生争议。如在某案件中,合同内约定脚手架使用时间以每个施工段支撑架搭设开始日计算工期。后在法庭中,双方对于"施工段"的理解产生了重大分歧,出租方主张,每个单体为一个"施工段",而承租方主张以每个悬挑层为一个"施工段",由此产生的超期费用差额超过百万元。因此,合同条款的用词应准确且无歧义。

其次,施工单位作为承租方应第一时间以书面形式履行报停、报失义务。另外,建议在租赁合同中约定租期停止计算时间以报停时间为准,将主动权把握在承租人一方,避免因出租人怠于履行义务导致租金增加或产生其他损失。

争议三　关于租金支付的问题

建筑设备租赁合同纠纷案件中,确定租赁物数量及租期后,须解决的重要问题就是租金的计算及支付。

一、未办理结算时租金支付比例

建筑设备租赁合同中一般会约定各阶段租金支付比例,通常而言,双方办理完毕结算后,承租人才需支付至结算金额的100%。因此,建筑设备租赁合同纠纷案件中,承租人往往会以双方未办理结算为由主张无须支付全额租金。

但在实务中,该种主张往往不会得到支持。双方因无法就结算金额达成合意而产生诉讼,最终需以法院裁判金额作为最终结算金额,即法院作出生效判决时,结算已经完成,承租人应按照合同约定足额支付租金。

二、以出租人未按约定开具发票主张不予付款

一般而言,施工单位作为承租方均会在合同中约定,其付款前,出租人应就付款金额开具合规等额发票,否则承租人有权拒绝付款。承租人往往也会以此为由主张付款条款未成就。

但从法律的角度,承租人的付款义务为合同的主义务,而开具发票仅为附随义务,出租人不履行附随义务并不能成为承租人不履行付款这一主义务的理由。因此,在实务中该抗辩理由往往不会得到支持。

三、未按照约定就超出合同金额部分另行签订书面合同时的付款问题

在某公司的建筑设备租赁合同模板中有如下约定:"结算总额超过合同总价时,必须重新签署合同或补充协议,否则超出部分金额不予在本合同中办理结算及付款。"在发生争议时,公司一般以此作为一项抗辩理由,但根据目前的生效判决,该观点并未被支持。

(2021)黔0402民初4092号租赁合同纠纷一审民事判决书本院认为部分载明:"首先,虽然原、被告之间未重新签订合同或补充协议,但被告也未返还原告租赁物而是一直租用;其次,签订合同或补充协议,应当遵循双方自

愿原则,而非强制必须签订合同或补充协议;再次,'超出部分金额不予在本合同中办理结算及付款'该约定并非为不付款,仅称不在本合同中办理结算及付款,但如何办理结算及付款约定不明,故应当在本案中一并处理;最后,原、被告之间已明确约定了租金及赔偿计价方式,故在原、被告未重新约定计价方式时,超出合同约定金额部分也应当参照原、被告已约定计价方式支付价款。"

四、赔偿金及租金是否能够重复计算

建筑设备租赁合同纠纷中,特别是涉及架料租赁时,双方均会约定租赁的架料丢失时承租方应承担赔偿责任。关于就应赔偿部分架料承租人是否应支付租金的问题,在实务中各法院裁判思路存在区别

观点一:租金及赔偿属于重复计算损失,不应同时支付。

(2022)鲁16民终2525号建筑设备租赁合同纠纷二审民事判决书一审认定事实部分载明:"原告既要求被告返还租赁物,又要求被告承担自2022年1月1日至返还租赁物之日的租赁费,同时要求被告在不能返还租赁物时支付其租赁物赔偿款260,745元,存在重复计算损失的情形,结合本案案情,确认按照赔偿其租赁物损失260,745元履行。"二审法院认为:"关于租赁费的计算。虽然双方在租赁合同中约定了不能退还的租赁物要连续计算租赁费至付清赔偿款之日,但综合本案的实际情况,特别是在滨州某公司已明确表示不能返还丢失的租赁物且涉案工程已经竣工的实际情况,一审判决将不能退还的部分租赁物的租赁费计算到2021年12月31日,既考虑了合同约定,亦考虑了双方权利义务的公平,更符合本案实际,并无明显不当。"

观点二:应尊重合同双方的意思自治,在合同有约定的情况下,租金及赔偿可以重复计算。

(2021)黔04民终2006号租赁合同纠纷二审民事判决书本院认为部分载明:"依法成立的合同受法律保护,各方当事人均须严格遵守合法有效订立的合同。本案中,上诉人与被上诉人签订的《架料租赁合同》系双方自愿签订,未违反法律强制性规定,双方均应按合同约定内容履行权利义务。""案涉《架料租赁合同》约定:'合同有效期从合同签订之日起至被上诉人将租赁物全部归还完毕并将租金、修理费、材料费等相关费用全部结清为止。''在被上诉人报失之日起至赔偿金额付清后,该数量的租赁物不再计算租赁费,如30天内没有付清货物赔偿金,则该数量租赁物将计算租赁费,按双方约定的租赁物赔偿价款进行赔偿'。而本案被上诉人认可并没有退还完全部租赁物资,同时亦未举证证明其已按合同约定形式向上诉人报失租赁物,即使如被上诉人所言双方口头报失过并协商过赔偿事宜,但最终并未支付

赔偿款,按合同约定亦应继续支付租赁费。"

五、管理建议

鉴于针对前述问题各地方法院的裁判标准并不统一,施工单位作为合同主体中较为强势的一方,应在签订建筑设备租赁合同时,尽力避免作出对施工单位不利的约定,避免发生争议。同时,在结算过程中不应怠于办理结算,即使出租方未积极主张结算,施工单位也应通过发函或其他方式表达督促其履行的态度,避免因此造成额外损失。

争议四 逾期付款违约金计算标准

建筑设备租赁合同纠纷案件中,出租人起诉要求支付租金的同时,往往会同时主张逾期付款违约金。由于建筑设备租赁合同纠纷的上级案由为租赁合同纠纷而并非建设工程合同纠纷,因此不适用《最高人民法院关于审理建设工程施工合同纠纷案件适用法律问题的解释(一)》中关于逾期付款违约金的约定,导致在实务中,法院的裁判思路并不统一。

一、合同未约定或约定不明时,是否应支付逾期付款违约金

实务中,对于该问题各地区法院的裁判思路并不统一。

观点一:约定有效,承租人无须承担逾期付款违约责任。

(2022)京01民终8183号建筑设备租赁合同纠纷二审民事判决书本院认为部分载明:"当事人应当按照合同约定主张权利、履行义务。本案中,双方合同7.6约定,合同价款的支付均不计取利息;7.13约定,如因甲方资金不到位导致不能按照合同约定向乙方支付租赁费,乙方同意不以任何理由拒绝甲方变更支付租赁费的安排,并放弃向甲方追究违约和计取利息的经济责任。鉴于双方合同已经约定某建筑工程有限公司迟延支付租金不计取利息,现某租赁站并未提出充分理由否定上述约定,上述约定对双方具有约束力,故某租赁站要求某建筑工程有限公司支付迟延付款的利息,依据不足,应予驳回。"即在合同约定不承担逾期付款违约责任的情况下,应视为约定有效,承租人无须支付违约金。

观点二:约定明显不公平,应属无效。

(2021)赣1102民初904号建设工程分包合同纠纷一审民事判决书本

院认为部分载明:"合同约定'如被告发生缓付、迟付本合同项下工程款时,原告任何情况下均不计取延期利息,亦不向被告主张支付违约金及赔偿金',然而合同却存在多项被告需承担违约金的条款,合同权利义务明显不对等,故关于无须支付迟延支付工程款的违约金的约定明显不公,被告仍应支付逾期付款利息。"法院基于公平原则判令承租人应支付逾期付款违约金。

二、未办理结算的情况下,收款方是否有权主张结算款逾期付款违约金

1. 关于是否应支付结算款逾期付款利息的问题

实务中,法院对此的裁判观点并不统一。

观点一:鉴于双方未办理结算,承租方不应承担逾期付款违约责任。

(2022)赣11民终2266号建筑设备租赁合同纠纷二审民事判决书本院认为部分载明:"本案合同到期后,双方未按合同约定进行结算,但双方均负有进行结算的相应义务,故某建筑设备租赁有限公司主张某建设集团有限公司单方违约不能成立。"

观点二:非因出租人原因导致未办理结算,承租方应承担逾期付款违约责任。

(2022)辽01民终16190号建筑设备租赁合同纠纷二审民事判决书本院认为部分载明:"由于未进行总结算原因不在原告,被告应支付租赁费至100%,即应支付全部剩余租赁费2,644,349.62元,并应自原告起诉之日起支付利息。"

2. 关于逾期付款利息的起算时间节点的问题

实务中,法院对此的裁判观点并不统一。

观点一:自原告起诉之日起算。

(2022)辽01民终16190号建筑设备租赁合同纠纷二审民事判决书本院认为部分载明:"应自原告起诉之日起支付利息。"该种裁判思路较为常见。

观点二:自鉴定结果作出之日。

(2022)皖0123民初10204号建设工程合同纠纷一审民事判决书本院认为部分载明:"因双方未协商一致导致案涉工程在完工长达一年多时间内未办理结算,现鉴定应视为下剩工程款全部满足支付条件,被告应自鉴定报告出具之日支付逾期付款利息。"

3. 关于逾期付款利息计息标准的问题

如上所述,建筑设备租赁合同纠纷不属于建设工程合同纠纷的二级案由,因此不适用《最高人民法院关于审理建设工程施工合同纠纷案件适用法律问题的解释(一)》中按照 LPR 计算逾期付款利息的规定。实务中,法院会根据出租人诉求、双方对于逾期付款的责任,在 LPR 的一倍至四倍区间内进行酌定。

三、管理建议

鉴于实务中对于建筑设备租赁合同纠纷案件违约金的计算并无直接的法律规定,因此建议在合同中进行明确约定。如约定承租人不承担逾期付款违约金时,建议不要过多地描述因市场风险或其他原因导致承租人不承担违约责任,部分判例中,法院曾以承租人未能举证证明实际存在市场风险为由认定不适用该条款,因此在进行条款书写时建议简单明了即可。

争议五 扩大劳务分包下的建筑设备租赁合同纠纷

扩大劳务分包是指在单纯的劳务分包基础上,施工单位将部分材料设备一并交由劳务分包单位负责。根据《民法典》的相关规定,施工单位不得将建设工程主体结构的施工分包给其他单位。施工单位如将主体工程进行扩大劳务分包就将涉及违法分包。因此,在实务中,施工单位为了避免这一法律风险,往往会在指定扩大劳务分包单位后,与该劳务分包单位指定的材料、设备出租、销售方签订虚假合同,从形式上规避违法分包风险。合同签订后,实际仍由劳务分包单位提供材料、设备,施工单位按照其与劳务分包单位的核对价款向材料、设备出租、供应方支付费用。在该交易架构中,由于施工单位与材料、设备的出租方、供应方签署了虚假合同,因此施工单位将承担由此带来的法律风险。

一、扩大劳务分包下签订虚假建筑设备租赁合同的法律风险

实务中,前述交易架构下,施工单位将承担的常见法律风险有如下几种。

1. 由于施工单位未实际参与合同履行产生的法律风险

如前所述,由于工程实际为扩大劳务分包,施工所需租赁的架料、设备均由劳务分包单位自行安排。因此,施工单位虽然签署了建筑设备租赁合

同,但却不参与合同的实际履行,甚至部分项目中,合同中的出租单位实际并未出租过任何设备,仅走账使用。

在此情况下,出租单位可向施工单位提起建筑设备租赁合同纠纷之诉,要求施工单位支付租赁费,更有甚者,部分劳务分包单位为了主张更多的租赁费用,恶意签认进场、退场材料,增加租金金额。由于施工单位并未参与合同履行,因此对于出租方主张的数量、租期、租金等内容往往无法确认,也无法提出任何反驳的证据。并且,施工单位与劳务分包单位对租赁物数量、租期、租金进行的确认,出租方也有权不予认可,对于施工单位极为不利。

2. 由于付款混乱产生的法律风险

由于实际履行过程中均是由劳务分包单位自行租赁材料、设备,施工单位也是直接与劳务分包单位进行费用确认的。因此,在支付租赁费用时,部分施工单位应劳务分包单位的要求直接支付给了分包单位,而并未按照建筑设备租赁合同的约定支付给出租人。一旦发生诉讼,出租方主张未同意由劳务分包单位代为收取租金,这就导致施工单位向劳务分包单位支付的款项不会被认定为已付租金,施工单位需向出租方重新额外支付租金。

虽然从法律上,施工单位重复支付租金后,有权要求劳务分包单位返还该部分租金,但实务中由于金钱属于种类物,施工单位还需要证明支付的费用是租金而非工程款,加重了施工单位的举证责任。

二、扩大劳务分包下建筑设备租赁合同签订及履行的建议

1. 关于合同签订的问题

在扩大劳务分包的工程中,为维护施工单位权益,在签订租赁合同前建议要求出租方、劳务分包单位共同向施工单位出具情况说明,明确劳务分包单位扩大劳务分包的实际情况,以及劳务分包单位与出租方之间的关系。另需出租方承诺无条件认可施工单位与劳务分包单位之间就租赁物数量、租期、单价及租金等进行的确认,且不持有任何异议。

2. 关于合同履行的问题

首先,为了解决付款混乱的问题,建议将合同涉及的全部款项均直接支付至出租方账户。避免支付给劳务分包单位后,因劳务分包单位未足额支付款项产生诉讼。

其次,在合同履行过程中,要求劳务分包单位将进场、退场单据及其他与合同履行相关的过程性文件交施工单位备案。

三、总结

本文从施工单位角度对建筑设备租赁合同纠纷常见争议焦点的内容进行分析。建筑设备租赁合同纠纷作为一种特殊的租赁合同纠纷,既需要以租赁合同这一法律关系为基础,又需要综合考虑工程项目的特殊性,具有一定的复杂性,且目前各地法院对于同一问题的裁判标准也不甚统一。施工单位应在合同签订及履行过程中对可能发生的风险给予高度重视,避免发生争议及纠纷造成经济损失。

附:本文涉及案例判决

案例1:常州某搭建有限公司与某建筑有限公司建设工程分包合同纠纷

法院判决:

一、被告于本判决生效后十日内支付原告脚手架租金及劳务费3,870,367.79元及利息(利息自2020年1月9日起按全国银行间同业拆借中心公布的贷款市场报价利率计算至款项付清之日止)。

二、驳回原告的其他诉讼请求。

如果未按本判决指定的期间履行给付金钱义务,应当依照《中华人民共和国民事诉讼法》第二百五十三条[①]的规定,加倍支付迟延履行期间的债务利息。

案件受理费44,166元,由原告常州某搭建有限公司负担6,403元由被告负担37,763元。财产保全费5,000元,由被告负担。

案例2:某建材租赁站、某建筑有限公司租赁合同纠纷

法院判决:

一、维持某人民法院作出的民事判决第一项(解除原告与被告签订的《架料租赁合同》);

二、撤销某人民法院作出的民事判决第二项、第三项、第四项;

三、改判被上诉人某建筑有限公司于本判决生效之日起十日内向上诉人某建材租赁站支付截至2021年7月26日租金人民币1,139,655.65元,并从2021年7月27日起,按每天2890元标准向上诉人支付租金至未归还的租赁物由被上诉人折价赔偿之日;

四、由被上诉人于本判决生效之日起十日内向上诉人赔偿租赁物丢失

[①] 现为第二百六十四条。

款人民币 1,978,944.22 元；

五、驳回上诉人其他诉讼请求。

案例 3：合肥某有限公司与某建筑有限公司建设工程合同纠纷

法院判决：

一、被告于本判决生效后十日内一次性支付原告工程款 5,670,273.76 元以及逾期付款利息（以 5,670,273.76 元为基数，自 2021 年 12 月 23 日起按全国银行间同业拆借中心公布的一年期贷款市场报价利率计算至款清时止）；

二、驳回原告其他诉讼请求。

案例 4：某建筑有限公司与内蒙古某大型工程设备安装租赁有限公司建筑设备租赁合同纠纷

法院判决：

驳回上诉，维持原判。

一、被告于本判决生效之日起 10 日内，向原告支付租赁费 2,644,349.62 元；

二、被告于本判决生效之日起 10 日内，向原告支付逾期付款利息（以 2,644,349.62 元为基数，从 2021 年 10 月 8 日起至实际给付之日止，按全国银行间同业拆借中心公布的贷款市场报价利率计算）；

三、被告于本判决生效之日起 10 日内，向原告支付油补 112,000 元；

四、驳回原告的其他诉讼请求。

票据纠纷中再追索权行使的法律风险及规制

□ 蔡 明[①]

【摘 要】 随着社会经济的不断发展以及电子商业汇票系统广泛应用，越来越多的市场主体在交易过程中选择使用票据进行付款，票据支付提高了交易效率，同时也带来了一定的法律风险。尤其是近两年来随着某大型石化财务公司及众多头部房地产企业因经营问题导致出具的大量票据到期无法承兑，进而产生众多的票据纠纷案件。在这些纠纷中以票据追索权纠纷占比最大。其中再追索权的行使因各地司法实践不一导致在某些方面认定差异较大。笔者通过检索关键词为"票据纠纷"的案件类型发现近五年来此类案件量呈阶梯式增长，在本文中笔者将结合自身所承办票据追索权案件、相关票据理论及司法实践就被追索人行使再追索权时的法律风险进行简要探讨。

【关键词】 票据纠纷；追索权；线下追索；拒付证明

一、追索权的定义

我国《票据法》第六十一条至第七十一条对行使票据追索权的情形、要件、限制以及追索权的丧失等内容进行了规定，但未以法条的形式对追索权的定义予以释明。理论界普遍认为，票据追索权是指持票人依照票据法的规定请求付款人承兑或者付款而遭拒绝时，可以以全体票据债务人为对手，请求全体票据债务人（包括发票人、承兑人、背书人、保证人）偿还票据金额、利息和其他费用的权利。由此可以看出，票据权利是一种二次型权利，包括付款请求权和追索权。持票人必须首先向付款人或承兑人行使付款请求权，而不能直接行使追索权，只有在付款请求权未能实现的情况下，才能行使追索权。

[①] 蔡明，北京京师（天津）律师事务所高级合伙人、数据合规及治理法律事务部主任，数据交易合规师，天津市河东区优秀律师，天津律协实习人员执业面试考官、天津律协涉诉信访案件律师服务团成员、天津律协滨海青年律师工作委员会秘书长。

二、追索权的分类

在我国票据相关的理论研究中,关于票据追索权的分类,学术界讨论得较少,北京大学王小能教授将追索权按照以下两种方法予以分类。一是按照持票人行使追索权的时间不同,分为期前追索和到期追索。我国《票据法》第六十一条第一款"汇票到期被拒绝付款的,持票人可以对背书人、出票人以及汇票的其他债务人行使追索权",即规定了到期追索权;该条第二款"汇票到期日前,有下列情形之一的,持票人也可以行使追索权:(一)汇票被拒绝承兑的;(二)承兑人或付款人死亡、逃匿的;(三)承兑人或者付款人被依法宣告破产的或者因违法被责令终止业务活动的",规定的是期前追索权。实践中,通常情况下,持票人均是行使到期追索,只有在票据到期日前出现特殊情况,导致付款人或承兑人几无可能付款时,法律才允许持票人行使期前追索权。可以看出,期前追索权是为了保护票据债权人而特别设置的。二是根据《票据法》第六十八条第三款"持票人对汇票债务人中的一人或者数人已经进行追索的,对其他汇票债务人仍可以行使追索权。被追索人清偿债务后,与持票人享有同一权利",即按照追索人的不同可以再分为第一次追索权和再追索权。顾名思义,第一次追索权即持票人在付款请求权未能实现的情况下行使的追索权;再追索权系被追索人按照法律规定清偿票据债务后,请求其他票据债务人偿还票据金额、利息和其他费用的行为。对于第一次追索权,符合法律规定的最后持票人按照票据法上规定的行使要件进行追索一般事实较清晰,实践中争议较小,但是对于再追索权涉及被追索人是否最终持票等问题各地司法裁判尺度不一,笔者根据自身承办的票据追索权案件并结合不同地域司法实践就其中的再追索权问题进行探讨。

三、追索权行使的要件

(一)实质要件

追索权的实质要件就是法律规定的可引起持票人追索权发生的客观事实,即持票人追索权发生的法定原因。根据我国《票据法》规定,法定原因可分为期前行使原因和到期日行使原因。其中到期日行使的唯一原因为票据被拒绝付款。期前行使的原因包括汇票得不到承兑、承兑人或者付款人死亡或者逃匿的、承兑人或者付款人被依法宣告破产的或者因违法被责令终止业务活动的。

（二）形式要件

追索权行使的形式要件在本质上表现为持票人履行必要的保全手续，法律并不保护"躺在权利上睡觉"的人。形式要件主要是指持票人应提供被拒绝承兑或拒绝付款的证明，包括退票理由书、拒绝证明、法院的有关司法文件、行政机关的处罚决定等。我国《票据法》还规定，持票人不能出示拒付证明、退票理由书或者其他合法证明的，丧失对其前手的追索权。由此可以看出，无论追索权如何划分，持票人若想行使追索权，均需提供拒付证明，拒付证明对于追索权的行使是不可或缺的，据此再追索权的行使在实践中还需被追索人取得对于后手的清偿证明文件。

四、拒付证明

依据现行《票据法》第六十二条规定，持票人行使追索权时，应当提供被拒绝承兑或者被拒绝付款的有关证明。

持票人提示承兑或者提示付款被拒绝的，承兑人或者付款人必须出具拒绝证明，或者出具退票理由书。未出具拒绝证明或者退票理由书的，应当承担由此产生的民事责任。

票据理论界普遍认为拒付证明主要包括：一是拒绝证明，这是由国家授权的机关制作的用以证明持票人已经依法行使票据权利而被拒绝，或者无法行使票据权利的事实的一种法律文书。在国外，一般由公证机关或公证人作出，在我国，通常由拒绝兑付的承兑人、付款人或其代理付款银行作出。二是退票理由书。三是承兑人或者付款人或者代理付款银行在汇票上记载提示日期、拒绝事由、拒绝日期并签章。四是承兑人或者付款人死亡、逃匿时，持票人无须经过提示程序，通过取得包括拒绝证书、退票理由书、死亡证明书等证明行使追索权。五是承兑人或者付款人被依法宣告破产的或者因违法被责令终止业务活动的，此时持票人也无法或者无须经过提示程序，人民法院的司法文件、行政处罚决定书或者其他具有法律效力的证明都具有拒绝证明的效力。

与拒付证明相关的一项操作即提示付款问题，实践中提示付款的常见操作问题主要表现为期前提示付款和逾期提示付款两类。所谓期前提示付款是指持票人在票据到期日前向承兑人提示付款；逾期提示付款是指持票人在法定提示付款期之后才向承兑人提示付款。

《票据法》第五十三条第一款第二项规定："定日付款、出票后定期付款或者见票后定期付款的汇票，自到期日起十日内向承兑人提示付款。"因此，一般情况下，持票人应当自电子商业汇票到期日起 10 日内向承兑人提示付款。如果持票人在票据到期日前或者汇票到期起10日后才向承兑人提示付款,即意味着操作存在问题,很可能要承担不利的法律后果。

五、基本案情及裁判分析

案例1 【(2022)鄂0111民初12499号票据追索权纠纷】

太原某公司系案涉票据的出票人,湖北某公司系收款人,原告天津某公司与前手湖北某公司之间存在租赁合同关系,湖北某公司因支付租赁费需要将案涉票据背书转让给天津某公司,此后天津某公司又将票据背书转让给辽宁A公司,现辽宁B公司系该票据的最后持票人。该票据到期后因辽宁B公司财务人员疏忽未能在规定时间内提示付款并已超过线上追索期限,于是辽宁B公司通过线下追索到辽宁A公司,辽宁A公司通过线下给付后又追索到本案原告天津某公司,现天津某公司亦通过线下给付清偿了票据债务,据此天津某公司向其前手进行再追索,并取得后手两公司就案涉票据款已经获得清偿的证明,但是原告公司未能持有该票据,即案涉票据未能通过电子商业汇票系统再次转到原告公司名下。

法院裁判观点:《票据法》第六十一条规定,汇票到期被拒绝付款的,持票人可以对背书人、出票人以及汇票的其他债务人行使追索权。本案中辽宁B公司在汇票到期被拒付后6个月内,向其前手背书人辽宁A公司线下行使了追索权,辽宁A公司向持票人清偿全部汇票金额后,又向其前手背书人即本案原告行使再追索权,根据原告与辽宁A公司提供的《关于确认收到票据款的说明》及《确认函》,足以证明原告向辽宁A公司清偿了案涉汇票款项的事实,故原告有权依据《票据法》第七十一条的规定,行使再追索权,请求其他汇票债务人支付已清偿的全部金额,前项金额自清偿日起至再追索清偿日止的利息、发出通知书的费用,被告湖北某公司、太原某公司作为原告的前手背书人以及案涉汇票出票人和承兑人,系合法的汇票债务人,故对于原告要求被告湖北某公司、太原某公司给付票据款的诉讼请求,本院予以支持。

案例2 【(2022)鲁11民终2964号票据追索权纠纷】

梦某某公司系案涉票据的出票人,天某公司系收款人,后该票据经多次背书转让,按先后顺序分别为华1公司、德某公司、鼎某中心、华2公司。该票据到期后华2公司提示付款被拒付,于是通过线下追索到本案原告鼎某中心,鼎某中心通过另行给付银行承兑的方式清偿了票据债务,此后鼎某中心向其前手进行了再追索,被告方答辩称华2公司未通过电子商业汇票系统向本案原告行使追索权,且未向原告交出票据和有关拒绝证明,认为原告不具有持票人权利。

法院裁判观点:法院认为,虽然《电子商业汇票业务管理办法》第五条规定,电子商业汇票的出票、承兑、背书、保证、提示付款和追索等业务,必须通过电子商业汇票系统办理,但该条规定仅系对电子商业汇票的业务办理方式作出规范,该办法第八条明确规定了追索,并未限定持票人未经线上追索即丧失追索权。

关于鼎某中心是否取得持票人的权利问题。天某公司主张,鼎某中心非案涉票据的持票人,不能行使追索权。本院认为,根据《票据法》第六十一条第一款、第六十二条第一款、第七十一条的规定,在票据持票人提示付款被拒绝的情况下,持票人向其他票据债务人主张追索并被清偿后,被追索人即取得票据权利,可向其他票据债务人进行再追索。涉案票据形式完备,各项必要记载事项齐全,且背书连续,在票据到期后,华2公司作为持票人提示付款被拒,其向前手鼎某中心主张追索,后鼎某中心以转账的形式清偿了票据债务,鼎某中心依法取得票据权利,可作为该票据的权利人继续向包括天某公司在内的票据债务人主张再追索权。

案例3 【(2022)赣0113民初17187号票据追索权纠纷】

江西某公司系案涉票据出票人,宁波某公司系收款人,本案原告江苏某公司与宁波公司之间基于基础合同关系背书受让该票据,此后原告又将票据背书转让给上海某公司,票据到期后上海某公司提示付款被拒付,于是通过线上追索到原告,原告依约清偿了票据债务后对其前手进行再追索,现该票据仍然由上海某公司持有,原告公司亦未能最终持有该票据。

法院裁判观点:本院认为,票据权利应由持票人行使,票据再追索权的行使条件是,票据被追索人已向追索人清偿且票据已由被追索人所持有。本案中,原告诉请的涉案票据仍由后手上海某公司持有,若本院支持原告未持有票据仍可行使追索权,而上海某公司若再以票据持有人行使追索权,可能导致被告江西某公司、宁波某公司因案涉票据被重复追索,造成票据流转的混乱。故对原告主张被告江西某公司、宁波某公司承担票据款及利息的诉请,本院不予支持。

六、争议焦点

(一)被追索人未能最终持有案涉票据能否行使追索权

《票据法》第七十条第二款规定,被追索人清偿债务时,持票人应当交出汇票和有关拒绝证明，并出具所收到利息和费用的收据。该条规定持票人在获得被追偿人清偿后应当按照规定将案涉票据转让给被追偿人并向其出具相应的拒绝证明。但在实践中有一些持票人主体在获得清偿后并未按规定将票据再次转到被追索人名下，原因一般有两点：一是持票人故意不配合转让，二是相关票据主体进行线下追索并获得清偿，至此已经超过6个月的追索期限，此时由于已超过电子商业汇票系统的规定时间或所属银行的自身限制导致无法转让。此时被追索人未能最终持有案涉票据，故在其行使再追索权时面临诸多不确定性。在实践中被告方通常的答辩要点即原告未持有票据，不是合法的持票人，不能享有对应的票据权利，针对这一点各地司法实践确有不同理解，结合案例1和案例2的法院判决，可以看出上述两地法院还是认可被追索人在此情况下依然享有持票人的权利进而要求其他票据债务人履行相应的票据清偿义务。但是案例3法院判决部分就不认可此种情形下被追索人仍能享有持票人权利，其核心理由是会造成票据流通的混乱，不利于金融市场的稳定发展。通过笔者与该案件承办法官的充分沟通，法官认为在现今大量票据纠纷案件中，绝大部分的出票人及承兑人均系房地产开发企业，此类型企业作为被告面对该类型纠纷时往往是不应诉的，如此将导致法院缺席审理进而直接判决。此时案涉的票据并没有转让到原告即被追索人名下，如果认定被追索人享有持票人权利进而获得胜诉是很有可能的。但是，如此判决法官担心会出现另一个问题，即已经获得清偿的"最后持票人"可能在某处有管辖权法院就票据金额另行起诉出票人，将导致对出票人的重复诉讼。尽管如此不诚信的虚假诉讼行为在实践中不多，但是法院是站在票据流通的宏观角度考虑，进而认定未最终持有票据的被追索人不是适格持票人不能享有相应的票据权利。

　　对于此笔者并不这么认为，首先票据法上规定被追索人后手在获得清偿后应将票据转给被追索人，但是实践中出现拒不转让或者因客观原因无法转让的，虽然被追索主体可以通过行使票据返还请求权，但是通过该法律途径耗费较大的时间成本，有可能错失有利的再追索时机。与此同时，被追索人在获得后手相关主体出具的清偿证明，满足法律规定的票据追索的形式要件的情况下完全可以据此获得持票人权利，进而行使再追索权，因为《票据法》第六十八条第三款"持票人对汇票债务人中的一人或者数人已经进行追索的，对其他汇票债务人仍可以行使追索权。被追索人清偿债务后，与持票人享有同一权利"的规定并没有直接规定被追索人在未持有票据的情况下不能享受票据权利。

　　其次，根据《最高人民法院关于人民法院在互联网公布裁判文书的规定》第一条"人民法院在互联网公布裁判文书，应当依法、全面、及时、规范"，

第三条"人民法院作出的下列裁判文书应当在互联网公布:(一)刑事、民事、行政判决书……"之规定,现行的法院裁判文书应当在互联网平台进行公布,对于法院提示的重复起诉问题,笔者认为,对于案涉票据的涉诉情况相关的裁判文书在现今条件下均是能查询得知的,如果发现重复起诉问题法院可以依法驳回,同时应对该虚假诉讼问题进行相应处罚,所以对于该问题笔者认为现实是可以解决的,不存在明显的障碍。对于法院认定的可能造成票据流转的混乱问题,笔者认为目前并无充分的数据说明上述行为造成了票据流转的混乱,该论断可能还是集中体现在法院的预判上面,但是并不能成为裁判的依据。

(二)线下追索行为的效力认定

在笔者代理票据再追索权案件中有部分因为财务人员工作失误导致未能在规定时间内进行提示付款进而错失线上追索的时间,于是通过线下沟通方式联系到被追索人(前手),有些被追索人考虑到双方之间的合作关系进行了清偿,进而获得持票人出具的清偿证明,于是被追索人再对其前手进行再追索,但是在此过程中,被告方往往辩称上述追索行为未能通过电子商业汇票系统进行操作,即不是进行的线上追索,所以对此行为效力不认可,对此在司法实践中确实存在不同的认知,分歧较大,以下亦是通过案例剖析并进行观点对比来进一步分析。

观点一认为:电子商业汇票的线下追索不具备有效签章的效力,因为不符合《票据法》《电子商业汇票业务管理办法》关于电子商业汇票签章和追索等票据行为要式性的要求而无效,追索行为不成立。只通过线下追索如《追索通知书》《律师函》、起诉方式发起追索,不属于法定的票据行为,不属于行使票据追索权的法定形式,不产生追索的法律效力。

在深圳市中级人民法院审理的(2021)粤03民终11510—11521号票据追索权案件中法院对电子商业汇票线下追索的法律后果部分进行专门论述,法院认为,如果电子商业汇票采用线下追索的方式,则可能产生以下后果:(1)因持票人客观上无法依法交付票据,导致被追索人清偿后无法获得相应票据,无法行使再追索权;(2)因线下追索未被电子商业汇票系统记载,导致电子商业汇票系统默认持票人已对除出票人、承兑人、保证人等外的前手丧失追索权;(3)如果在电子商业汇票系统之外以司法判决的形式另行确立、确认其他票据状态,导致法院判决认定的票据状态与电子商业汇票系统中登记的票据状态不一致,造成该票据脱离中国人民银行及其他金融监管机构对电票领域的监管,加大电子商业汇票参与者的经营风险,冲击甚至破坏已经建立的电子商业汇票规则和市场秩序,威胁票据金融市场安全等不良后果。一审判决基于上述法律后果,考虑浙商银行深圳分行作为金融机构,不仅是电子商业汇票系统的接入机构,其还为其他电子商业汇票参与者提供服务,也与上海票据交易所签署了会员服务协议,对必须通过电子商业汇票系统办理追索业务这一规定是明知的,应当对《电子商业汇票业务管理办法》负有更高的注意义务和严格遵守的示范义务,于理有据,本院予以维持。即在深圳中院的判决中认为如果允许线下追索,会导致法院判决的票据状态与电子商业汇票系统中登记的票据状态不一致,造成该票据脱离中国人民银行及其他金融监管机构对电票领域的监管,加大电票参与者的经营风险,冲击甚至破坏已经建立的电子商业汇票规则和市场秩序。

观点二认为:电子商业汇票的持票人通过线下发送追索通知书等方式行使票据追索权的,属于合法有效的票据追索权行使方式,即便该持票人未在被拒付后6个月内于电子商业汇票系统线上发起追索,也不丧失对除出票人和承兑人外其他前手的追索权。

在上海金融法院审理的(2020)沪74民终1056号票据追索权纠纷案件中法院对于线下追索是否有效的问题进行了论述:法院审理认为虽然《电子商业汇票业务管理办法》第五条规定,电子商业汇票的出票、承兑、背书、保证、提示付款和追索等业务,必须通过电子商业汇票系统办理。但该规章的这一规定仅系对电子商业汇票的业务办理方式作出规范,并未限定持票人未经线上追索即丧失追索权。根据《票据法》第六十六条的规定,未按照规定期限通知的,持票人仍可以行使追索权。即法院判决认为发函、起诉等线下行权方式属于合法的行使票据追索权的方式。

对于上述两种观点笔者认为线下追索是有效的追索方式,理由如下。

1.《票据法》第六十八条第三款规定:"持票人对汇票债务人中的一人或者数人已经进行追索的,对其他汇票债务人仍可以行使追索权。被追索人清偿债务后,与持票人享有同一权利。"该条并没有就追索的具体方式进行特别规定,根据民事法律"法无禁止即可为"的相关理论,法律并没有限定追索的具体方式问题,如果持票人进行线下追索并不违反法律的强制性规定,线下追索应是有效的。尽管《电子商业汇票业务管理办法》中对于追索的方式有相关规定,但是一方面该管理办法系中国人民银行发布的部门规章并非法律,另一方面管理办法虽对于持票人的追索方式有要求,但是笔者认为那仅是对于票据业务操作规范的要求,是站在业务管理的角度来进行的规定,并不能当然得出线下追索无效的结论。

2. 当前以深圳地方法院为例,其主流裁判观点认为所谓的线下追索方式,由于持票人客观上无法依法交付票据,被追索人清偿后势必无法获得相应票据,导致被追索人无法行使再追索权。因线下追索没有触发电子商业汇票系统对追索这一票据行为的记载,导致追索期满后案涉票据状态被锁定,电子商业汇票系统默认持票人已对除出票人、承兑人、保证人等外的前手丧失追索权。法院强制执行亦无法使持票人交付票据。被追索人在行使再追索权未果的情况下,只能另循途径对法院判决进行申诉,或向法院另行起诉请求追索人交付票据及在无法取得票据时主张返还已清偿的票据款,势必造成当事人的诉累,亦严重浪费司法资源。此外,如果在电子商业汇票系统之外以司法判决的形式另行确立、确认其他票据状态,其本质是以司法判决的方式创设了新的电票规则,而电子商业汇票系统并不能识别和支持这种未记载在系统内的规则,导致法院判决认定的票据状态与电子商业汇票系统中登记的票据状态不一致,造成该等票据实际上只能在电子商业汇票系统外循环、流转,脱离中国人民银行及其他金融监管机构对电票领域的监管,势必加大电票参与者的经营风险,将严重冲击甚至破坏已经建立的电子商业汇票规则和市场秩序,威胁票据金融市场安全,违背公序良俗,损害国家及社会公共利益。法院的核心观点认为,不通过电子商业汇票系统办理追索业务,不是行使法定的票据追索权,对被追索人不产生追索效力,笔者认为这是地方法院对于票据追索案件审理规则的司法尝试,对于统一地区司法裁判观点有积极作用。但是,笔者认为持票人通过线下追索并获得清偿的,如确实存在票据从电票系统中无法转让给被追索人的情况下,被追索人可以要求受偿的持票人或者后手向其出具票据款清偿证明以及票据权利转让证明,以便被追索人再依法行使再追索权,在实践中笔者接触的客户亦是这么操作并且也获得了法院支持。

(三)再追索权行使的时效问题

《票据法》第十七条规定:"票据权利在下列期限内不行使而消灭:(一)持票人对票据的出票人和承兑人的权利,自票据到期日起二年。见票即付的汇票、本票,自出票日起二年;(二)持票人对支票出票人的权利,自出票日起六个月;(三)持票人对前手的追索权,自被拒绝承兑或者被拒绝付款之日起六个月;(四)持票人对前手的再追索权,自清偿日或者被提起诉讼之日起三个月。票据的出票日、到期日由票据当事人依法确定。"

通过以上规定可以看出行使再追索权的时效为自清偿日或者被提起诉讼之日起3个月,首先了解时效问题需先明确该时效的性质,笔者认为票据的权利时效不同于诉讼时效,也不同于除斥期间,理由如下:第一,根据《票据法》第十七条规定的"票据权利在一定期限内不行使而消灭"可知,票据权利行使超过法定期限产生的后果是票据实体权利的消灭,持票人不再享有付款请求权和追索权。而诉讼时效经过,权利人实体权利并未丧失,法院不会主动适用诉讼时效经过的事由,只有当义务人以时效经过进行抗辩时,权利人才会丧失胜诉权。因此票据权利时效并非诉讼时效。第二,根据《最高人民法院关于审理票据纠纷案件若干问题的规定》第十九条规定,《票据法》第十七条规定的票据权利时效发生中断的,只对发生时效中断事由的当事人有效。因此,票据权利时效会因为持票人行使票据权利中断。而依据《民法典》第一百九十九条可知,除斥期间不适用有关诉讼时效中止、中断和延长的规定,此处与票据权利时效具有明显区别,因此票据权利时效并非除斥期间。其次,对于票据时效的起算点,若被追索人主动清偿的,票据再追索权行使期限的起算点为清偿日;若被追索人未主动清偿被提起诉讼的,票据再追索权行使期限起算点为被提起诉讼之日。对于主动清偿之日实践中比较好界定,但是对于被提起诉讼之日笔者认为还有待商榷,理由是:第一,根据《民事诉讼法》的相关规定一审的简易程序审理期限为3个月,要是转为普通程序则为6个月甚至更长,加上部分案件当事人会进行上诉或者申请再审,前诉纠纷很难在3个月内形成生效的法律文书,如适用被提起诉讼之日作为再追索权的起算点,则势必大量出现因法院未能在3个月内审理完毕前诉,再追索权人在后诉中直接丧失对除出票人和承兑人外的追索权,这显然不合理。第二,再追索权系在被追索人承担票据责任之后才能享有,即承担票据责任在前,享有再追索权在后,如适用被提起诉讼之日作为再追索权的起算点,便会陷入"再追索权尚未产生,其'存续期间'便开始计算"的矛盾之中。对于该时效问题实践中也存在完全不同的裁判观点,在(2020)鲁02民终6789号及(2021)京74民终376号民事判决中,法院裁判认为即便被提起诉讼之日到再追索权人行权之日超过了3个月,但只要实际清偿之日到再追索权人行权之日未超过3个月,持票人依然享有再追索权。笔者认为《票据法》规定的清偿之日应为被追索人主动给付之日,而被提请诉讼之日不应拘泥于法条本身而应作扩大理解,即实际清偿之日距离被追索人行权之日未超过3个月的时效区间,被追索人依然享有再追索的权限,如此理解有利于充分保障被追索人的票据权利。

(四)再追索的范围

《票据法》第七十条规定:"持票人行使追索权,可以请求被追索人支付下列金额和费用:(一)被拒绝付款的汇票金额;(二)汇票金额自到期日或者提示付款日起至清偿日止,按照中国人民银行规定的利率计算的利息;(三)取得有关拒绝证明和发出通知书的费用。被追索人清偿债务时,持票人应当交出汇票和有关拒绝证明,并出具所收到利息和费用的收据。"

通过以上法律规定可以看出,票据再追索纠纷中,再追索权行使的范围分为以下三部分：一是已清偿的全部金额；二是前项金额自清偿日起至再追索清偿日止，按照中国人民银行规定的利率计算的利息；三是发出通知书的费用。那么在实践中有一部分持票人行使追索权是通过提起诉讼方式进行的，最终是通过法院执行程序获得清偿。在此过程中被追索人作为票据债务人之一在实际清偿追索金额以及由此产生的诉讼费、保全费以及执行费等金额后能否对此部分金额再行使追索权却有争议。

在（2022）黔03民终3516号票据追索权纠纷一案中法院对长征公司在（2021）黔0302执1332号案件中承担的票据利息、迟延履行金、案件受理费、保全费、执行费是否属于票据再追索权的范围的问题进行明确阐释。

根据《票据法》第六十八条第一款"汇票的出票人、背书人、承兑人和保证人对持票人承担连带责任"之规定，长征公司基于案涉票据与持票人迈控公司形成了法定的债权债务关系，其已被人民法院生效判决确定为应当承担付款责任的义务人之一，长征公司有义务及时履行生效民事判决书确定其负有的义务，但其并未及时履行，以致产生迟延履行金。

换言之，长征公司怠于履行生效判决确定的义务对迟延履行金的产生负有责任，迟延履行金理应由其自行承担，不属于可以再追索的范围，不支持长征公司再追索迟延履行金的诉请。

关于案件受理费、保全费、执行费，均属于诉讼费用范畴，是当事人启动诉讼程序依法应当向人民法院交纳的费用，该费用并非票面金额，亦非该案生效判决中当事人主张的票据款项，不受票据法律关系调整，不属于《票据法》第七十一条第一款关于"已清偿的全部金额"的范围。前述法律规定"已清偿的全部金额"中的"清偿"，一般指债务人向债权人履行债务的行为，而案件受理费、保全费、执行费与向债权人清偿的债务有显著区别，对长征公司关于再追索案件受理费、保全费、执行费的主张不予支持。

案件受理费、保全费、执行费属于票据基础合同关系产生的损害赔偿范围或违约结果，长征公司在本案中未依据票据基础合同关系主张权利，其可以另行向与其发生涉案票据基础合同关系的相对方主张权利。

由此可以看出，司法实践中对再追索权的行使范围有着严格的规定，非规定范围的权利主张并不能获得法律支持。

七、票据时效过期后的权利救济

如持票人未在票据权利时效期间行使追索权，其债权就无法实现了吗？也并非如此。《票据法》第十八条规定，持票人因超过票据权利时效或者因票据记载事项欠缺而丧失票据权利的，仍然享有民事权利，可以请求出票人或者承兑人返还其与未支付的票据金额相当的利益。即依据"基础法律关系"向票据直接前手提起诉讼。

在双方未明确约定交付票据即合同价款请求权归于消灭的情况下,非因持票人原因导致承兑汇票被拒付的,持票人通常享有两种权利,第一种是其可以基于票据关系主张票据追索权,第二种是可以基于票据基础合同关系主张相应的债权请求权,两种权利同时存在、相互独立,系不同的请求权源,持票人有权选择其一主张。相对于基础法律关系诉讼而言,票据行为具有无因性,相关票据行为的过程可自电子商业汇票系统上查询,因此,举证相对而言更容易。故我们建议持票人注意票据权利消灭时间,尽量在时效内及时主张权利,除举证更容易外,因追索对象更多,持票人更有可能最大限度地维护自身财产权益。

笔者发现,实务中,虽理论上票据行为具有无因性,但为证明票据取得的合法性,多数法院会要求持票人提供基础法律关系的相关证据,因此即便在票据权利期限内,持票人仍应保留好基础法律关系的相关证据。

八、诉讼策略

在此类案件中相关事实一般比较清晰,证据类型并不是太烦琐,但是在实际起诉过程中还是有不少问题显现,现就该事项结合自身办案实际作简要梳理。

(一)从程序方面来讲,要选择合适的被告

《票据法》第六十一条规定,汇票到期被拒绝付款的,持票人可以对背书人、出票人以及汇票的其他债务人行使追索权。第六十八条规定,汇票的出票人、背书人、承兑人和保证人对持票人承担连带责任。持票人可以不按照汇票债务人的先后顺序,对其中任何一人、数人或者全体行使追索权。通过以上规定可以看出持票人对于被告有较大的选择性,同样的道理,对于被追索人而言在清偿后手票据债务后对于如何选择前手作为被告也有一定的策略,即不一定要将所有前手和出票人、承兑人作为被告进行起诉,因为被告越多法院送达的流程就会越缓慢,有些出票人已陷入债务泥潭无法联系,实践中大部分要通过公告送达,再将其作为被告无疑延缓诉讼进度,不利于优化诉讼结构。

(二)选择合适的管辖法院

对于目前一些特定的房地产开发企业相关案件,最高人民法院制定有司法管辖的相关规定。除去此类主体而言,在一些地方上出于对某些头部房企的保护,法院在立案时对于该类企业涉及的某类纠纷一般是不予立案或者延迟立案,所以这时在选择管辖法院时尽量规避涉及该企业的情形,而去选择其他被告住所地作为管辖依据。

鉴于电子商票除了出票人、承兑人,在流转的过程中可能涉及诸多背书人甚至是保证人,从而导致最终案件被告数量众多,而不同被告所在地也不尽相同。

因此,在选择起诉法院时,应综合考虑法院所在地审理票据案件的过往经验、与持票人住所地的距离及法院的审理周期等影响因素,选择合适的法院,避免诉累。

但笔者在实务中发现,因票据纠纷被告众多,不可避免地,部分被告在诉讼中会向法院提起管辖权异议,导致诉讼周期拉长。

(三)证据收集

对于票据纠纷类型案件而言证据并不复杂,对于主要证据之一的案涉票据的截图,在提供网络截图时一般会附上相应的电子商业汇票系统的操作视频光盘,但是有些地方法院可能认为提供上述两方面证据时还不够。对于均在同一地区的,有些法院会要求财务人员就票据进行现场演示,对于不是在同一地区的有些法院为慎重起见会要求视频连线财务人员进行操作演示。在此笔者建议对于属于异地管辖的案件为避免因票据真实性另起争议可以对案涉票据做证据公证,这样更加稳妥。

在行使票据追索权时,持票人应当首先确保票据形式合法,满足《票据法》第二十二条、第三十一条之规定。

其次,持票人应当证明所持有票据系合法取得。《票据法》第十条规定,票据的签发、取得和转让,应当遵循诚实信用的原则,具有真实的交易关系和债权债务关系。实务中,持票人需要提供与前手之间的真实交易往来记录或其他债权债务关系凭证,在实践中一般需要提供基础法律关系对应的合同。

最后,持票人应当提供被拒付证明。票据权利中,付款请求权是第一权利,票据追索权是第二权利,持票人行使追索权时应当证明已经行使付款请求权并被拒付,在此时应当明确票据上面记载的票据状态。

(四)追索金额

根据《票据法》第七十条的规定,持票人行使追索权,可以请求被追索人支付下列金额和费用:被拒绝付款的汇票金额;汇票金额自到期日或者提示付款日起至清偿日止,按照中国人民银行规定的利率计算的利息;取得有关拒绝证明和发出通知书的费用。

其中利息起算点,具体案件中以汇票到期日还是提示付款日,会因提示付款的日期不同而有所差异,具体情形已在前文"追索范围"中进行详尽论述。

九、结语

笔者通过关键词"票据纠纷"检索发现,自2014年至今票据纠纷案件总体呈现大幅上升趋势,在该类纠纷类型中需要着重注意的是票据追索的时效、再追索中的票据持有问题以及拒付证明等问题。现在以深圳地方法院为代表在审理再追索权案件中对于追索方式有着严格限定,即应按照《电子商业汇票业务管理办法》的规定先进行线上追索,否则对于追索的效力不予认可,同时被追索人须是事实上的持票人,否则诉请很有可能得不到支持。对此,江西地方法院在审理此类案件时与深圳法院保持一致,尽管我国并非判例法国家,但是此类统一司法判例的探索也将对该类案件审理起到积极作用,因而在承办不同地区的该类案件时还需结合当地司法实践积极收集证据以避免承担不利后果。

掩饰、隐瞒犯罪所得、犯罪所得收益罪与帮助信息网络犯罪活动罪的理论区分及实务处理

□ 李跃东[①]

第一章 研究背景及理论基础

第一节 研究背景

帮助信息网络犯罪活动罪（以下简称帮信罪）是2015年11月起施行的《刑法修正案（九）》新增罪名，主要指行为人明知他人利用信息网络实施犯罪，为其犯罪提供互联网接入、服务器托管、网络存储、通讯传输等技术支持，或者提供广告推广、支付结算等帮助的犯罪行为，是电信网络犯罪的重要"帮凶"。近年来，特别是自2020年10月"断卡"行动以来，检察机关起诉涉嫌帮信犯罪案件上涨较快，目前已成为各类刑事犯罪中起诉人数排名第三的罪名（前两位分别是危险驾驶罪、盗窃罪）。

大学本科以上学历、民营企业尤其是科技公司收入较高者涉罪人数持续增加，犯罪行为主要表现为开发软件、提供技术支持。起诉人员中，近90%没有犯罪前科。掩饰、隐瞒犯罪所得、犯罪所得收益罪（以下简称掩隐罪），是指行为人明知是犯罪所得及其产生的收益而予以窝藏、转移、收购、代为销售或者以其他方法掩饰、隐瞒的行为。两罪存在相似之处，但也并非全部竞合。就相似之处而言，两罪均系上游犯罪的帮助犯罪且无事前通谋、对于上游犯罪均是概括性的明知、均存在犯罪故意。但该两种犯罪也存在

[①] 李跃东，南开大学经济学学士，天津市委党校法学研究生。中国法学会会员，北京市京师律师事务所律师、党支部纪检委员，新华网大学生就业创业公益律师团成员，京师全国刑事委员会理事、京师律师名家讲坛讲师，天津市金融消费纠纷调解中心调解员，天津市滨海新区、西青区、武清区、静海区人民检察院第一届人民听证员，天津市河北区、滨海新区人民法院调解员，天津市滨海新区八五普法讲师团成员，重庆市企业合规促进会创始会员，天津市滨海新区涉案企业合规第三方监督评估机制专业人员。

较大的区别。首先是行为人明知的内容不同。帮信罪是明知他人利用信息网络实施犯罪,明知的内容是他人实施了网络犯罪,但对他人的具体犯罪内容并不知情;但是掩隐罪明知的是犯罪所得及其产生的收益,且对于资金的具体性质以及销赃的金额是明确知道的。其次是提供帮助行为的阶段不同。帮信罪是为信息网络犯罪提供帮助,通常为犯罪中的一环,为犯罪的实施提供帮助行为;但掩隐罪是事后的帮助行为,上游犯罪已经既遂,系事后的销赃行为。最后是所结算的资金性质不同。帮信罪中所结算的资金性质往往是犯罪的经营性资金,如赌资、交易流水资金等,并不要求所帮助的犯罪对象系犯罪所得;而掩隐罪所得收益所结算的资金是犯罪所得或者是犯罪所得产生的孳息等收益。掩隐罪和帮信罪主要有以下四个区别:(1)两罪侵害的法益不同。掩隐罪打击的对象主要是妨害司法机关打击犯罪或者追查赃款赃物的犯罪行为。而帮信罪是侵害了银行管理秩序、网络管理秩序等社会管理秩序。(2)主观明知的程度不同。帮信罪与掩隐罪都以"明知"为前提,但是对于"明知"的程度要求并不完全。帮信罪是概括性明知,一般不要求行为人对帮助对象实施的犯罪行为、过程、性质、罪名、后果等明确地知道。掩隐罪既包括概括性明知,也包括明确知道。关于掩隐罪的"明知",行为人无须清楚知晓上游犯罪性质,只要认识到所帮助掩饰、隐瞒财物可能是赃物即可。《关于"断卡"行动中有关法律适用问题的会议纪要》指出,行为人向他人出租、出售信用卡后,在明知是犯罪所得及其收益的情况下,又代为转账、套现、取现等,或者为配合他人转账、套现、取现而提供刷脸等验证服务的,可以掩饰、隐瞒犯罪所得、犯罪所得收益罪论处。明知他人利用信息网络实施犯罪,仅向他人出租、出售信用卡,未实施其他行为,达到情节严重标准的,可以帮信罪论处。帮信罪或掩隐罪中,帮助者对于被帮助犯罪的认识程度、联系的紧密程度是有区别的。在帮信罪中,帮助者只要对犯罪有模糊的、概括的认识即可,甚至是认识到行为的违法性即可,并不需要对犯罪的类型、犯罪的具体过程有明确的认识。并且,帮助者与被帮助者之间一般联系松散,还可能间隔多个犯罪人。而掩隐罪中两者的联系通常要更为密切,因为,掩隐罪中帮助者经手大量钱款,有时需具备一定的信任关系,甚至形成一种"交易习惯",帮助者对于赃款的性质认识也更明确。(3)掩隐罪的犯罪对象是"犯罪所得",即"通过犯罪直接得到的赃款、赃物"。理论上,犯罪所得可区分来源,将产生犯罪所得的犯罪分为取得利益型犯罪和经营利益型犯罪。取得利益型犯罪中,比如诈骗类犯罪,行为人以非法占有为目的,此时其诈骗的资金全部属于犯罪所得。而在经营利益型犯罪中,没有实际的被害人,如赌博罪,行为人收取的手续费、佣金属于犯罪所得,而转移的钱款属于赌资,不属于取得利益型的犯罪所得。因此,可分析上游犯罪违法所得的属性,例如赌资,属于没有被害人的经营利益型犯罪,不是典型的犯罪所得,转移赌资等资金,应当排除掩隐罪的适用。(4)两罪的行为阶段不同。掩隐罪属于事后帮助,行为人提供支付结算的服务行为是在上游犯罪之后。若是提供支付结算服务行为发生在上游犯罪既遂,利用网络信息犯罪的辅助手段,促成了犯罪实施过程中,应当认定为帮信罪,帮信罪是上游犯罪实施过程中的一种辅助行为,应当发生于上游犯罪实施过程中。因此,需要通过辨别两者的不同之处,结合主观明知的具体程度,全方位审查,更好地维护当事人的合法权益。明知他人实施电信网络诈骗犯罪,参加诈骗团伙或者与诈骗团伙之间形成较为稳定的配合关系,长期为他人提供信用卡或者转账取现的,可以诈骗罪共犯论处。而在其他情形之下,则应当适用帮助信息网络犯罪活动罪。

第二节 理论基础

一、掩饰、隐瞒犯罪所得、犯罪所得收益罪与帮助信息网络犯罪活动罪的理论区分

1.《刑法》关于帮助信息网络犯罪活动罪的规定在属性上定位为堵截性条款。对此,《刑法》第二百八十七条之二第三款规定,有帮助信息网络犯罪活动行为,"同时构成其他犯罪的,依照处罚较重的规定定罪处罚"。据此,只有在不存在其他处罚较重的罪名适用空间情况下,才可以适用帮助信息网络犯罪活动罪。然而,帮助信息网络犯罪活动罪的刑罚配置为"三年以下有期徒刑或者拘役",通常轻于被帮助对象所实施的网络犯罪或者所关涉的掩饰、隐瞒犯罪所得罪等其他犯罪的法定刑。这就使得帮助信息网络犯罪活动罪与相关罪名的界分较为困难,司法实践的做法有时也较为混乱。

2. 对《刑法修正案(九)》之前网络犯罪帮助行为刑事规制范围的切割。帮助信息网络犯罪活动罪系《刑法修正案(九)》新增罪名,所涉情形当然涵括部分此前无法依据既有罪名规制的情形,但也包括对既有犯罪成立范围的部分切割。申言之,在帮助信息网络犯罪活动罪设立之前,司法实务对网络犯罪的帮助行为并非完全束手无策,对相当一部分行为亦可以适用其他罪名或者以共犯论处。基于此,对于当前帮助信息网络犯罪活动罪的竞合处断,不能完全沿袭《刑法修正案(九)》之前的办案思路,而应当根据《刑法》条文准确判断所涉行为是否可以转而适用帮助信息网络犯罪活动罪。

特别是帮助信息网络犯罪活动罪所涉行为，相当部分是从原来的共犯之中切割出来的，故如何界分其与共犯认定的问题至关重要。对于基于帮助行为独立入罪设置的帮助信息网络犯罪活动罪，原则上就要适用独立设置的罪名，即使其与正犯之间存在共犯关系。当然，作为例外以共犯论处的，主要为适用帮助信息网络犯罪活动罪难以罚当其罪的情形。具体到个案需要考虑的因素主要为，主观上是否具有意思联络，以及客观上是否参与后续被帮助对象实施的犯罪行为。对此，就"两卡"案件而言，司法实务已达成共识：明知他人实施电信网络诈骗犯罪，参加诈骗团伙或者与诈骗团伙之间形成较为稳定的配合关系，为他人提供信用卡或者转账取现的，可以诈骗罪共犯论处。而在其他情形之下，则应当适用帮助信息网络犯罪活动罪。

3. 结合一个案例分析上述理论观点：2021年6月，曾某在上游犯罪分子（未到案）要求下，以从事网络直播的名义，伙同他人（另案处理），向某电信公司申请办理了12个套餐，共60个固定电话号码，并约定"上家"每月支付其工资9000元以上，还可获得相应提成。后来，曾某在明知上家从事信息网络犯罪活动的情况下，仍按其要求安装了电话转换机。在此后4天时间内，犯罪分子通过电话转换机作案30起，骗取金额达100余万元。案发后，曾某尚未实际获利。侦查机关对曾某以涉嫌诈骗罪立案，经某区检察院审查后认为，曾某的行为构成帮助信息网络犯罪活动罪，有起诉必要。2021年12月3日，法院依法公开审理本案，曾某当庭表示认罪认罚。最终，法院采纳检察机关的量刑建议，以曾某犯帮助信息网络犯罪活动罪，判处有期徒刑十个月，缓刑一年，并处罚金人民币2000元。明知他人实施电信网络诈骗犯罪，参加诈骗团伙或者与诈骗团伙之间形成较为稳定的配合关系，长期为他人提供信用卡或者转账取现的，可以诈骗罪共犯论处。而在其他情形之下，则应当适用帮助信息网络犯罪活动罪。上述处理思路当然可以用于非典型"两卡"案。本案并非通过"两卡"为电信网络诈骗提供帮助，而是通过提供租用固定电话号码和改码服务提供帮助。就主观明知程度而言，行为人的明知具有概括性，带有一定的放任性质；从参与时间来看，只有四天时间，尚不属于长期合作关系。基于此，对曾某行为认定为帮助信息网络犯罪活动罪更为合适。

二、罪责刑相适应原则的贯彻落实

罪责刑相适应原则是刑法基本原则。罪名选择本身就是权衡的过程，其中自然包括罪责刑相适应原则的考量。在帮助信息网络犯罪活动罪的竞合处断中，要特别注意防止罪刑倒挂的问题：针对法益侵害程度相对较大的帮助行为,以共犯论处并无不可;但对于法益侵害程度相对有限的帮助行为,以共犯论处或者适用掩饰、隐瞒犯罪所得罪等其他罪名,由于现行定罪量刑标准的缘故,可能会导致入罪范围过大或者处罚过重。

如前所述,在对网络犯罪帮助行为可以独立入罪的前提下,自然要切割出一部分帮助行为纳入帮助信息网络犯罪活动罪予以评价。而这一切割的关键就在于满足罪责刑相适应原则的要求。就"两卡"案件而言,对于明知他人实施电信网络诈骗犯罪,与之事前通谋,参加诈骗团伙或者与诈骗团伙之间形成较为稳定的配合关系,长期为其提供银行卡或者转账取现,甚至参与利益分成,以帮助信息网络犯罪活动罪论处难以体现法益侵害程度的,则可以诈骗罪共犯论处。相反,对于其他帮助行为,适用帮助信息网络犯罪活动罪足以评价其法益侵害程度的,则宜以帮助信息网络犯罪活动罪论处。

对上述非典型"两卡"案亦应作类似考量。就上述案例而言,综合考虑行为人的主观明知程度、参与时间长短等因素,特别是尚未实际获利这一情节,应当适用帮助信息网络犯罪活动罪,在"三年以下有期徒刑或者拘役"的幅度内裁量刑罚,以便罚当其罪。基于此,对本案适用帮助信息网络犯罪活动罪并在刑罚裁量上实现妥当处罚,是可取的。

值得提及的是,对于帮助信息网络犯罪活动罪与掩饰、隐瞒犯罪所得罪的界分,也宜从以上两个方面加以把握。作为独立设定的罪名,对帮助信息网络犯罪活动罪罪状的把握还需要回到《刑法》条文本身。从《刑法》第二百八十七条之二的规定来看,帮助信息网络犯罪活动罪的规制范围不限于帮助行为正犯化的情形,所涉帮助既可以是事前、事中的帮助行为,也可以是事后的帮助行为。不应以时间为节点,而应以行为性质对帮助信息网络犯罪活动罪与掩饰、隐瞒犯罪所得罪作出界分。特别是,作此认定之后,可以防止对一些事后帮助的"两卡"案件,由于适用掩饰、隐瞒犯罪所得罪带来的"失之过重"问题。此外,《刑法》第二百八十七条之二对帮助信息网络犯罪活动罪的罪状描述明确包括"支付结算"。据此,对于行为人向他人出售、出租银行卡后,在明知是犯罪所得及其收益的情况下,又代为转账、套现、取现等,或者为配合他人转账、套现、取现提供刷脸等验证服务的,并非要一律径直适用掩饰、隐瞒犯罪所得罪,而宜基于罪刑均衡作进一步考量,即对于适用帮助信息网络犯罪活动罪可罚当其罪的行为,亦可以考虑适用帮助信息网络犯罪活动罪。

同时要正确理解相关司法解释。《关于办理电信网络诈骗等刑事案件适用法律若干问题的意见》第三条第五款规定,明知是电信网络诈骗犯罪所得及其产生的收益,以下列方式之一予以转账、套现、取现的,依照《刑法》第三百一十二条第一款的规定,以掩饰、隐瞒犯罪所得、犯罪所得收益罪追究刑事责任。

《关于办理电信网络诈骗等刑事案件适用法律若干问题的意见(二)》第十一条规定,明知是电信网络诈骗犯罪所得及其产生的收益,以下列方式之一予以转账、套现、取现,符合《刑法》第三百一十二条第一款规定的,以掩饰、隐瞒犯罪所得、犯罪所得收益罪追究刑事责任。但有证据证明确实不知道的除外。根据《刑事审判参考》案例第1098号,汤雨华、庄瑞军盗窃,朱端银掩饰、隐瞒犯罪所得案观点,掩饰、隐瞒犯罪所得、犯罪所得收益罪与上游犯罪的量刑应当平衡,在掩饰、隐瞒犯罪所得、犯罪所得收益罪和上游犯罪指向同一笔财物的情况下,对掩饰、隐瞒犯罪所得行为人的量刑必须比上游犯罪人轻一些,而且要适当拉开档次。

综上所述,在帮助信息网络犯罪活动罪增多的背景之下,对帮助信息网络犯罪活动罪的限定适用已成共识,但要防止"矫枉过正",避免对适用帮助信息网络犯罪活动罪可以实现罪刑均衡的行为,回归适用掩饰、隐瞒犯罪所得罪或者以诈骗罪共犯处理。可以说,对帮助信息网络犯罪活动罪实现司法的妥当限定,实质要义应为入罪范围的妥当和处罚幅度的均衡。

三、掩饰、隐瞒犯罪所得、犯罪所得收益刑事案件司法解释

相关链接:

最高人民法院关于审理掩饰、隐瞒犯罪所得、犯罪所得收益刑事案件适用法律若干问题的解释

(2015年5月11日最高人民法院审判委员会第1651次会议通过,根据2021年4月7日最高人民法院审判委员会第1835次会议《关于修改〈关于审理掩饰、隐瞒犯罪所得、犯罪所得收益刑事案件适用法律若干问题的解释〉的决定》修正,该修正自2021年4月15日起施行)

为依法惩治掩饰、隐瞒犯罪所得、犯罪所得收益犯罪活动,根据刑法有关规定,结合人民法院刑事审判工作实际,现就审理此类案件具体适用法律的若干问题解释如下:

第一条 明知是犯罪所得及其产生的收益而予以窝藏、转移、收购、代为销售或者以其他方法掩饰、隐瞒,具有下列情形之一的,应当依照刑法第三百一十二条第一款的规定,以掩饰、隐瞒犯罪所得、犯罪所得收益罪定罪处罚:

（一）一年内曾因掩饰、隐瞒犯罪所得及其产生的收益行为受过行政处罚，又实施掩饰、隐瞒犯罪所得及其产生的收益行为的；

（二）掩饰、隐瞒的犯罪所得系电力设备、交通设施、广播电视设施、公用电信设施、军事设施或者救灾、抢险、防汛、优抚、扶贫、移民、救济款物的；

（三）掩饰、隐瞒行为致使上游犯罪无法及时查处，并造成公私财物损失无法挽回的；

（四）实施其他掩饰、隐瞒犯罪所得及其产生的收益行为，妨害司法机关对上游犯罪进行追究的。

人民法院审理掩饰、隐瞒犯罪所得、犯罪所得收益刑事案件，应综合考虑上游犯罪的性质、掩饰、隐瞒犯罪所得及其收益的情节、后果及社会危害程度等，依法定罪处罚。

司法解释对掩饰、隐瞒涉及计算机信息系统数据、计算机信息系统控制权的犯罪所得及其产生的收益行为构成犯罪已有规定的，审理此类案件依照该规定。

依照全国人民代表大会常务委员会《关于〈中华人民共和国刑法〉第三百四十一条、第三百一十二条的解释》，明知是非法狩猎的野生动物而收购，数量达到五十只以上的，以掩饰、隐瞒犯罪所得罪定罪处罚。

第二条 掩饰、隐瞒犯罪所得及其产生的收益行为符合本解释第一条的规定，认罪、悔罪并退赃、退赔，且具有下列情形之一的，可以认定为犯罪情节轻微，免予刑事处罚：

（一）具有法定从宽处罚情节的；

（二）为近亲属掩饰、隐瞒犯罪所得及其产生的收益，且系初犯、偶犯的；

（三）有其他情节轻微情形的。

第三条 掩饰、隐瞒犯罪所得及其产生的收益，具有下列情形之一的，应当认定为刑法第三百一十二条第一款规定的"情节严重"：

（一）掩饰、隐瞒犯罪所得及其产生的收益价值总额达到十万元以上的；

（二）掩饰、隐瞒犯罪所得及其产生的收益十次以上，或者三次以上且价值总额达到五万元以上的；

（三）掩饰、隐瞒的犯罪所得系电力设备、交通设施、广播电视设施、公用电信设施、军事设施或者救灾、抢险、防汛、优抚、扶贫、移民、救济款物，价值总额达到五万元以上的；

（四）掩饰、隐瞒行为致使上游犯罪无法及时查处，并造成公私财物重大损失无法挽回或其他严重后果的；

（五）实施其他掩饰、隐瞒犯罪所得及其产生的收益行为，严重妨害司法机关对上游犯罪予以追究的。

司法解释对掩饰、隐瞒涉及机动车、计算机信息系统数据、计算机信息系统控制权的犯罪所得及其产生的收益行为认定"情节严重"已有规定的，审理此类案件依照该规定。

第四条 掩饰、隐瞒犯罪所得及其产生的收益的数额，应当以实施掩饰、隐瞒行为时为准。收购或者代为销售财物的价格高于其实际价值的，以收购或者代为销售的价格计算。

多次实施掩饰、隐瞒犯罪所得及其产生的收益行为，未经行政处罚，依法应当追诉的，犯罪所得、犯罪所得收益的数额应当累计计算。

第五条 事前与盗窃、抢劫、诈骗、抢夺等犯罪分子通谋，掩饰、隐瞒犯罪所得及其产生的收益的，以盗窃、抢劫、诈骗、抢夺等犯罪的共犯论处。

第六条 对犯罪所得及其产生的收益实施盗窃、抢劫、诈骗、抢夺等行为，构成犯罪的，分别以盗窃罪、抢劫罪、诈骗罪、抢夺罪等定罪处罚。

第七条 明知是犯罪所得及其产生的收益而予以掩饰、隐瞒，构成刑法第三百一十二条规定的犯罪，同时构成其他犯罪的，依照处罚较重的规定定罪处罚。

第八条 认定掩饰、隐瞒犯罪所得、犯罪所得收益罪，以上游犯罪事实成立为前提。上游犯罪尚未依法裁判，但查证属实的，不影响掩饰、隐瞒犯罪所得、犯罪所得收益罪的认定。

上游犯罪事实经查证属实，但因行为人未达到刑事责任年龄等原因依法不予追究刑事责任的，不影响掩饰、隐瞒犯罪所得、犯罪所得收益罪的认定。

第九条 盗用单位名义实施掩饰、隐瞒犯罪所得及其产生的收益行为，违法所得由行为人私分的，依照刑法和司法解释有关自然人犯罪的规定定罪处罚。

第十条 通过犯罪直接得到的赃款、赃物，应当认定为刑法第三百一十二条规定的"犯罪所得"。上游犯罪的行为人对犯罪所得进行处理后得到的孳息、租金等，应当认定为刑法第三百一十二条规定的"犯罪所得产生的收益"。

明知是犯罪所得及其产生的收益而采取窝藏、转移、收购、代为销售以外的方法，如居间介绍买卖，收受，持有，使用，加工，提供资金账户，协助将财物转换为现金、金融票据、有价证券，协助将资金转移、汇往境外等，应当认定为刑法第三百一十二条规定的"其他方法"。

第十一条 掩饰、隐瞒犯罪所得、犯罪所得收益罪是选择性罪名，审理此类案件，应当根据具体犯罪行为及其指向的对象，确定适用的罪名。

第二章　案例分析

第一节　以上海市宝山区人民法院审理的案件为例

一、案情回顾

2020年12月8日凌晨,被害人马某某在本市美平路某室住处网上裸聊被威胁敲诈勒索转账共计399,031元。同日,被告人于某、宋某受他人指使,在明知是犯罪所得赃款情况下,使用自己的银行卡接收转账,将上述部分赃款予以提现再转交给他人,以此获取高额报酬。

经查,被告人宋某在天津市通过银行ATM机、柜台取现共计117,600元,被告人于某在天津市通过银行ATM机、柜台取现共计159,800元。

另查明,被告人于某、宋某分别于2021年1月9日、1月11日被公安人员抓获,到案后均如实供述了上述犯罪事实。二人对公诉机关指控的犯罪事实和证据不持异议,并自愿认罪认罚。

公诉机关认为,被告人于某、宋某明知是犯罪所得而予以转移,情节严重,其行为已构成掩饰、隐瞒犯罪所得罪。被告人于某、宋某均如实供述自己的罪行,自愿认罪认罚,依法可以从轻处罚,建议按照《刑法》第三百一十二条第一款、第二十五条第一款、第六十七条第三款、《刑事诉讼法》第十五条之规定,追究被告人于某、宋某的刑事责任。被告人于某及其辩护人对公诉机关指控掩饰、隐瞒犯罪所得罪的犯罪事实及罪名不持异议。

被告人宋某辩称,其对他人实施犯罪行为并不明知。其辩护人提出,从宋某取款时间、地点、取款方式、日常表现来看,其行为均不能认定为"明知",宋某在侦查阶段所供述的其"知情"的意思表示并非真实,不能作为定案依据,且在上游犯罪尚未被裁判决定的情况下,不能认定宋某构成掩饰、隐瞒犯罪所得罪;宋某的行为可以构成帮助信息网络犯罪活动罪,宋某具有自首情节,且在共同犯罪中系从犯地位。

上海市宝山区人民法院(以下简称宝山法院)经审理后认为,被告人于某、宋某明知是犯罪所得而予以转移,情节严重,其行为均已构成掩饰、隐瞒犯罪所得罪,应依法予以惩处。公诉机关指控的犯罪事实清楚,证据确实充分,指控的罪名成立。

关于宋某辩护人提出宋某不构成犯罪或构成帮助信息网络犯罪活动罪

的辩护意见。经查,被告人宋某的供述并不存在诱供等非法取证行为,根据在案证据印证二名被告人至多家银行使用多张银行卡取款,直至将银行卡内转入的赃款全部取现完成,取现模式显然异常,二名被告人在主观上应当"明知"是犯罪所得,本案被告人不仅提供自己的银行卡接收赃款,在明知是犯罪所得及其产生的收益后予以转账,应以掩饰、隐瞒犯罪所得罪追究刑事责任,上游犯罪未判决并不影响本罪的认定,故被告人宋某的辩护人提出的上述辩护意见,本院不予采纳。关于宋某辩护人提出宋某具有自首情节的辩护意见,经查,宋某并非因自己犯罪行为而主动投案,不具有自首的主动性,辩护人的辩护意见,本院不予采纳。关于宋某辩护人提出宋某系从犯的辩护意见,本院认为,于某、宋某在下游犯罪中系行为的直接实施者,为上游犯罪所得成功转移起到关键性作用,造成被害人损失难以追偿的危害后果,故辩护人提出的上述辩护意见,本院不予采纳。被告人于某、宋某到案后如实供述自己的罪行,依法可以从轻处罚,辩护人提出的相关辩护意见,本院予以采纳。

依照《刑法》第三百一十二条第一款、第二十五条第一款、第六十七条第三款、第五十二条、第五十三条第一款、第六十四条、《刑事诉讼法》第十五条之规定,判决如下:

1. 被告人于某犯掩饰、隐瞒犯罪所得罪,判处有期徒刑三年,并处罚金人民币一万元;

2. 被告人宋某犯掩饰、隐瞒犯罪所得罪,判处有期徒刑三年,并处罚金人民币五千元;

3. 责令二名被告人退赔违法所得依法发还被害人。

一审宣判后,二名被告人均未提出上诉,公诉机关亦未提出抗诉,一审判决现已生效。

二、法官说法

为上游电信网络犯罪提供银行账户进行支付结算、转账、取现等帮助行为,但没有证据证明银行账户提供者与诈骗者之间存在明确的犯意联络,不能构成诈骗共犯的前提下,行为人可能构成帮助信息网络犯罪活动罪或掩饰、隐瞒犯罪所得、犯罪所得收益罪。

司法实践中对于二罪名的认定存在较大争议,因两罪量刑差异较大,正确区分此罪与彼罪对于贯彻"罪责刑相适应"原则、依法正确惩治犯罪具有重要意义。

三、"明知"的认定：概括性标准

帮助信息网络犯罪活动罪和掩饰、隐瞒犯罪所得、犯罪所得收益罪对于行为人对上游犯罪的主观明知都采用了概括性标准，即无须明确知晓上游网络犯罪具体是何种犯罪行为。行为人为上游电信网络犯罪提供银行账户，只要行为人主观上对上游网络犯罪行为已存在模糊、零散的认知，对自己提供的银行账户大概率被用于犯罪有较为明确的认识，即足以认定主观上的"明知"。

本案中，根据在案证据证实二名被告人提前一晚入住待命，次日一早由司机送二人至多家银行，使用多张银行卡取现并将钱款转交给司机，取现、交易模式明显异常。二名被告人也供述案发当时就认为钱款来路不正，可能是违法所得。故二名被告人主观上是可以判断其提供的银行账户用于实施犯罪行为且其转移的资金为非法资金，至于二名被告人是否明知上游犯罪行为性质如何、其银行账户内资金由何人转账而来，则在所不问。

四、两罪界分：是否阻断司法机关对赃款的追缴

行为人仅为电信网络诈骗犯罪提供银行账户的帮助行为，包括出售、出租信用卡、银行账户、收款码等，此处强调行为人将其银行账户完全交给上游诈骗行为人控制，此种情形下，被害人的钱款进入行为人的银行账户时，上游的电信网络诈骗犯罪即已既遂。此后上游诈骗行为人是否将款项另行转至其自己名下的银行账户并不影响诈骗既遂的认定。对于银行账户提供者而言，自将银行账户交付给诈骗行为人时起，其已无法控制诈骗行为人如何使用其银行账户。诈骗行为人使用银行账户的方式、时间、阶段等具有随机性和不确定性，不受账户提供者主观意愿的支配。诈骗行为人即使在使用银行账户收取赃款后又提现、转移赃款，其后续提现、转移赃款的行为仍然属于利用信息网络实施犯罪的行为延续。

另外，从是否妨碍司法机关执法司法的角度来看，行为人仅提供银行账户的行为通常发生在诈骗犯罪实施之前或者实施过程中，并未对司法机关追缴赃款另行设置障碍。因此，行为人仅提供银行账户的行为应当认定为帮助信息网络犯罪活动罪。

就本案来看，被告人的客观行为体现在两个方面，一是将银行账户提供给上游犯罪行为人收取赃款，二是帮助上游犯罪行为人取现、转移赃款，本质上行为人银行账户还由其自身控制。尽管行为人提供银行账户时并不明

确知道上游行为是何种性质的犯罪行为,但对陌生被害人向其银行账户转入的款项,其大致意识到属于上游犯罪的赃款。行为人在主观明知其银行账户内资金为赃款的情况下,仍然配合上游犯罪行为人将赃款取现并交给上游犯罪行为人指定的人。从该行为侵害的法益来看:一方面行为人的行为使犯罪所形成的违法财产状态得以维持、存续,妨碍了司法机关利用赃款证明犯罪人的犯罪事实,从而妨害了刑事侦查、起诉、审判;另一方面,国家的司法职责包括追缴赃款,将其中一部分没收、一部分退还被害人。就后者而言,该行为也侵害了上游犯罪被害人的追索权。

综上,行为人的行为符合掩饰、隐瞒犯罪所得妨害司法机关履职的本质特征,应以掩饰、隐瞒犯罪所得罪追究刑事责任。

第二节 以四川省成都市中级人民法院(2021)川01刑终480号刑事判决书为例

原判认定,2020年11月底,被告人陈某认识了被告人李某,共同商议通过帮助他人进行资金转账并从中收取费用。同年12月,李某、陈某等人通过某聊天软件收到他人通知后,在明知他人资金来路不明可能系违法所得的情况下,将他人转入陈某账号的资金用于购买数字货币,然后再将数字货币转入他人指定的其他账户,并约定每天获得200—500元不等的费用。经鉴定,被告人陈某名下中国银行卡等账户接收李某1、宋某等人银行账户转来资金共计960,625元,并主要转出至黄某账户710,850元、刘某账户205,700元,微信支付44,010元。另查明,2020年12月6日,被害人马某、左某某、胡某陆续报案称受到他人诈骗,被骗资金转入了本案涉案的李某1、宋某的银行账户。

原判认为,被告人陈某、李某明知涉案资金系违法所得,在他人已经实施犯罪行为后帮助进行赃款转移,应当构成掩饰、隐瞒犯罪所得罪。

宣判后,成都市成华区人民检察院提出抗诉,其抗诉意见为:二被告人主观上明知上游犯罪是利用信息网络实施犯罪,客观上二被告人帮助转账是为上游电信网络诈骗最终取得财物进行帮助,符合帮助信息网络犯罪活动罪的客观要件,应当以帮助信息网络犯罪活动罪定罪。二审法院认定,2020年11月底,原审被告人陈某认识了原审被告人李某,二人在明知上家系利用信息网络实施犯罪的情况下,约定利用某聊天软件与上家进行联系,为上家提供银行卡及帮助,并约定每天按照200元至500元不等收取费用。同年12月,陈某提供账户,李某具体操作。经鉴定,陈某名下中国银行卡等账户接收李某1、宋某等人银行账户转来资金共计960,625元,并主要转出至黄某账户710,850元、刘某账户205,700元,微信支付44,010元。

二审法院认为,原审被告人李某、陈某明知他人利用信息网络实施犯罪,为其犯罪提供帮助,情节严重,构成帮助信息网络犯罪活动罪。

关于抗诉意见。二审法院认为,首先,在案证据证实,二原审被告人主观上明知其系为他人利用信息网络实施犯罪提供帮助,并不明知其所提供帮助支付结算的资金系犯罪所得;其次,二原审被告人所提供的帮助,客观上是为上游信息网络诈骗最终取得财物提供帮助。综上,二原审被告人的主客观方面均不符合掩饰、隐瞒犯罪所得罪的构成要件,应当以帮助信息网络犯罪活动罪对二原审被告人定罪处罚。原判认定事实、适用法律有误,应予纠正。

在办理出售、出租银行卡的犯罪案件中,存在准确界定帮助信息网络犯罪活动罪与掩饰、隐瞒犯罪所得罪之间界限的问题。参考最高人民法院刑事审判庭第三庭、最高人民检察院第四检察厅、公安部刑事侦查局2022年3月22日联合下发的《关于"断卡"行动中有关法律适用问题的会议纪要》(以下简称《2022年会议纪要》)第五条的规定,应当根据行为人的主观明知内容和实施的具体犯罪行为,确定其行为性质。

主观明知内容方面,在帮助信息网络犯罪活动罪中,行为人明知的内容是银行卡可能被用于信息网络犯罪,程度上是"概括地明知";在掩饰、隐瞒犯罪所得罪中,行为人明知的内容是银行卡被用于接收、转移赃款等犯罪所得,程度上是"明确知道"。

实施的具体犯罪行为方面,《2022年会议纪要》第五条规定,行为人向他人出租、出售信用卡后,在明知是犯罪所得及其收益的情况下,又代为转账、套现、取现等,或者为配合他人转账、套现、取现而提供刷脸等验证服务的,可以掩饰、隐瞒犯罪所得、犯罪所得收益罪论处。明知他人利用信息网络实施犯罪,仅向他人出租、出售信用卡,未实施其他行为,达到情节严重标准的,可以帮助信息网络犯罪活动罪论处。

然而,就目前的司法案例看,并不能将是否有转账、套现、取现等,或者为配合他人转账、套现、取现而提供刷脸等验证服务作为区分帮助信息网络犯罪活动罪与掩饰、隐瞒犯罪所得罪的标准。如上述案例,二审法院实际上也认定了原审被告人有转账行为。

有案例认为,掩饰、隐瞒犯罪所得罪系上游犯罪实施完毕后的帮助转移、隐瞒犯罪所得的行为,而帮助信息网络犯罪活动罪中所提供的支付结算等系帮助上游犯罪实施的行为,结算行为是网络犯罪完成过程中的一环。

在上述案例中,一、二审法院正是基于不同的事实,就被告人的行为是构成掩饰、隐瞒犯罪所得罪还是构成帮助信息网络犯罪活动罪,得出了不同的结论。

在主观明知方面,一审法院认为被告人明知涉案资金系违法所得,二审法院认为被告人主观上明知其系为他人利用信息网络实施犯罪提供帮助，并不明知其所提供帮助支付结算的资金系犯罪所得；在实施的具体犯罪行为方面，一审法院认为被告人的行为是在他人已经实施犯罪行为后帮助进行赃款转移，二审法院认为，被告人的行为是为上游信息网络诈骗最终取得财物提供帮助。

另外，出售、出租银行账户帮助实施信息网络犯罪的犯罪分子接收赃款，构成帮助信息网络犯罪活动罪，又根据上线授意，将存入银行账户的赃款分多次多笔转入上线指定的其他账户的，系在上游犯罪既遂后，帮助犯罪分子掩饰、隐瞒赃款真实流向的行为，已超出了帮助支付结算的范畴，又构成掩饰、隐瞒犯罪所得罪。考虑其行为具有连续性、目的具有一致性，应以掩饰、隐瞒犯罪所得罪一罪处罚，不实行数罪并罚。

第三章　案件总结

作者亲办案件回顾

在本案中，侦查机关以帮助信息网络犯罪活动罪先拘留、后逮捕了主犯许某某，而后以掩饰、隐瞒犯罪所得罪移送检察院。辩护人李跃东律师介入后，采用辩护前置策略，从公安侦查阶段就主动与侦查人员沟通，提出口头与书面辩护意见。通过阅卷，分析认为本案不构成掩饰、隐瞒犯罪所得罪，掩饰、隐瞒犯罪所得罪的前提应该是上游犯罪已经完成，而本案许某某的行为，是在上游犯罪还没有完成的情况下实施的，应属于帮助信息网络犯罪活动罪。辩护人同步会见当事人核实情况，组织团队人员集体研究三次，并及时向承办检察官提交法律意见书及案例检索报告。

后检察院完全采纳了辩护人的观点，将罪名变更为帮助信息网络犯罪活动罪并提起公诉。然而就在准备开庭之际，检察院又突然增加涉案人员和数额进行了变更起诉，在当事人和家属的配合下，通过辩护人与检察机关、审判机关持续有效沟通，出庭检察官在较低量刑建议的基础上，当庭又大幅调降幅度量刑建议。最终，审判机关按量刑建议最低档予以量刑。

对此，京师律师在"网红罪名"——帮助信息网络犯罪活动罪及关联交叉罪名的认定辩护上，取得公安阶段撤案、检察院不批捕、检察院变更较轻罪名等多起该领域有效辩护实例。同时，部分相关案例已成为同行辩护的参考案例。

居间方切不可反客为主

□ 李 艳[1]

一、居间合同释义

（一）居间合同

居间合同又称"中介服务合同"，是指居间人根据委托人的要求为委托人与第三人订立合同提供机会或进行介绍，而委托人须向居间人给付约定报酬的协议。

（二）特征

居间合同具有以下特征：
(1)其合同标的不是法律行为，而是介绍订约的劳务；
(2)居间人在委托人与第三人订立的合同中既非当事人，亦非任何一方的代理人，而是中间媒介人；
(3)它是有偿合同，居间人只有在居间产生有效结果时才可请求报酬给付。有学说认为，居间合同为特殊契约，当事人不负有严格的合同义务；亦有学说认为，居间合同为准委托合同，适用有关委托的一般规定。

二、权利义务

（一）居间人的权利

居间合同中居间人的权利实际上就是委托人的义务，其权利体现为以下两个方面。

---

[1] 李艳，中国民主建国会会员、天津市第九次律师代表大会代表、天津市律师协会民事专业委员会委员、天津市滨海新区律工委未老残委员会主任、京师律所(全国)合同法专业委员理事、京师律所(天津)婚姻家庭法务部主任、京师律所(天津)妇联副主席、婚姻家庭法律顾问、天津电视台《法眼·大律师》栏目嘉宾。

1. 居间人的报酬请求权

报酬请求权是居间人的主要权利。双方当事人约定居间人的报酬,而居间人的报酬标准,国家有限制规定,当事人约定的报酬额不能超过国家规定的最高标准。居间合同报酬的给付义务有两种情况:一是报告居间,因居间人仅为委托人报告订约机会,并不与委托人的相对人发生关系,所以报告居间仅由委托人承担给付义务;二是媒介居间,因为交易双方当事人都因为居间人的媒介而得益,所以,除另有约定外,由双方当事人平均负担居间人的报酬。

居间人行使报酬请求权采取报酬后付,即以委托人与第三人订立的合同因其报告或媒介成立为限。合同未成立的,不得请求报酬;合同虽成立但无效时,居间人也不能请求报酬。

居间人违反诚实信用原则的方法由相对人收受利益,或违反其对于委托人的义务而为有利于相对人的行为的,不得向委托人行使报酬请求权。

2. 居间人的费用偿还请求权

居间人所需费用,通常包括在报酬内,居间活动的费用一般由居间人负担,非经特别约定,居间人不得请求偿还费用。但当事人在居间合同中约定由委托人承担费用的,居间人对其已付的费用有偿还请求权。

居间人违反其对于委托人的义务而作出有利于委托人的相对人的行为,或者以违反诚实信用原则的方法而由相对人收受利益时,即使事前约定有费用偿还请求权,也无权行使。

(二)居间人的义务

1. 报告订约机会或者提供订立合同媒介的义务

居间人应当就有关订立合同的事项向委托人如实报告。

2. 忠实义务

居间人应当如实报告订立合同的有关事项和其他有关信息。

3. 负担居间费用的义务

居间人促成合同成立的,居间活动的费用,由居间人负担。

4. 隐名和保密义务

在媒介居间中,如果当事人一方或双方指定居间人不得将其姓名或商号、名称告知对方,居间人就负有不将其姓名或商号、名称告知对方的义务,这就是隐名义务,这种居间又称为隐名居间或隐名媒介。是否允许公开自己的名称和姓名是居间合同当事人的权利,因此,无论是委托人还是其交易相对人,都可以指定居间人不得将其姓名或名称告知其相对人。那么,居间人在交易双方订立合同之中或之后都应履行隐名义务。居间人对在为委托人完成居间活动中获悉的委托人的商业秘密以及委托人提供的信息、成交机会、后来合同的订立情况等,应按照合同的约定保守秘密。居间人如违反隐名和保密义务致使隐名当事人或委托人受损害的,应承担损害赔偿责任。

5. 介入义务

居间人的介入义务是指在隐名居间中,在一定情形下由居间人代替隐名当事人以履行辅助人的身份履行责任,并由居间人受领对方当事人所为的给付的义务。居间人承担的介入义务与居间人的隐名义务是一致的,是为了保证隐名当事人保持交易秘密目的的最终实现。居间人仅在一定情形下负有介入义务,并不享有介入的权利。换言之,只有在保护隐名当事人利益的前提下,才有居间人的介入义务,而不存在居间人基于特定情形主张介入的权利问题。

三、笔者代理实例

2019年3月20日,中×公司与××船舶公司签订《为山西东义焦炉项目从德国 HuDe GMBH 公司(以下简称德国 H 公司)采购捣固设备合作协议》,其主要条款约定,依据××船舶公司要求,双方共同作为买方与德国 H 公司签订分包合同,采购的货物为2套捣固系统、1台黏结机和2套链条。××船舶公司委托中×公司向德方采购标的设备。中×公司在××船舶公司的协助下,负责分包合同项下的信用证办理、标的设备在中国境内的进口清关手续工作、按照约定向德方支付款项、向海关及港口等部门代付分包合同项下设备在中国境内进口所发生的全部费用;××船舶公司负责分包合同下的所有其他责任和义务;××船舶公司有责任根据本协议规定及时向卖方支付各种款项。××船舶公司应对分包合同的履行(除中×公司负责信用证办理和进口清关手续外)承担全部的责任和风险。××船舶公司承担分包合同项下设备在中国境内进口所发生的全部费用,如需中×公司代付费用,××船舶公司应提前5个工作日,将上述费用支付到中×公司账户。根据分包合同及本协议的规定,以人民币方式向中×公司支付合同价款,以欧元方式向德方转付分包合同款项。中×公司在××船舶公司的协助下负责办理分包合同项下设备在中国境内的进口手续,中×公司承担分包合同项下设备进口所发生的财务费和正常情况下的清关费用。合同价格由下面三部分组成:(1)分包合同价格:285.5万欧元。(2)中×公司服务费43万元人民币。(3)中×公司代付的分包合同项下设备进口所发生的全部费用。

2019年9月9日,中×公司与××船舶公司签订《为山西东义焦炉项目从德国 H 公司采购捣固设备合作协议》,其主要条款约定,××船舶公司承担分包合同和补充分包合同项下设备在中国境内进口所发生的全部费用。如需中×公司代付费用,××船舶公司应提前10个工作日,将费用支付到中×公司账户。中×公司负责清关及之后的手续包括港口运输、仓储费、吊装、换单、码头操作等,之后将货物直接送到××船舶公司厂内,待货物掏箱后回空集装箱。

  2020年6月15日,双方又签订《成套设备供货合同》,其主要条款约定,就××船舶公司委托中×公司采购由德方供货的2套捣固机及其配件、1台黏结机和2套链条事宜,双方本着平等互利的原则,经友好协商,同意按照以下条款签订本合同。合同标的:由德方供货的2套捣固机及其配件、1台黏结机和2套链条设备。协议范围:××船舶公司委托中×公司向德方采购标的设备。中×公司在××船舶公司的协助下,负责分包合同项下的信用证办理、标的设备在中国境内的进口清关手续工作、按照约定向德方支付款项、向海关及港口等部门代付分包合同设备在中国境内进口所发生的全部费用等;××船舶公司负责分包合同下的所有其他责任和义务;××船舶公司有责任根据本协议规定及时向中×公司支付各种款项。××船舶公司应对分包合同的履行(除中×公司负责信用证办理和进口清关手续外)承担全部的责任和风险。××船舶公司承担分包合同项下设备在中国境内进口所发生的全部费用。如需中×公司代付费用,××船舶公司应提前5个工作日,将费用支付到中×公司账户。根据分包合同及本协议的规定,以人民币方式向中×公司支付合同价款。发货前,由××船舶公司协调安排中×公司人员前往德国 H 公司进行验货并出具发货证明。中×公司在××船舶公司的协助下负责办理分包合同项下设备在中国境内的进口手续,××船舶公司应及时向中×公司提供办理清关手续应由××船舶公司出具的单证和文件。中×公司承担分包合同项下设备进口所发生的财务费和正常情况下的清关费用。××船舶公司应对德方所供设备的质量、进度等全面负责;因德方原因造成的双方任何损失,由××船舶公司负责,并由××船舶公司依据分包合同在中×公司协助下向德方提出索赔。如因××船舶公司未能及时付款等原因,造成信用证损失、德方供货延期、货物清关障碍及滞港等责任,由××船舶公司负责,中×公司有权就因此造成的损失向××船舶公司提出索赔;如因中×公司未能及时向德方开具信用证或未能及时向德国付款或未能及时清关或未能及时向海关、码头等部门代付进口所发生的全部费用,造成德方供货延期、货物清关障碍及滞港等,由中×公司负责,××船舶公司有权就因此造成的损失向中×公司提出索赔;如××船舶公司未能履行本合同规定的义务造成中×公司损失的,由××船舶公司负责;如中×

公司未能履行本合同规定的义务造成××船舶公司损失的,由中×公司负责。

2019年11月18日,××船舶公司向中×公司出具收货证明,确认已收到第一批货物:1套捣固系统和2套链条。2020年1月22日,××船舶公司向中×公司出具收货证明,确认收到第二批货物:1套捣固系统和1台黏结机。

经一审法院询问,双方确认××船舶公司应向中×公司支付合同款共计2895万元,××船舶公司已向中×公司支付合同款共计24,339,218.41元。

一审法院认为,中×公司与××船舶公司签订的两份《为山西东义焦炉项目从德国H公司采购捣固设备合作协议》及《成套设备供货合同》,系双方真实意思表示,且未违反国家法律、法规的效力性强制性规定,均合法有效。依据××船舶公司出具的付款说明,其认可尚欠中×公司1,930,781.59元,并承诺在2020年4月30日前支付,扣除其此后支付的137万元,尚欠中×公司4,610,781.59元。××船舶公司逾期支付上述货款,属违约行为,其除应继续履行付款义务外,还应赔偿中×公司的损失。鉴于中×公司已对付款说明内容予以确认,故××船舶公司向中×公司承担逾期付款违约赔偿责任的起算时间应自2020年5月1日开始。中×公司要求××船舶公司支付此前利息的主张,该院不予支持。中×公司主张的翻译费属诉讼必要支出,但没有提交相应的证据,该院不予支持。中×公司主张的律师费、保全保险费损失,缺乏充足的法律依据,该院不予支持。综上,该院依照原《合同法》第八条、第一百零七条,《民事诉讼法》(2017年修正)第六十四条第一款之规定,判决:(1)××船舶公司支付中×公司货款4,610,781.59元及利息(自2020年5月1日起至该款付清时止,按照全国银行间同业拆借中心公布的市场贷款利率计算),于判决生效后10日内付清;(2)驳回中×公司的其他诉讼请求。

一审判决后,中×公司、××船舶公司均不服北京市海淀区人民法院的民事判决,向二审法院提起上诉。

中×公司上诉请求:(1)改判一审判决第一项中的利息为以4,610,781.59元为基数,自2019年12月9日起至该款付清时止,按照全国银行间同业拆借中心公布的市场贷款利率计算;(2)判令××船舶公司承担本案翻译费4837元;(3)判令××船舶公司承担本案上诉费用。事实和理由:(1)2020年3月19日,××船舶公司向中×公司出具的付款说明只是××船舶公司单方面的意思表示,中×公司仅是接收到付款说明,而非认可或者同意付款说明的全部内容,逾期付款违约赔付责任的利息起算时间不应为2020年5月1日起,而应当是按照合同约定的付款期限的第二日起计算利息,分段计算。(2)一审认可了翻译费属于诉讼必要支出,并且中×公司也提交了相应证据,因此××船舶公司应承担本案翻译费4837元。

××船舶公司针对中×公司的上诉辩称,不同意中×公司的上诉意见,付款行为本身就是作为中间代理机构的职责,××船舶公司没有给中×公司造成实际损失,合同中没有约定翻译费。

××船舶公司上诉请求:(1)撤销一审判决,依法发回重审或改判为××船舶公司支付中×公司货款3,381,461.41元;(2)中×公司承担本案一审、二审全部诉讼费用。

事实和理由:(1)一审认定事实错误。①双方未就应付合同款达成确认。一审认定双方确认××船舶公司应向中×公司支付合同款共计2895万元,并以此为依据作出要求××船舶公司承担支付合同尾款4,610,781.58元的判决。但××船舶公司从未确认合同款金额为2895万元,双方签订的《成套设备供货合同》暂定合同金额也只有2893万元。②应付合同款与合同暂定付款金额并非同一概念。《成套设备供货合同》仅为双方就付款时间及节点付款金额的约定,并非对最终付款金额的约定,协议中约定的2893万元仅为暂定的合同总价,按照约定,向德方付款的费用实际发生后双方应对最终合同款进行结算,双方结算之后协议即失效。用约定的暂定合同款减去××船舶公司实际支付的款项得出应付款项的金额,这个计算方法是错误的。③应付合同款总额应为27,720,682.82元。《为山西东义焦炉项目从德国H公司采购捣固设备合作协议》约定合同价格包含三部分,本案的争议焦点存在于第一部分的款项中。这部分款项中存在尚未支付的款项,合计为391,250欧元。该款项实际上已经因为与德方的其他项目发生抵销,无须再向德方支付。如果仅以本案合同为限,应当如何确定上述款项的汇率,并最终确定本案案涉合同的应付合同款金额,这一点双方从未达成一致。如果限于本案合同范围,只能以2021年4月22日欧元兑换人民币汇率1∶7.7766计算,应付合同款总额为27,720,682.82元。④即使仅就本案合同款项单独计算,因应付合同款总额计算错误,××船舶公司应付的剩余合同款项为人民币3,381,464.41元。

(2)一审适用法律不当。①××船舶公司不应承担应付货款利息。中×公司没有任何损失,本案中,××船舶公司与中×公司并非真正的买卖合同的买方和卖方,而是联合作为买方向卖方德国H公司购买设备。根据合同约定,买方与卖方的具体付款流程是××船舶公司向中×公司支付合同款后,中×公司再购汇支付给德方。××船舶公司延迟支付给中×公司,中×公司并不需要垫付任何款项给德方,因此并没有任何资金被占用的损失。而且,××船舶公司延迟支付合同款的原因是德方所发的设备存在缺件及质量问题,需与德方交涉,德方也未追究延迟付款的责任,因此,中×公司没有任何实际损失发生。根据合同约定,××船舶公司未及时付款的责任,限于信用证损失、德方供货延期、货物清关障碍及滞港等责任,实际上,中×公司没有此部分损失发生,无权主张利息损失。②利息起算时间及资金规模错误。即使判决支付利息,一审判决中的利息起算时间及资金规模也有错误。按照××船舶公司委托北京寰辰律师事务所在2020年8月11日发出的律师函来看,××船舶公司付款的截止时间为收到该函的15日。因此,起算利息的日期也不应早于2020年8月26日。在出具付款说明时,××船舶公司欠付的货款为1,930,781.59元,尚未达到全部的付款规模,此部分资金应当自2020年5月1日起算利息,其中137万元也已经于2020年12月10日支付,应当对上述资金的本金予以扣减。除此之外的各项资金均应当按照各自的付款节点起算,而不是统一自2020年5月1日起算。

中×公司针对××船舶公司的上诉辩称,××船舶公司的上诉没有事实和法律依据,《成套设备供货合同》中第9条第6款明确约定如果本合同与原合作协议规定矛盾,以本合同为准,各方应履行各自的权利义务。根据《成套设备供货合同》第4.1条,本合同的总价暂定为2893万元,但最终价格以执行完毕时结算价格为准,双方付款的比例和金额都要以暂定价格为基础,但合同没有执行完毕不存在结算价款问题,合同中对于每期付款条件都有约定,合同没有履行完毕不具备结算条件,中×公司另支出了2万多元的信用证手续费,所以合同总金额为2895万元。本案的汇率及利息问题在《成套设备供货合同》中都进行了约定。律师函只是在××船舶公司违约后的催款手段,不代表对利息损失进行减免。

二审中,××船舶公司向二审法院提交如下证据:证据1德国H公司首席财务官Klaus.Funke发送给朱某的电子邮件打印件,证据2上述邮件的翻译件,证据1、证据2拟共同证明德国H公司与××船舶公司达成一致,将案涉项目的应付款项进行全额抵扣,德方在2020年8月19日将被抵扣之后的其他项目64,666.7欧元支付给了中×公司作为最终验收款;证据3德国H公司首席财务官Klaus.Funke发送给李某、朱某等人的电子邮件截图,拟证明德方将邮件抄送给了中×公司负责人员,中×公司对于××船舶公司与德方就本案项目应付款项与另案项目应收款项进行抵销达成一致一事知情;证据4中×公司李某发送给德国H公司首席财务官Klaus.Funke、朱某等人的电子邮件截图,证据5上述邮件的附件《分包合同付款条款之修订协议》,证据4、证据5拟共同证明中×公司收到了德方邮件,对于××船舶公司与德方就本案项目应付款项与另案项目应收款项进行抵销达成一致一事不持反对意见,但希望三方签订正式三方协议;证据6中×公司在另外仲裁案件中的质证意见,拟证明在另案仲裁程序中,中×公司对于已收到德方支付的64,666.7欧元一事表示认可。中×公司发表质证意见称,证据1—5不属于二审新证据,且对证据1—3的真实性、合法性、关联性及证明目的均不认可,对证据4、证据5的真实性认可,但对关联性和证明目的不认可,对证据6的真实性认可,但对关联性不认可,中×公司收到了64,666.7欧元的款项,但该款项是印度项目的货款,本案项目中×公司是付款方,印度项目中中×公司是收款方。本院经审查认为,对于××船舶公司提供的证据1—3,中×公司以发件人不是德方项目授权代表且未经过公证、认证程序为由,对于真实性不予认可,但认可发件人系德国H公司员工,结合证据4、5系对于证据1的回复,且中×公司认可证据4、证据5的真实性,本院对于××船舶公司提举的证据1—6的真实性均予以确认。

  本案的争议焦点为一审法院认定事实是否正确,适用的法律是否得当,以及××船舶公司是否应支付中×公司主张的剩余合同进度款。中×公司与××船舶公司签订的两份《为山西东义焦炉项目从德国H公司采购捣固设备合作协议》及《成套设备供货合同》,系双方真实意思表示,且未违反国家法律、法规的效力性强制性规定,应属合法有效。根据双方签订三份合同的内容,在与德国H公司签订的分包合同中本案双方当事人系作为共同买方,在本案双方当事人构建的合同关系中,××船舶公司委托中×公司向德方采购货物,中×公司负责代付分包合同设备在中国境内进口所发生的全部费用等。同时,该三份合同对双方之前阶段的付款进行了确认以及对之后付款的内容进行了约定,中×公司亦据此提出××船舶公司应支付合同剩余进度款的主张。对此本院认为,从××船舶公司提举的电子邮件往来记录等证据,可以看出德方公司曾与××船舶公司就项目款项抵销一事进行过沟通,且向中×公司员工抄送过相应邮件,中×公司员工亦向德方公司发送邮件进行过沟通,再结合中×公司认可其收到了德方公司向其支付的64,666.7欧元,该款项金额与德方公司电子邮件中核算的金额相同等事实,据此可以认定德方公司已就各方涉及的项目主张进行结算,××船舶公司对此亦予以认可。中×公司表示其收到进度款后是否再向德方支付,暂不能确定。综合上述,在德方与××船舶公司对于案涉项目已进入结算阶段的情况下,作为费用代付方的中×公司在本案中要求进度款的诉讼请求应予驳回。至于中×公司依据合同主张的应由××船舶公司负担的费用问题,双方可在整体结算的基础上,再行对支出的费用等予以主张。

四、案例评析

本案是典型的名为买卖、实为居间的居间合同,中×公司作为居间方本应按约定完成本职任务,然而却作出了一系列不恰当的行为,混淆视听坚持认为双方是买卖合同关系,干扰合同的履行。居间合同纠纷通常涉及居间人是否完成了居间行为,以及居间报酬如何确定等问题。一般来说,在法律上居间合同被视为特殊契约,当事人不负有严格的合同义务,但居间人只有在居间产生有效结果时才可请求报酬给付。因此,当发生居间合同纠纷时,法院应根据当事人诉争的法律关系的性质,查明该合同涉及的法律关系,以正确确定案由并进行审理。最终,二审法院撤销了一审判决,驳回了中×公司的全部诉讼请求,支持了我方的上诉请求。

建设工程项目"黑白合同"效力认定及结算依据研究

□ 张文娟[①]

【摘　要】 建设工程"黑白合同"的效力在司法实践中,处于不稳定的状态,现行法律和相关司法解释对建设工程"黑白合同"的效力认定不甚明确,因此准确分析建设工程"黑白合同"的法律效力,正确理解与适用相关法律法规确定结算依据,对于统一司法裁判、稳定建筑市场、保护交易安全具有重要意义。

本文从建设工程的特殊性入手,对建设工程"黑白合同"的形成原因和表现形式进行分析,并且检索、汇总、分析了最高人民法院和各地高级人民法院具有参考意义的判决,研究"先黑后白"和"先白后黑"两种情形下的"黑白合同"效力认定,以及不同情形下工程价款结算依据问题,以期为工程建设项目招投标前后签订合同效力与对应项目结算依据问题提供法律层面的参考和解答。

【关键词】 建设工程;"黑白合同";招投标;法律效力

在建设工程领域长期以来存在大量的"黑白合同",发包人和承包人出于种种原因签订两份或两份以上的建设工程施工合同。这一现象在众多领域均有出现,如商品房买卖、房屋拆迁、房屋租赁等,但在建设工程领域尤为显著。建设单位与招标单位或招标代理机构串通,做虚假招标,明招暗定,签订"黑白合同",所谓"黑合同"就是建设单位在工程招投标过程中,除了公开签订的合同之外,又私下与中标单位签订合同,强迫中标单位垫资,带资承包,压低工程款等,"黑白合同"的签订违反了《招标投标法》、《民法典》和《建筑法》的有关规定,极易造成建筑工程质量隐患及损害施工方的利益,最终也损害建设方的利益。"黑白合同"的存在,不仅给建筑行业带来了许多

[①] 张文娟,北京京师(天津)律师事务所合伙人,北京京师(全国)合同委副主任,京师天津建设工程部主任、青工委主任,首都经济贸易大学兼职硕士生导师,天津市律师协会金融专业委员会委员、天津市律师协会政府法律顾问委员会委员,天津城市建设管理职业技术学院外聘法学讲师。

问题,严重影响了建筑质量,干扰了正常的建筑市场秩序,同时给法学理论界、司法实务界造成了很多困扰和难题。因此,准确分析建设工程"黑白合同"的法律效力,正确理解与适用相关法律法规确定结算依据,对于统一司法裁判、稳定建筑市场、保护交易安全具有重要意义。

第一章 建设工程"黑白合同"的形成原因及表现形式

"黑白合同"并不是一个法律概念,只是行业内对此现象的一种约定俗成的称谓。建设工程"黑白合同"的出现有其深刻的原因和复杂的表现形式。

第一节 建设工程"黑白合同"的形成原因

建设工程"黑白合同"的形成有社会原因,也有法律原因。

(一)社会原因

"黑白合同"的产生是一个复杂的社会问题,往往还与建筑行业的挂靠、转包、分包等现象相伴相生。"黑白合同"之所以屡禁不止,也与挂靠、垫资等现象有关。究其产生的首要原因是建筑市场供需关系的不平衡。建筑行业作为劳动密集行业,在我国具有得天独厚的优势。各个地方都把建筑行业作为劳动力输出的重要窗口,以此增加就业、发展经济。在我国的国情背景下,建筑行业竞争激烈,属于典型的买方市场或甲方市场。建设方在交易中处于绝对优势地位,其可利用其优势地位,通过"黑合同"来压低工程价格,指定分包,甚至可以要求施工方带资施工。施工方处于弱势地位,又迫切地想承揽工程,只得在交易中被迫妥协。对于施工方来讲,只要承揽到工程,无论签订的合同效力如何,是否有利润,完全可以在施工以后再考虑。只待进行施工后施工方通过种种手段,比如降低工程质量、偷工减料、拖延工期等方式,向建设方施加压力,争取己方利益。由此形成恶性循环,"黑白合同"直接造成工程质量下降,工程违法转包分包,严重损害建筑市场秩序。

(二)法律原因

建筑行业作为国民经济的支柱行业,国家制定了一系列法律法规,对其进行行政监管。招投标活动所成立的建设工程施工合同,不仅应受《民法典》等私法的调整,还应受到《招标投标法》《建筑法》的调整,它同时具备了民事法律关系与行政法律关系的双重性质。当民事法律关系中私人利益与行政法律关系中政府代表的社会公共利益同时出现,便会形成一对矛盾,这对矛盾冲突时便会引发当事人追求自身利益的最大化,规避政府监管,从而签订"黑白合同"的行为。归纳起来,"黑合同"主要有以下三方面与"白合同"不同:垫资、压价、肢解分包。这几种行为都是发包人追求利益最大化的手段,同时是我国政府主管部门所严格禁止的行为。

第二节　建设工程"黑白合同"的表现形式

建设工程"黑白合同"按照产生原因表现为:非法压价"黑白合同",规避招标程序"黑白合同",非法转包分包"黑白合同",违规垫付资金"黑白合同"等,本文主要讨论规避招标程序的"黑白合同",我们从"黑白合同"签订的不同时间来深刻认识它的内涵。

（一）"黑合同"签订在中标之前

由于建设工程的不确定因素很多,市场信息的不对称性使建设方难以对投标人的经验及技术、履约能力有准确的判断,给招标人带来了诸多风险。为了规避招投标带来的施工者选择的不确定风险,不少招标人想方设法控制招投标的结果,具体表现为:在招投标之前与潜在的投标人进行实质性内容谈判,要求写承诺书对工程取费、付款条件、垫资等作出承诺;有的已选定施工者,签署了包括工程取费、付款条件、垫资等内容的协议书;甚至有的在实行招投标之前施工者就已进场施工。当设定投标条件或圈定中标人后,建设方再按照政府部门监管要求举行招投标,签订用于备案的合同。

在这些行为之下,招标人在招标之前与施工方签订的协议书,或施工方出具的承诺书,与中标后签订的备案合同肯定有实质差异,于是就形成了一"阴"一"阳",这一行为实质是规避建设工程招投标,属虚假招投标。

（二）"黑合同"签订在中标之后

大部分的"黑合同"是签订在中标之前的,但有的"黑合同"也会签订在中标之后。根据招投标文件、中标通知书,双方签订一份备案的合同,事后根据双方协商又对备案合同进行实质性内容更改,签订实际履行的补充协议。

大部分时候是建设方利用自身的优势地位迫使施工者接受不合理要求,订立与招投标文件、中标结果实质性内容相背离的协议。但有时施工者反过来会处于优势地位,施工者千方百计中标取得项目后,利用建设方工期紧等不利情况,在合同谈判中要求对招投标文件、中标结果进行修改。于是,双方签订合法的"白合同"后,又另行签订"黑合同"。还有些时候招标人和中标人为了共同的利益,对原合同进行实质性内容的修改。

第二章 "先黑后白"及"先白后黑"情形下合同效力认定和结算依据

第一节 "先黑后白"情形下合同效力认定和结算依据

根据《最高人民法院关于审理建设工程施工合同纠纷案件适用法律问题的解释(一)》第一条规定,建设工程施工合同具有下列情形之一的,应当依据《民法典》第一百五十三条第一款的规定,认定无效:……(三)建设工程必须进行招标而未招标或者中标无效的。之前签署的"黑合同"属于强制招投标而未招标情形,当然无效。

在招投标未进行之前已经签署"黑合同",招标方与施工方明显是在事前已经达成一致,在之后进行的招标及签署并备案的"白合同"只是双方为了完成法定程序而进行的"形式招标",无论招投标结果如何,之前签署"黑合同"的施工方必然中标,该情形属于串通围标或中标前实质性谈判。

在强制招投标工程项目中,"白合同"签署、备案前双方签订"黑合同"依照相关法律规定,当然无效。

典型案例一:六安金利置业集团有限公司与中太建设集团股份有限公司建设工程施工合同纠纷案

1. 裁判要旨

在进行招投标前,双方当事人签订施工合同,对工程的实质性内容不仅进行约定,还进行了实际施工,属于串通投标,中标合同无效,双方在招投标前签订的合同亦属无效。即使案涉工程不属于必须进行招投标项目,双方串通投标行为不影响施工合同效力,施工合同及中标合同也均无效。

2. 案情简介

中太公司就承建金利公司开发的六安金利国际城项目工程,先后与金利公司签订四份施工合同和一份补充协议,分别为2012年1月5日签订的《六安金利国际城项目协议书》、2012年4月28日签订的《建设工程施工合同》、2012年6月28日签订的二份《建设工程施工合同》及一份《施工补充协议》。同年7月6日,金利公司对案涉工程进行招投标,并于8月31日向中太公司发出五份《中标通知书》。中太公司与金利公司对案涉工程进行招投标之前已经签订五份施工合同并已开始实际施工的事实均予认可。

3. 法院认为

根据《招标投标法》第三十二条"投标人不得相互串通投标报价,不得排挤其他投标人的公平竞争,损害招标人或者其他投标人的合法权益",第四十三条"在确定中标人前,招标人不得与投标人就投标价格、投标方案等实质性内容进行谈判",第五十三条"投标人相互串通投标或者与招标人串通投标的,投标人以向招标人或者评标委员会成员行贿的手段谋取中标的,中标无效"的规定,案涉工程无论是否为必须进行招投标项目,如果进行招投标,则必须遵守《招标投标法》的相关规定。金利公司对案涉工程实际进行了招投标,中太公司参与投标并中标,但在中太公司中标前,金利公司已与中太公司签订多份施工合同,对工程的实质性内容不仅进行约定,还进行了实际施工,属串通投标,中太公司的中标无效,双方在招投标前签订的合同亦属无效。金利公司以案涉工程不属于必须进行招投标项目,双方串通投标行为不影响施工合同效力,施工合同均为有效的理由不能成立,不予支持。

典型案例二:四川嘉煜房地产开发有限公司、重庆一品建设集团有限公司建设工程施工合同纠纷案

1. 裁判要旨

在进行招投标前,双方当事人签订多份施工合同,对工程的实质性内容不仅进行约定,还进行了实际施工,属串通投标,中标合同无效,双方在招投标前签订的合同亦属无效。即使案涉工程不属于必须进行招投标项目,双方串通投标行为不影响施工合同效力,施工合同及中标合同均无效。虽然签订时间在确定中标人之后,表面上似乎符合法律规定的程序要件,但在确定中标人前,双方已经就案涉工程的工期、工程价款及支付方式等达成合意,双方当事人的行为在实质上违反了《招标投标法》的强制性规定,合同均为无效。

2. 案情简介

双方当事人于2010年11月19日签订《施工合同》,后又在《施工合同》的基础上陆续签订相关补充协议。2011年7月22日和2012年12月1日双方当事人还订立了《备案合同》。2011年6月7日,渠县发展改革局向嘉煜公司作出的《关于核准渠城嘉隆国际房地产开发项目一期工程建设项目招标事项的函》载明,同意实行邀请招标。2011年7月5日,渠城嘉隆国际房地产开发项目一期工程施工招标《开评标情况报告》载明,包括一品公司在内的3家公司递交了投标文件、缴纳了投标保证金。2011年7月12日《中标通知书》载明:一品公司确定为中标人,中标价285,167,145元。工期645天。根据一审法院查明的事实,2011年3月20日、2011年3月22日、2011年4月1日、2011年5月22日工程名称为"嘉煜·嘉隆国际"、归属合同名称为"嘉煜·嘉隆国际建设工程施工合同"的数份"合同外工程及零星工程""前期工程"签证单上,一品公司、嘉煜公司均对签证内容签章确认。因此,在签订《备案合同》及招投标之前,一品公司已经进场施工,双方签订并履行《施工合同》的行为发生在招投标之前。

3. 法院认为

在签订《备案合同》及招投标之前,一品公司已经进场施工,双方签订并履行《施工合同》的行为发生在招投标之前。随着国家深化建筑行业改革,缩小并严格界定必须进行招标的工程建设项目范围,放宽有关规模标准,招标范围应当按照确有必要、严格限定原则确定,成为工程建设项目招投标改革趋势。按照最新《必须招标的工程项目规定》《必须招标的基础设施和公用事业项目范围规定》的规定,案涉项目已不属于必须招标的工程项目。但嘉煜公司经渠县发展改革局的核准对案涉工程采取邀请招标的方式进行了招标,招投标行为应受《招标投标法》的约束。根据《招标投标法》第四十三条规定:"在确定中标人前,招标人不得与投标人就投标价格、投标方案等实质性内容进行谈判。"第五十五条规定:"依法必须进行招标的项目,招标人违反本法规定,与投标人就投标价格、投标方案等实质性内容进行谈判的,给予警告,对单位直接负责的主管人员和其他直接责任人员依法给予处分。前款所列行为影响中标结果的,中标无效。"因此案涉招投标行为无效。《最高人民法院关于审理建设工程施工合同纠纷案件适用法律问题的解释》(法释〔2004〕14号,已失效)第一条规定:"建设工程施工合同具有下列情形之一的,应当根据合同法第五十二条第(五)项的规定,认定无效:……(三)建设工程必须进行招标而未招标或者中标无效的。"根据上述规定,案涉《施工合同》应属无效合同。对于双方当事人2011年10月30日签订的《边坡合同》、2011年7月22日签订的《建设工程施工合同》(一期备案合同)、2012年7月22日签订的《补充协议一》、2012年12月1日签订的《建设工程施工合同》(二期备案合同)、2014年4月16日签订的《补充协议二》,虽然签订时间在确定中标人之后,表面上似乎符合法律规定的程序要件,但如前所述,在确定中标人前,双方已经就案涉工程的工期、工程价款及支付方式等达成合意,双方当事人的行为在实质上违反了《招标投标法》的强制性规定,故上述的合同、协议均为无效。

4. 结算依据问题

《民法典》第七百九十三条第一款规定："建设工程施工合同无效,但是建设工程经验收合格的,可以参照合同关于工程价款的约定折价补偿承包人。"《最高人民法院关于审理建设工程施工合同纠纷案件适用法律问题的解释(一)》(以下简称《建设工程司法解释(一)》)第二十四条规定:"当事人就同一建设工程订立的数份建设工程施工合同均无效,但建设工程质量合格,一方当事人请求参照实际履行的合同关于工程价款的约定折价补偿承包人的,人民法院应予支持。实际履行的合同难以确定,当事人请求参照最后签订的合同关于工程价款的约定折价补偿承包人的,人民法院应予支持。"故根据现行法律规定分析工程结算并不绝对,是以实际履行的合同或中标合同为最终依据。在招标前后签订的黑白合同无效的情况下,结算用于哪一份合同为准,需要法院对案件事实充分掌握并灵活合理地利用《民法典》《建设工程司法解释(一)》的规定作出裁判。

典型案例三:江西中南建设工程集团公司、江西省博灏投资有限公司鄱阳分公司建设工程施工合同纠纷

1. 裁判要旨

《最高人民法院关于审理建设工程施工合同纠纷案件适用法律问题的解释(二)》(法释〔2018〕20号,已失效)第十一条第一款规定,当事人就同一建设工程订立的数份建设工程施工合同均无效,但建设工程质量合格,一方当事人请求参照实际履行的合同结算建设工程价款的,人民法院应予支持。本案中,因双方所签订的两份施工合同均为无效合同,故本案不能简单地以备案的中标合同作为结算依据,而应根据当事人的真实意思表示及实际履行的合同作为结算依据。

2. 案情简介

中南公司经过招标投标程序于2013年9月5日取得涉案工程《中标通知书》后,又于2013年9月6日与博灏鄱阳分公司签订了《建设工程施工合同(GF-1999—0201)》,该合同经过行政备案。但是,在签订该份中标合同之前,中南公司与博灏鄱阳分公司就已经于2013年8月18日签订了《工程施工承包合同》,双方对工程质量、工程价款、工期等实质性内容进行了详细约定。并且,同年8月19日,中南公司即已开始施工前期准备工作,同年8月25日,中南公司组织人员进场进行前期施工。

3. 法院认为

案件事实表明,在案涉工程招投标之前,中南公司和博灏鄱阳分公司就已经就案涉工程实质性内容进行谈判,双方达成了由中南公司承建案涉工程的合意并已开始实际履行,该行为违反了《招标投标法》第四十三条关于"在确定中标人前,招标人不得与投标人就投标价格、投标方案等实质性内容进行谈判",第五十五条关于"依法必须进行招标的项目,招标人违反本法规定,与投标人就投标价格、投标方案等实质性内容进行谈判的,给予警告,对单位直接负责的主管人员和其他直接责任人员依法给予处分。前款所列行为影响中标结果的,中标无效"的规定。依照《建设工程司法解释(一)》第一条第三项规定,案涉中标合同应当认定为无效合同。

关于案涉工程款结算的合同依据如何认定的问题。本案当事人先后签订了两份施工合同及一份协议书,前文已经阐明其中的中标合同无效,结合双方2013年9月7日签订的《协议书》中关于中标合同仅用于建设局报建使用、具体合同条款按双方8月18日签订的合同条款执行的约定,一审法院认定8月18日签订的合同是合同双方的真实意思表示,亦是双方实际履行的合同,故本案应当以8月18日签订的合同作为工程款结算的合同依据。

典型案例四:阜阳巨川房地产开发有限公司建设工程施工合同纠纷再审案

1. 裁判要旨

《最高人民法院关于审理建设工程施工合同纠纷案件适用法律问题的解释》(法释〔2004〕14号,已失效)第二条规定:"建设工程施工合同无效,但建设工程经竣工验收合格,承包人请求参照合同约定支付工程价款的,应予支持";第二十条规定:"当事人约定,发包人收到竣工结算文件后,在约定期限内不予答复,视为认可竣工结算文件的,按照约定处理。承包人请求按照竣工结算文件结算工程价款的,应予支持。"本案中,杭州建工公司于2017年9月6日向阜阳巨川公司报送《工程结算书》,当日阜阳巨川公司授权的案涉工程项目负责人韦某某在该《工程结算书》上签字确认。韦某某是阜阳巨川公司特别授权的负责案涉工程项目的建设单位项目负责人,其在《工程结算书》上签字确认的行为对阜阳巨川公司发生法律效力。故原审将《工程结算书》作为认定案涉工程价款的依据具有事实和法律依据。

2. 案情简介

阜阳巨川公司在案涉工程进行招标投标之前,与杭州建工公司共同签订《建设工程总承包协议》,在招标投标之后,双方当事人又依据招标投标文件签订了《建设工程施工合同》《建设工程施工补充协议》。双方当事人在招标投标前就案涉工程的实质性内容进行了谈判,影响了中标结果。原审依照《招标投标法》的规定,认定案涉《建设工程总承包协议》《建设工程施工合同》《建设工程施工补充协议》无效。

3. 法院认为

《最高人民法院关于审理建设工程施工合同纠纷案件适用法律问题的解释》(法释〔2004〕14号,已失效)第二条规定:"建设工程施工合同无效,但建设工程经竣工验收合格,承包人请求参照合同约定支付工程价款的,应予支持";第二十条规定:"当事人约定,发包人收到竣工结算文件后,在约定期限内不予答复,视为认可竣工结算文件的,按照约定处理。承包人请求按照竣工结算文件结算工程价款的,应予支持。"

本案双方当事人签署的《建设工程施工补充协议》第五条第二项约定:杭州建工公司在工程竣工后1个月内向阜阳巨川公司提交工程结算,阜阳巨川公司应在收到杭州建工公司提交的竣工结算后2个月内提交给第三方审核并完成竣工结算的核对工作,逾期则视作阜阳巨川公司即批准了杭州建工公司提交的竣工结算并以此为依据。本案中,杭州建工阜阳分公司于2017年9月6日向阜阳巨川公司报送《工程结算书》,当日阜阳巨川公司授权的案涉工程项目负责人韦某某在该《工程结算书》上签字确认。韦某某是阜阳巨川公司特别授权的负责案涉工程项目的建设单位项目负责人,其在《工程结算书》上签字确认的行为对阜阳巨川公司发生法律效力。故原审以《工程结算书》认定案涉工程造价具有事实和法律依据。

第二节 "先白后黑"情形下合同效力认定和结算依据

《建设工程司法解释(一)》第二十二条规定,当事人签订的建设工程施工合同与招标文件、投标文件、中标通知书载明的工程范围、建设工期、工程质量、工程价款不一致,一方当事人请求将招标文件、投标文件、中标通知书作为结算工程价款的依据的,人民法院应予支持。

第二十三条规定,发包人将依法不属于必须招标的建设工程进行招标后,与承包人另行订立的建设工程施工合同背离中标合同的实质性内容,当事人请求以中标合同作为结算建设工程价款依据的,人民法院应予支持,但发包人与承包人因客观情况发生了在招标投标时难以预见的变化而另行订立建设工程施工合同的除外。

显然,后签署的"黑合同"如果背离"白合同"的实质内容(工程质量、价款、工期),将严重影响工程质量与安全,也严重影响市场的公平竞争环境,违反上述法律规定,依法生效的中标备案合同("白合同")受法律保护,在"白合同"签署并备案后再签订的"黑合同"无效。以上是从法理上分析,但

《建设工程司法解释(一)》并未直接规定中标合同及另行签订的背离中标合同实质性内容的合同效力如何,故在司法实践中,法院不宜对另行签订的合同作出"有效"或"无效"认定,而是当二者矛盾的时候直接援引《建设工程司法解释(一)》第二十二条、第二十一条的规定作出结算认定。

典型案例五:荆州公司与宜化公司建设工程施工合同纠纷案

1. 裁判要旨

案涉工程进行了招投标程序,由荆州公司中标并与宜化公司签订了施工合同。招标文件中规定的计费标准与另行签订的施工合同中约定的计费标准不一致的,以中标合同作为结算工程价款的依据。

2. 案情简介

案涉工程经过了招投标程序,中标单位为荆州公司。2010年3月2日,宜化公司与荆州公司签订了《建设工程施工合同》,各方对该合同合法有效均无异议。荆州公司将案涉工程转包给没有施工资质的个人杨某,并签订《项目承包协议》,一审法院认定该协议违反了法律效力性强制性规定,系无效协议。但杨某作为实际施工人可以主张案涉工程款。由于中标合同与中标后签订的施工合同约定不一致,故在计价方面对应以哪份合同为准产生争议。

3. 法院认为

案涉工程经招投标程序并由荆州公司中标,应按招标文件规定的取费标准计价,宜化公司认为其属国有企业,所进行的项目均需招标,案涉工程虽进行招标但未产生结果,应按合同约定的取费标准计价。据上文所述,案涉工程进行了招投标程序,由荆州公司中标并与宜化公司签订了施工合同。本案招标文件规定"投标报价:以《2003年湖北省建筑工程预算定额》为取费标准,按一类工程报价下浮"与《建设工程施工合同》第15.3.1条约定的取费标准并不一致。依据《最高人民法院关于审理建设工程施工合同纠纷案件适用法律问题的解释》(法释〔2004〕14号,已失效)第二十一条"当事人就同一建设工程另行订立的建设工程施工合同与经过备案的中标合同实质性内容不一致的,应当以备案的中标合同作为结算工程价款的根据"与《最高人民法院关于审理建设工程施工合同纠纷案件适用法律问题的解释(二)》第十条"当事人签订的建设工程施工合同与招标文件、投标文件、中标通知书载明的工程范围、建设工期、工程质量、工程价款不一致,一方当事人请求将招标文件、投标文件、中标通知书作为结算工程价款的依据的,人民法院应予支持"的规定,该院认定案涉工程应按招标文件规定的取费标准作为计价依据。

典型案例六：中启胶建集团有限公司、滨州市工人文化宫等建设工程施工合同纠纷民事再审案

1. 裁判要旨

工程招投标中依法形成的招投标文件是确定涉案工程价款结算的重要依据，在双方订立的建设工程施工合同与招投标文件不一致的情况下，为维护建设工程招投标秩序，规范政府采购行为，《建设工程司法解释（一）》第二十二条明确规定应以招投标文件作为结算依据，这是严格执行招标投标法的应有之义。

2. 案情简介

《施工公开招标文件》中约定完成工程质量目标（获得"泰山杯"），招标单位按照工程总造价的0.2%对中标单位进行奖励，《建设工程施工合同》约定完成工程质量目标（获得"泰山杯"）的发包人按工程总造价的0.5%对承包人进行奖励。为此，在奖励时发生争议。

3. 法院认为

关于中启胶建主张应按照合同约定获得工程总造价的0.5%作为奖励的问题。本院认为，涉案《施工公开招标文件》合同专用条款第五条约定："中标单位完成工程质量目标（获得"泰山杯"），招标单位按照工程总造价的0.2%对中标单位进行奖励"；涉案《建设工程施工合同》补充条款第四条第二款约定："承包人完成工程质量目标（获得泰山杯）的发包人按工程总造价的0.5%对承包人进行奖励"，根据《建设工程司法解释（一）》第二十二条的规定，以及涉案《建设工程施工合同》通用条款第二条关于合同文件及解释顺序的约定："组成本合同文件及优先解释顺序如下：（1）本合同协议书；（2）中标通知书；（3）投标书及其附件；（4）本合同专用条款；（5）本合同通用条款……"原审判决按照《施工公开招标文件》约定的0.2%计取比例计算中启胶建质量奖励款项，具有合同依据。

关于原审判决适用法律是否确有错误的问题。涉案工程属于《招标投标法》第三条规定的强制招标发包的建设项目，工程招投标中依法形成的招投标文件是确定涉案工程价款结算的重要依据，在双方订立的建设工程施工合同与招投标文件不一致的情况下，为维护建设工程招投标秩序，规范政府采购行为，《建设工程司法解释（一）》第二十二条明确规定应以招投标文件作为结算依据，这是严格执行招标投标法的应有之义。最高人民法院审理的（2019）最高法民终80号民事判决亦认为，建设工程施工合同与招标文件、投标文件、中标通知书载明的工程价款不一致的，应以招标文件、投标文件、中标通知书作为结算工程价款的依据。据此,原审依据招投标文件作为涉案工程价款的结算依据于法有据。

第三章　建设工程"黑白合同"效力认定法律困境及解决方法

第一节　建设工程"黑白合同"的相关法律链接

(一)《民法典》

第一百四十七条　基于重大误解实施的民事法律行为,行为人有权请求人民法院或者仲裁机构予以撤销。

第一百四十八条　一方以欺诈手段,使对方在违背真实意思的情况下实施的民事法律行为,受欺诈方有权请求人民法院或者仲裁机构予以撤销。

第一百四十九条　第三人实施欺诈行为,使一方在违背真实意思的情况下实施的民事法律行为,对方知道或者应当知道该欺诈行为的,受欺诈方有权请求人民法院或者仲裁机构予以撤销。

第一百五十条　一方或者第三人以胁迫手段,使对方在违背真实意思的情况下实施的民事法律行为,受胁迫方有权请求人民法院或者仲裁机构予以撤销。

第一百五十一条　一方利用对方处于危困状态、缺乏判断能力等情形,致使民事法律行为成立时显失公平的,受损害方有权请求人民法院或者仲裁机构予以撤销。

第一百五十三条　违反法律、行政法规的强制性规定的民事法律行为无效。但是,该强制性规定不导致该民事法律行为无效的除外。

违背公序良俗的民事法律行为无效。

第一百五十四条　行为人与相对人恶意串通,损害他人合法权益的民事法律行为无效。

第七百九十三条第一款　建设工程施工合同无效,但是建设工程经验收合格的,可以参照合同关于工程价款的约定折价补偿承包人。

(二)《全国法院民商事审判工作会议纪要》

1. 关于合同纠纷案件的审理

会议认为,合同是市场化配置资源的主要方式,合同纠纷也是民商事纠纷的主要类型。人民法院在审理合同纠纷案件时,要坚持鼓励交易原则,充分尊重当事人的意思自治。要依法审慎认定合同效力。要根据诚实信用原则,合理解释合同条款、确定履行内容,合理确定当事人的权利义务关系,审慎适用合同解除制度,依法调整过高的违约金,强化对守约者诚信行为的保护力度,提高违法违约成本,促进诚信社会构建。

2. 关于合同效力

人民法院在审理合同纠纷案件过程中,要依职权审查合同是否存在无效的情形,注意无效与可撤销、未生效、效力待定等合同效力形态之间的区别,准确认定合同效力,并根据效力的不同情形,结合当事人的诉讼请求,确定相应的民事责任。

(三)《招标投标法》

第二条 在中华人民共和国境内进行招标投标活动,适用本法。

第三条 在中华人民共和国境内进行下列工程建设项目包括项目的勘察、设计、施工、监理以及与工程建设有关的重要设备、材料等的采购,必须进行招标:

(一)大型基础设施、公用事业等关系社会公共利益、公众安全的项目;

(二)全部或者部分使用国有资金投资或者国家融资的项目;

(三)使用国际组织或者外国政府贷款、援助资金的项目。

前款所列项目的具体范围和规模标准,由国务院发展计划部门会同国务院有关部门制订,报国务院批准。

法律或者国务院对必须进行招标的其他项目的范围有规定的,依照其规定。

第四十六条 招标人和中标人应当自中标通知书发出之日起三十日内,按照招标文件和中标人的投标文件订立书面合同。招标人和中标人不得再行订立背离合同实质性内容的其他协议。

第五十五条 依法必须进行招标的项目,招标人违反本法规定,与投标人就投标价格、投标方案等实质性内容进行谈判的,给予警告,对单位直接负责的主管人员和其他直接责任人员依法给予处分。

前款所列行为影响中标结果的,中标无效。

(四)《建筑法》

第十五条 建筑工程的发包单位与承包单位应当依法订立书面合同,明确双方的权利和义务。

发包单位和承包单位应当全面履行合同约定的义务。不按照合同约定履行义务的,依法承担违约责任。

第十六条 建筑工程发包与承包的招标投标活动,应当遵循公开、公正、平等竞争的原则,择优选择承包单位。

建筑工程的招标投标,本法没有规定的,适用有关招标投标法律的规定。

第十七条 发包单位及其工作人员在建筑工程发包中不得收受贿赂、回扣或者索取其他好处。

承包单位及其工作人员不得利用向发包单位及其工作人员行贿、提供回扣或者给予其他好处等不正当手段承揽工程。

第十八条 建筑工程造价应当按照国家有关规定,由发包单位与承包单位在合同中约定。公开招标发包的,其造价的约定,须遵守招标投标法律的规定。

发包单位应当按照合同的约定,及时拨付工程款项。

(五)《对外承包工程管理条例》

第八条 对外承包工程的单位不得以不正当的低价承揽工程项目、串通投标,不得进行商业贿赂。

第九条 对外承包工程的单位应当与境外工程项目发包人订立书面合同,明确双方的权利和义务,并按照合同约定履行义务。

(六)《招标投标法实施条例》

第五十七条第一款 招标人和中标人应当依照招标投标法和本条例的规定签订书面合同,合同的标的、价款、质量、履行期限等主要条款应当与招标文件和中标人的投标文件的内容一致。招标人和中标人不得再行订立背离合同实质性内容的其他协议。

第七十五条 招标人和中标人不按照招标文件和中标人的投标文件订立合同,合同的主要条款与招标文件、中标人的投标文件的内容不一致,或者招标人、中标人订立背离合同实质性内容的协议的,由有关行政监督部门责令改正,可以处中标项目金额5‰以上10‰以下的罚款。

(七)《最高人民法院关于审理建设工程施工合同纠纷案件适用法律问题的解释(一)》

第二条 招标人和中标人另行签订的建设工程施工合同约定的工程范围、建设工期、工程质量、工程价款等实质性内容,与中标合同不一致,一方当事人请求按照中标合同确定权利义务的,人民法院应予支持。

招标人和中标人在中标合同之外就明显高于市场价格购买承建房产、无偿建设住房配套设施、让利、向建设单位捐赠财物等另行签订合同,变相降低工程价款,一方当事人以该合同背离中标合同实质性内容为由请求确认无效的,人民法院应予支持。

第二十三条 发包人将依法不属于必须招标的建设工程进行招标后,与承包人另行订立的建设工程施工合同背离中标合同的实质性内容,当事人请求以中标合同作为结算建设工程价款依据的,人民法院应予支持,但发包人与承包人因客观情况发生了在招标投标时难以预见的变化而另行订立建设工程施工合同的除外。

第二十四条 当事人就同一建设工程订立的数份建设工程施工合同均无效,但建设工程质量合格,一方当事人请求参照实际履行的合同关于工程价款的约定折价补偿承包人的,人民法院应予支持。

实际履行的合同难以确定,当事人请求参照最后签订的合同关于工程价款的约定折价补偿承包人的,人民法院应予支持。

第二节 建设工程"黑白合同"司法实践裁判现状

为进一步明确当前我国"黑白合同"司法裁判现状,笔者对中国裁判文书网的案例进行统计归纳,发现如下典型问题:(1)建设工程"黑白合同"判断标准不统一。司法实践部分判决只要案件存在两份条款不一致的合同就一律依"黑白合同"案件处理,完全忽略客观条件和当事人合同变更权利。(2)建设工程"黑白合同"效力认定裁判不一。由于缺乏法律层面的统一规范,不同法院因司法解释对合同效力的规避而不断扩大审判,出现如"阴阳合同"均无效,但以"阴合同"作为结算依据,或者"阴合同""阳合同"都无效,以工程实际价款结算,或者明确认定其中一个合同有效,另外一个合同无效。(3)建设工程"阴阳合同"结算标准裁判不统一。结算标准不统一主要表现在以某份合同是否是以其他依据作为结算标准裁判不统一,相似案件结算裁判有差异,以及各地法院对结算依据确定有不同指导意见等。

第三节 关于"黑白合同"效力认定法律困境及解决方法的思考

(一)关于"黑白合同"效力认定的法律困境

我国司法实践中之所以会出现在"黑白合同"效力认定上有如此多的裁判不统一的情形,首要原因是立法层面还不够完善。主要体现在以下方面。

1.《建设工程司法解释(一)》存在的局限性

我国审判机关处理建设工程"黑白合同"大多将《招标投标法》和《建设

工程司法解释(一)》作为直接法律渊源,将《民法典·合同编》(原《合同法》)作为间接法律渊源,对"黑白合同"效力问题提供原则性指引。当前《建设工程司法解释(一)》第二条、第二十二条、第二十四条对"黑白合同"效力认定问题虽有提及,但仍然有回避其效力认定的趋向,这就导致在"黑白合同"的效力认定上各地法院有巨大的自由裁量的空间。

2.《招标投标法》及其实施条例存在的局限性

《招标投标法实施条例》第三十九条、第七十三条、第五十七条明文规定禁止串标,中标后无正当理由不发出中标通知书、不按照规定确定中标人、中标通知书发出后无正当理由改变中标结果等应当依法承担法律责任,以及招标人和中标人应当依照招投标规定签订书面合同,不得再行订立背离合同实质性内容的其他协议。由此看出第三十九条、第七十三条、第五十七条都明确否定了"黑白合同"行为,从法律后果角度明确规制了"黑白合同",但不可否认该条例存在一些漏洞。

一是《招标投标法实施条例》第三十九条、第七十三条、第五十七条没有明确其是否属于效力性强制性规范,所以就无法直接援引《民法典》认定"黑白合同"的效力。

二是《招标投标法》只是对必须招标项目中无效情形予以规定,并没有对自主招标即由发包方自主决定发包的工程项目适用法律规则进行规定。在自主招投标过程中,部分单位可能只对部分工程进行招投标,未对全部项目进行招投标,《招标投标法》未明确区分强制招标与非强制招标,所以导致在司法审判中遇到强制性招投标项目,有明确的法律依据,而对于自主招标的因缺乏明确法律依据,给予了法官较大的自由裁量权,不同审判者对此有不同理解,因此出现同案不同判的情况。

3."恶意串通"范围由特定化向一般化扩大

有学者评论说,恶意串通被当作认定法律行为无效的万能钥匙。在司法实践中被无限扩大适用范围,对其他规则适用领域造成侵蚀,导致整体法律体系混乱。"恶意串通"被视为合同无效的原因不在于行为本身,而在于该行为的结果,即该行为损害国家、集体和第三方的利益,若损害结果不存在则不是合同无效的事由。但是,如何界定建设工程"黑白合同"中的恶意串通行为,具体损害结果又应如何界定,在司法实践中很难把握。

(二)关于"黑白合同"效力认定法律困境的解决方法与思考

1. 正确认识《建设工程司法解释(一)》第二十四条的规定

《建设工程司法解释(一)》第二十四条并未对建筑工程黑白合同的效力

作出认定,只是适用于处理纠纷的裁判规则,该条不能代表最高人民法院对于建设工程黑白合同效力的态度。笔者认为,《建设工程司法解释(一)》第二十四条的适用范围应当得到限缩,在"白合同"有效"黑合同"无效的情况下,不应当适用"黑合同"中的各项标准,更不应适用该司法解释。如果双方之间存在有效的合同,就应该适用这个约定,即使这种约定可能受到行政处罚,但也不影响其在民法上的效力。《建设工程司法解释(一)》第二十四条只有在"黑白合同"均告无效的情况下才有适用空间。

2. 明确《招标投标法》及其实施条例相关条款是否为效力性强制规范及调整范围

《招标投标法实施条例》第三十九条、第七十三条、第五十七条未明确是管理性强制规范还是效力性强制规范,是导致"黑白合同"效力认定不一的重要原因之一。区分效力性强制规范和管理性强制规范,任重而道远。为了合理区分效力性强制规范和管理性强制规范,需要学理上不断深化研究,司法实践中不断升华总结,以期能对重点的条文达成共识,从立法层面进行准确定性。此外,就建设工程合同而言,笔者认为《招标投标法》第四十六条应当明确为效力性强制规范更为妥当。

另外,因《招标投标法》没有对自主招标即由发包方自主决定发包的工程项目适用法律规则进行规定,导致司法裁判不一。笔者建议扩大《招标投标法》的调整范围,凡是采用了招投标程序的工程,一律适用《招标投标法》的相关规定,从而统一裁判规则,肃清建设工程市场秩序。

3. 避免"恶意串通"的无限扩大适用

"恶意串通"范围正由特定化向一般化扩大,造成了司法实践中"黑白合同"效力认定问题上一定程度的混乱。鉴于《民法典》第一百五十四条(原《合同法》第五十二条第二项)意在保护被代理人或者第三人的利益,《招标投标法》中有关于双方串通的特别规定,所以笔者认为原则上将《民法典》第一百五十四条"恶意串通"作为建设工程"黑白合同"效力认定的法律事由。《招标投标法》、《建筑法》及其司法解释,有关于建筑工程合同的特殊规定,应优先适用特殊规定,避免"恶意串通"的无限扩大适用。

结　语

对于建设工程合同"先黑后白"的情形,由于在招投标未进行之前已经签署"黑合同",招标方与施工方明显是在事前已经达成一致,在后进行的招标及签署并备案的"白合同"只是双方为了完成法定程序而进行的"形式招标",该情形属于串通围标或中标前实质性谈判,依照相关法律规定,实践中一般认定无效。数份建设工程施工合同均无效,承包人可以请求参照实际履行的合同关于工程价款的约定折价补偿,在招标前后签订的"黑白合同"无效的情况下,结算用于哪一份合同为准,需要法院对案件事实充分掌握并灵活合理地利用《民法典》《建设工程司法解释(一)》的规定作出裁判。

对于建设工程合同"先白后黑"的情形,后签署的"黑合同"如果背离"白合同"的实质内容(工程质量、价款、工期),将严重影响工程质量与安全,也严重影响市场的公平竞争环境,违反上述法律规定,依法生效的中标备案合同("白合同")受法律保护,在"白合同"签署并备案后再签订的"黑合同"无效。但《建设工程司法解释(一)》并未直接规定中标合同及另行签订的背离中标合同实质性内容的合同效力如何,故在司法实践中,法院不宜对另行签订的合同作出"有效"或"无效"认定,而是当二者矛盾的时候直接援引《建设工程司法解释(一)》第二十一条、第二十二条的规定作出结算认定。

尽管如此,我国司法实践中还存在着对"黑白合同"效力认定不统一,结算标准不统一等问题。为完善我国建筑工程"黑白合同"的效力认定,笔者提出了三项建议:首先,要正确认识《建设工程司法解释(一)》第二十四条的规定,该条并未对建筑工程"黑白合同"的效力作出认定,只是适用于处理纠纷的裁判规则,且仅能适用于"黑白合同"均无效的情形下的结算问题;其次,明确《招标投标法》相关条款为效力性强制规范,并明确凡是采用了招投标程序的工程,一律适用《招标投标法》的相关规定,从而统一裁判规则;最后,从立法层面制定细则,避免"恶意串通"的无限扩大适用。

由于笔者研究水平有限,关于建设工程"黑白合同"效力的研究还存在缺漏等不足,敬请各位读者提出宝贵意见。

浅析ChatGPT等人工智能技术发展为法律实践工作带来的挑战和变革

□ 左 照[①]

2022年11月30日,OpenAI发布了一个爆款对话机器人ChatGPT。短短3个月,活跃用户达1亿,日活跃用户1300万。ChatGPT横空出世,给各行各业带来惊喜或惊醒。惊喜是因为没有想到它的效果能好得如此惊艳;用过ChatGPT的人都能体会到,它似乎是超人,不仅能拿来聊天、搜索、做翻译,还能写故事、写代码,甚至开发小游戏、参加高考……有人戏称,从此以后人工智能模型只有两类——ChatGPT和其他。惊醒是顿悟到我们的认知和发展理念,距离世界先进的想法,差得有点远,有些措手不及。对于学术界、工业界抑或其他相关应用来说都是一个非常大的机会和挑战。

第一部分:ChatGPT知识部分

ChatGPT的前世今生

事实上,ChatGPT的成功并不是偶然结果,在目前的版本开放出来以前,OpenAI已经在训练大规模语言模型的道路上深耕多年。从2017年Transformer框架被提出后,OpenAI在第二年就提出基于Transformer架构的预训练语言模型GPT,开始了(大规模)预训练语言模型道路的探索。2020年提出的GPT-3则是首个参数量达到千亿级别的模型,称得上是真正的"大规模"语言模型(Large Language Model,LLM)。2021年,OpenAI提出的CodeX模型在GPT-3的训练数据里引入代码数据,使得模型能够从代码数据中学

[①] 左照,北京京师(天津)律师事务所合伙人、知识产权部主任、青工委副主任,天津律师协会律师行业信息化建设委员会委员,天理校友会青年创业者联合会常任理事。

习严谨的逻辑结构和问题拆解能力,为 GPT 引入了思维链(Chain-of-Thought,CoT)的能力。同年,GPT 的另一条发展方向是和搜索引擎相结合,诞生了具备搜索能力的 WebGPT,其能够根据搜索的交互数据来进一步提升语言生成的可靠性和准确性。2022 年,OpenAI 再次提出 InstructGPT,使得 GPT 能够理解更贴合人类自然语言的指示,并根据该指示作出正确的文本生成。同年,ChatGPT 横空出世,其强大的对话能力和高质量的回答内容刷新了人们对 AI 的认知,被认为是人工智能里程碑式的应用。

大型语言模型带来了 ChatGPT 的出色表现

在模型的性能方面,随着算力的不断提升,语言模型已经从最初基于概率预测的模型发展到基于 Transformer 架构的预训练语言模型,并逐步走向大模型的时代。当模型规模较小时,模型的性能和参数大致符合比例定律(scaling law),即模型的性能提升和参数增长基本呈线性关系。然而,当 GPT-3/ChatGPT 这种千亿级别的大规模模型被提出后,人们发现其可以打破比例定律,实现模型能力质的飞跃。这些能力也被称为大模型的"涌现能力"(如理解人类指令等)。在模型使用方式的转变方面,对于"传统"的预训练语言模型,科研工作者们的使用方式主要是对模型参数在下游任务上做微调来使预训练模型适应相应领域的任务。而大规模语言模型参数量大,微调困难,且预训练的模型已经具备强大的基础能力,因此提示学习(prompt learning)是激发大规模模型在多种不同下游任务上性能的更好方式。能够根据提示进行学习是 LLM 所涌现出的能力之一。在自然语言处理的范式迁移方面,上面的 LLM 使得生成范式,即(M)LM[(Masked)Language Model],逐渐替代分类范式成为主流。近几年(M)LM 模型有逐渐统一语言模型范式的趋势。[注:这里的(M)LM 主要指的是自回归式的给定前缀生成下一个单词的大规模模型,通常由解码器(decoder)实现,将 MLM(Masked Language Model,掩码语言模型)包含进该概念是因为 MLM 本质也是预测(生成)单词的模型,只是包含了编码器(encoder)结构。]

对比之前的 Chatbot,ChatGPT 实现了三大突破。

1. 极好地理解用户意图。根据用户的自然语言输入,它能够理解并准确地把握用户意图。这种能力的突破,其意义已超越了对话本身,未来可以彻底改变人机交互的模式。

2. 真正做到多轮沟通。之前的聊天机器人,一轮对话经常勉强,多轮对话更是基本鸡同鸭讲。ChatGPT 因为对一个 session(会话控制)内的上下文有深入理解和记忆,能够联系之前的聊天内容,轻松地进行多轮对话。

3. 回答不是简单的搜索结果。市场上客服或聊天机器人,回答基于搜索结果。ChatGPT回答内容更完整、重点清晰、有概括、有逻辑、有条理。

ChatGPT的三个关键能力

1. ChatGPT的情景学习能力(In-context learning)。对于一些LLM没有见过的新任务,只需要设计一些任务的语言描述,并给出几个任务实例,作为模型的输入,即可让模型从给定的情景中学习新任务并给出满意的回答结果。这种训练方式能够有效提升模型小样本学习(few-shot learning)的能力。

2. ChatGPT的思维链(Chain-of-Thought,CoT)。对于一些逻辑较为复杂的问题,直接向大规模语言模型提问可能会得到不准确的回答,但是,如果以提示(prompt)的方式在输入中给出有逻辑的解题步骤(将复杂问题拆解为多个子问题解决再从中抽取答案)的示例后再提出问题,大模型就能给出正确题解。目前有研究发现,由于数据集中存在的大量代码数据,得益于代码的强逻辑性,通过将问题中的文本内容替换为编程语言能够进一步提升模型的CoT能力(Program-aided Reasoning)。由于CoT技术能够激发大规模语言模型对复杂问题的求解能力,该技术也被认为是打破比例定律的关键。

3. ChatGPT的自然指令学习能力(Learning from Natural Instruction)。这种训练方式会在输入前面添加一个"指令"(instruction),该指令能够以自然语言的形式描述任务内容,从而使得大模型根据输入来输出任务期望的答案。该方式将下游任务进一步和自然语言形式对齐,能显著提升模型对未知任务的泛化能力。

ChatGPT的能力发展

目前,主要可以从下面四个维度来衡量LLM模型的能力。①Know Knowns:LLM知道它知道的东西;②Know Unknowns:LLM知道它不知道哪些东西;③Unknow Knowns:LLM不知道它知道的东西;④Unknow Unknowns:LLM不知道它不知道的东西。ChatGPT通过更大规模的预训练,得到了更多的知识,即knowns范围扩大。事实上,模型在应用时并不能完全解锁自己的所有知识储备,正如当我们直接给模型一个复杂数学题时,它并不能给出正确答案,而当我们在prompt中加入"Let's think step by step",模型则可以给出求解思路,并抽取出正确答案。这种情况我们认为是模型本身潜在地包含了这些知识,只是由于提示不足而没有解锁这部分能力,称为unknow knowns,即knowns包含know knowns和unknow knowns。而ChatGPT则通过较强的思维链能力,解锁了一部分 unknow knowns,进一步扩大 know knowns 的占比。因此,解锁 unknow knowns 的关键是 CoT 技术。有研究发现,ChatGPT 的思维链能力可能一定程度上来源于在代码数据上的预训练(如上文中提到的 Program-aided Reasoning),但这部分的研究还需要进一步开展。同时,配合指令学习和人工反馈,ChatGPT 可以使得自己的回答更符合人类预期,即增强 Know knowns/Unknowns 的能力,例如,当人们提问"2026 年世界杯冠军是哪个国家"时,ChatGPT 会如实地回答自己没有预测能力,而不会胡说八道(这会降低人们的使用好感度)。通过上述三部分的增强,最终的 Unknow Unknowns 部分也相对变得很小。另外,ChatGPT 还关注了伦理问题,通过类似解决 Know Unknowns 的方式,利用人工标注和反馈,拒绝回答一些包含伦理问题的请求。

首先来分析 ChatGPT 的 know knowns 能力,之前的工作主要关注于模型的准确性,针对现有模型能力评价工作局限于模型准确性的问题,语言模型整体评估(Holistic Evaluation of Language Models,HELM)提出应当从多个维度关注模型能力,包含准确性、鲁棒性、公平性、有偏性、效率等。现有的针对 LLM 的基准测试都有着一系列局限性,如范围受限、不够通用等,导致基准测试的难度提升逐渐滞后于模型的迭代。为了解决这一问题,有人提出使用高考题(GAOKAO-Bench)作为评测 LLM 的一种方式,高考题作为评测方式有着如下几点优势:①具有挑战性且灵活;②简单直观;③数量多,多领域,质量高;④稳定,有相应解释,便于测试人员分析。当然,ChatGPT 对求解高考题还存在一些不足,如缺乏语音信息(听力题)和图片信息(图片题)的理解能力。之后科研工作者们可以考虑在 ChatGPT 的上游使用一些多模态模型将语音信息和图片信息转换为 ChatGPT 可以理解的文本信息来增强这一部分的能力。

ChatGPT 的能力局限

相较于 ChatGPT 本身的能力而言,它的局限性相对较少且都比较容易解决。图灵奖得主、人工智能三巨头之一 Yann LeCun 认为 ChatGPT 有如下缺点:①Limited in their current form,即目前形式有限。当前的 ChatGPT 仅局限于文本方向,但如前面所说,可以在上游使用一些多模态模型初步解决这个问题。②Not easily controllable,即不易控制。目前已有不少报道通过各种方式解锁了模型的 Ethic 和部分 know unknowns 限制,但这部分可以通过更多的人工标注和对齐解决。③Very Limited reasoning capabilities,即推理能力较差。前面也提到过,通过思维链的方式,一定程度上可以增强模型推理能力。④Disconnected to the underlying reality of the real world,即无法与现实世界相接触。这也是目前 ChatGPT 最大的问题之一,作为 LLM 模型,它无法实时与外部世界互动,也无法利用如计算器、数据库、搜索引擎等外部工具,导致它的知识也相对落后。不过 OpenAI 的另一条道路,WebGPT 则一定程度上实现了和外部世界的接通。

ChatGPT 开启了人机自然语言交互新时代

这轮 AI 发展推动的本质变革在于引领了新一代人机交互方式,核心是自然语言成为人机交互的媒介。这跟用 ChatGPT 来做 AIGC(人工智能生成内容)是不同层面的两件事。前者是真正的技术革命,有机会重构所有的软件和工具,而后者则是生产效率的提升。

纵观 IT 史上真正颠覆性的产品,从 Macintosh 和 Windows(PC 操作系统)到 Netscape(浏览器)、Google(搜索引擎)和 iPhone(智能手机),无一不是人机交互变革的引领者。人机交互革命意义重大,因为每一次人机交互方式的变化,都彻底改变了用户构成,扩大了用户群体,创造出新的市场空间和机会,甚至产生新的职业,而不仅仅是零和博弈。也只有这种颠覆式变革,才能给"新王"诞生留出足够大的空间。

软件,尤其是生产效率和 2C(面向个人消费者)软件,未来会迅速支持自然语言接口。从开发工具和办公软件开始,之后电商、游戏、娱乐等,直到渗透到人类生活的每一个方面。在企业端,大部分产品形态也会彻底改变。以数据库/数仓为例。自然语言交互带来用户群扩大(从专业的分析师扩展到公司所有员工),门槛降低带来访问量急速增长。几个因素叠加,对数据库内核的考验是前所未有的,目前产品很难支持。所以,交互方式的改变将引起产品形态和框架等根本性的变化。

因此,很多工作(比如数据挖掘、软件开发、投资分析等)的技术门槛会大幅降低,导致专业人员和管理人员可以获得更多洞察和现实掌控力,同时为很多产品和服务带来一个高客单价群体。作为一个巨大的增量新市场,会彻底改变很多领域的市场和产业格局。

第二部分:ChatGPT 人工智能所涉法律部分

ChatGPT 的横空出世,将人工智能推上了风口浪尖。作为一个可以自主学习和自我迭代的程序,它的出现是为人类科技发展赋能的利器,还是失去控制、人类自我罢黜的陷阱,是技术爆炸还是又一个潘多拉魔盒,这一切都需要时间来证明。当然,科技的发展必然带来一些新问题、新挑战,有必要就 ChatGPT 等人工智能将涉及的法律风险、法律地位及监管与治理展开讨论。

ChatGPT 带来的法律风险

一、不当使用以致高科技犯罪风险

人工智能的高速发展在为我们带来便利的同时也会产生相应的负面影响,首当其冲的便是人工智能有可能诱发高科技犯罪,其中利用人工智能来创建钓鱼网站从而进行诈骗便是最常见的犯罪形式。钓鱼网站一般通过邮件作为"鱼饵",这些邮件往往看起来像来自合法渠道,以此来诱骗用户通过邮件并输入个人账号和密码,从而骗取用户的个人信息。虽然钓鱼网站可以通过识别从而被系统归类进垃圾邮件中,但是当犯罪分子通过人工智能来创建诈骗邮件时,可以将这些电子邮件变得高度个性化,它们将充满着特定的公司信息,使其更容易被受害者信任,不仅如此,这些邮件还可能规避开传统的安全措施,如垃圾邮件过滤器和防病毒软件,因为它们不是基于以前在网络钓鱼数据库中记录的模式。除此之外,人工智能会使用更加自然的语言处理技术,编写出极具说服力的钓鱼邮件。同时,它会模仿公司内部行文风格,甚至高管的行文风格,来诱骗你打开并点击电子邮件,这会使个人更难辨别钓鱼邮件与普通邮件。钓鱼网站因其盗取的内容不同,而涉及多种类型的犯罪,有的钓鱼网站内含木马病毒,可以盗取访问人的个人信息,那么就涉嫌侵犯公民个人信息罪。有的钓鱼网站诱骗访问者填写银行账号等信息,从而盗刷访问者信用卡或者伪造信用卡,那么就涉嫌盗窃罪以及信用卡诈骗罪。有些钓鱼网站以骗取钱财为目的,那么就涉嫌诈骗罪。与此同时,创建钓鱼网站的人还可能同时涉嫌提供侵入、非法控制计算机信息系统的程序、工具罪,非法获取计算机信息系统数据罪,破坏计算机信息系统罪等多个罪名,最后导致数罪并罚的局面。

二、涉嫌知识产权风险

人工智能作为现阶段炙手可热的实用性工具,被越来越多地用于大众的工作及学习中,ChatGPT 就因其优越的性能开始被应用于论文的写作、海量知识的检索、生成可用的计算机代码,甚至 AIGC 技术及相关应用的内容生成,如此强大的功能必然隐含着巨大的法律风险,其中最可能涉及的便是知识产权的侵权。人工智能主要是通过收集并学习人类日常的交流方式、网络上的源代码等数据信息来建立语言库生成文本信息,再进行归纳总结从而生成一套交流体系,所以,如果人工智能涉及未公开的源代码、使用开源代码商用未办理许可证、未按照许可证的要求实施等情形则都可能涉及侵权。此外,对于受著作权保护的文本,在没有经过权利主体授权的情况下,直接归入数据库中并在此基础上进行修改、拼凑使用,极有可能触犯著作权法,从而引发侵权纠纷。这样的侵权纠纷在 AIGC 火爆后就开始出现,2023 年 1 月 23 日,美国三名漫画艺术家针对包括 Stability AI 在内的三家 AIGC 商业应用公司,在加州北区法院发起集体诉讼,指控 Stability AI 研发的 Stable Diffusion 模型以及三名被告各自推出的付费 AI 图像生成工具构成版权侵权。同年 2 月 15 日,《华尔街日报》记者弗朗西斯科·马可尼也公开指出,Open AI 公司在未经授权且未支付任何费用的情况下大规模地使用路透社、纽约时报、BBC 等国外主流媒体的文章训练 Chat GPT 模型。由此可见,人工智能生成内容涉及的侵权情形屡见不鲜。

三、法律落后与缺失风险

如何应对这一迅速崛起的新兴事物带来的法律风险以及如何监管,国内外法律领域都有诸多空白,我国根据《网络安全法》《网络信息内容生态治理规定》《互联网信息服务算法推荐管理规定》等法律法规来对人工智能技术进行界定和监管,但是也仅仅只能解决短期内人工智能带来的安全风险。因此,2023 年 4 月 11 日,国家互联网信息办公室发布了关于《生成式人工智能服务管理办法(征求意见稿)》公开征求意见的通知,相信在不久之后我国在这方面的法律和监管空白将会被填补。因此,在法律监管完善之前,我们对于人工智能的使用要谨小慎微,避免产生不必要的侵权纠纷。

注:1. 法律链接:《互联网信息服务深度合成管理规定》

第六条 任何组织和个人不得利用深度合成服务制作、复制、发布、传播法律、行政法规禁止的信息,不得利用深度合成服务从事危害国家安全和利益、损害国家形象、侵害社会公共利益、扰乱经济和社会秩序、侵犯他人合法权益等法律、行政法规禁止的活动。

深度合成服务提供者和使用者不得利用深度合成服务制作、复制、发布、传播虚假新闻信息。转载基于深度合成服务制作发布的新闻信息的,应当依法转载互联网新闻信息稿源单位发布的新闻信息。

2. 引用了上海三昇律师事务所"三生有幸"《技术爆炸还是潘多拉魔盒——浅谈人工智能中涉及的法律风险》部分内容。

ChatGPT 等人工智能的法律地位

人工智能的不断发展,其在社会生活中所处的地位愈加重要,人工智能法律地位的讨论越发激烈。关于人工智能的法律地位有主体说还是客体说的争议,不同的专家学者对其有各自的看法并进行了相关的论述。

一、客体说

人工智能是法律关系客体,不具有法律主体地位,是客体说的主要观点。其具体划分根据所持理由的不同有所区别,主要涉及工具说、软件代理说和道德能力缺乏说。

(一)工具说

该学说认为人工智能本质是工具,是人创造出来的,目的是为人类服务,其不能成为法律关系主体。在涉及人工智能的法律问题中,对于其致人或物损害的问题,可以适用产品责任的归责原则。也即在人工智能领域,涉及的追究责任的主体包括所有参与人工智能产生、设计和使用的主体。当然,该学说存在着局限性。第一,工具说针对的是当下弱人工智能提出的,缺乏与人工智能不断发展相匹配的思考,这也是客体说的普遍问题。第二,该学说无法对已经获得国籍或者户籍的人工智能现状进行合理化解释。第三,产品责任的归责原则可能会对生产者、使用者等的积极性产生影响。学者认为首先从哲学基础与法理根据两方面分析法律主体,认为法律主体需具有理性以及实体性基础、实益性基础和法技术基础三方面,否定人工智能具备成为法律主体的哲学和法理依据。之后,对人工智能的法律地位进行主体地位的否定和客体地位的合理性两方面的分析,以肯定人工智能的自主性,但是,出于对人工智能的规制的需要,需得从法律上认为其是法律上的特殊物而赋予其法律客体地位。

(二)软件代理说

该学说认为人工智能是软件代理,不具备法律主体地位,只起到中间的媒介功能——传递信息。其具有和工具说相同的局限性,也就是没有看到人工智能不断向上的发展趋势,尤其是在人工智能具有深度学习和类人化神经元思考能力之后,其自身的算法已不是单纯的软件所能替代的。

(三)道德能力缺乏说

该学说认为人工智能是法律客体的原因在于其定义了法律主体地位的特征,也就是,只有具备道德认知能力的人才具有法律主体地位。然而,要知道,"道德主体必然为法律主体,但法律主体未必是道德主体",二者存在根本不同。既然人工智能由人类创造和设计,如果人类在创造过程中将"道德能力"的相关算法内置于人工智能之中,使其具备遵守道德规范的能力,是否还可以以人工智能的道德能力缺乏而否认其法律主体地位就有待商榷了。

二、主体说

主体说具体划分根据人工智能所处的不同地位有所区别,主要涉及代理人说、电子人格说、有限人格说及人格拟制说。

(一)代理人说

该学说认为人工智能处于代理人的地位,代理人是法律关系中的主体人,也即人工智能具有法律主体地位。换言之,人工智能的"所有者",可能是用户也可能是操作者,其与人工智能是法律代理关系中的被代理人与代理人的关系。当代社会,欧盟的法律提出"非人类的代理人"的概念。俄罗斯的法律中,提出了"机器人—代理人"的概念,也就是赋予人工智能法律地位,规定其对财产拥有的自主权利,可以对属于自己的债务负责,进一步说,其在法律上被赋予了民事权利和民事义务。

(二)电子人格说

电子人格说支持人工智能具备"电子人"地位,也就是说人工智能具备法律人格,其人格是电子人格。欧盟议会法律事务委员会在 2017 年向欧盟委员会提交的相关报告中提出,从长期发展的角度为人工智能创立独特的法律地位,最起码应当承认具备"自主性"的机器人的"电子人"地位,使其承担与行为性质相适应的损害赔偿责任,所谓"自主性"是指人工智能自主决定或者与自主决定相类似性质的行为。

我国学者郭少飞也持此观点。该学者通过对人工智能时代的人机关系的分析,厘定"电子人"的概念,并从法律论证和法外考量两方面对"电子人"法律主体地位进行阐述。其对"电子人"主体的法律论证包括实践基础、法史基础和本体分析三部分;在经济、社会、文化、伦理、哲学等多方面对"电子人"主体进行法外考量,从法律的历史、人工智能的本身、现实以及社会生活的主要方面,充分肯定人工智能在电子人格定义范围内法律主体地位的现实性和可行性。

(三)有限人格说

该学说基于人工智能并不能完全承担责任的地位和能力的认定,认为其具有"有限"人格。也就是有限人格说肯定人工智能具备法律主体地位,但是其地位存在有限性。这就涉及进一步对"有限"一词进行分析和界定,明确人工智能法律人格有限性的所在。

学者袁曾持有限人格说的观点。学者首先对人工智能的法律人格规制缺位现状进行了阐述;其次从人工智能的法律主体特殊性、法律权利和法律责任三方面肯定其法律人格;再次,又通过对人工智能相关的域外立法分析、适用特殊的法律规制标准以及责任分配侵权规制三方面明确人工智能法律人格的有限性;最后对人工智能的有限人格进行归责、防范风险、监管和立法方面的规制设置。

(四)人格拟制说

该学说认为应通过法律拟制赋予人工智能与胎儿一样的法律人格。但是,在无立法予以确认的前提下,在现行法的框架之内,人工智能的法律主体地位不能确定。

学者杨清望、张磊持法律人格拟制说。学者们首先从历史和现实两个角度阐述人工智能被赋予独立法律人格的必然性,同时从四个方面阐述人工智能被赋予法律人格的必要性:第一,人工智能已经是一种"真实""独立""自主"的存在。第二,人工智能具有独立自主的行为能力和责任能力。第三,有效管控人工智能风险的必要手段是确定人工智能法律人格。第四,人类出于自我权利保障目的,人工智能应当被赋予法律人格。之后,从人与人工智能天然不平等关系、人工智能的"应用"路径和人工智能承担有限的法律责任后果三部分论证拟制法律人格是人工智能法律人格的定性与定位。最后,提出了对人工智能法律地位的立法建议,包括:法律拟制法律人格;参考法人设立建立登记备案制;承认人工智能的有限责任。

三、折中说

折中说认为需要区分人工智能的强弱程度,弱人工智能与法律客体相适应,强人工智能则赋予法律主体资格。

学者彭诚信、陈吉栋持该种观点。学者们首先肯定人工智能的法律人格，并对有关学说进行了介绍。其次阐述了人工智能法律人格的应然考量因素，包括实质性要件和形式性要件两部分，所谓实质性要件也就是意志能力和物质性要件，所谓形式性要件也就是符合法律的认可原则。最后，对人工智能法律人格在现行法以及以发展的眼光对待的未来立法两方面进行具体阐述——我国现行法中，学者们认为应将部分弱人工智能认定为权利客体，再对部分符合一定条件的强人工智能肯定其法律主体地位；对于未来立法，需要确定人工智能的法律主体要件以及制定"人工智能发展法"。

学者们对待人工智能法律地位的态度，无论是持客体说的观点还是持主体说的观点，大多从三个方面对人工智能的法律地位进行阐述。第一，人工智能是否具有独立性和自主性。第二，人工智能是否具有自主独立的行为能力和责任能力。第三，人工智能法律地位的确定——主体资格或者客体资格——是对人工智能风险进行控制的必要手段。

持客体说的学者的看法是，首先，独立性和自主性是人工智能所不具备的，其认知能力具有有限性，不可能成为具有自我意识，深谙自身目的的理性主体。人工智能通过算法认识事物，而算法本身由人类设定或者人类推动其生成，其对世界的认知很大程度上局限于此，不具备独立性。尽管人工智能具有超强的学习能力，但这种能力也受制于算法，人工智能依据算法行事，围绕算法进行活动，用以达到人类对其预设的目的。其次，人工智能不具有独立自主的行为能力和责任能力。如上所说，人工智能不具备独立性和自主性。同时，人工智能主体地位并不能解决人工智能创造出的物的归属，也不能解决人工智能损害赔偿责任的承担。有观点认为，人工智能行为是其主体的法律行为要件，而其主体包括人工智能的研发者、制造者以及使用者等。换句话说，人工智能是其主体借助的工具，是其主体行为的延伸。而将人工智能的损害赔偿责任分配给人工智能的法律人格，为相关责任人规避责任提供了机会，可能会造成投机行为等不良后果。更为有意思的是，人工智能并没有独立的财产，其怎么能承担法律责任？最后，确定人工智能的法律客体地位是有效管控人工智能风险的必要手段。当所处地位不平等时，就会产生剥削和压迫，就像人类刚刚进入资本时代时，工厂主和雇佣工人地位不平等，双方无法实现平等的意思自治，而超人工智能与人类并不处于一个级别。也就是说，人工智能的智力越强，其所蕴含的风险越大，如果不加以控制，其所产生的后果不是我们所能承受的。

首先，与客体说相对立，持主体说的学者认为人工智能的独立性和自主性是其主要特征。人工智能最初即使是受人类的算法控制，其在运行过程中也产生了自主性和独立性。"自主是一种不受外部控制、能够自我决定并付诸行动的独立状态。"随着科技的不断进步,人工智能在分析问题与解决问题的过程中,其本身技能的进步,学习能力的增强,涉足的范围的扩展,面临问题的复杂,其解决问题的方式更加不可控制,甚至超越其本身的设计者的想象。其次,人工智能具有独立自主的行为能力和责任能力。如上所述,人工智能具备独立性和自主性,其在自主运行过程中的自我思考和自主学习,具有一定的主观能力,充分体现了其行为能力。而对于其承担责任的责任能力,有为人工智能强制投保责任险和设立人工智能储备基金两条路径选择,降低人工智能生产和使用过程中相关责任承担的风险,提高其对人工智能研究的积极性以及人工智能独立承担风险的能力。最后,人工智能风险需要由赋予人工智能法律人格,予以有效控制。新鲜事物的出现必然会对原有的社会生活和社会秩序造成冲击,而人工智能的出现将人类从很多生产生活领域的劳动中解放出来,极大地改变了人们的生活,这必然会引起对传统社会伦理道德和社会秩序的冲击。所以,需要将人工智能纳入统一的技术和伦理规范体系之中进行规制,并建立相应的法律制度机制来降低人工智能可能带来的风险和危害,而这一切的前提是赋予人工智能法律人格。

围绕对人工智能法律地位的考量,持不同观点的学者看待问题的角度不同。其一,针对人工智能的独立性和自主性,客体说的观点倾向于人工智能的工具性更加明显,即使看起来是具有独立性和自主性,但归根到底仍是人类创造的产物。而主观说的观点则倾向于人工智能即使是人类创造的产物,但其由于自主运行和自主学习,已经产生不容否认的独立性和自主性。其二,针对人工智能具有独立自主的行为能力和责任能力,不可否认的是,第一个问题的解释直接关联第二个问题的答案。客体说的观点从假设如果赋予人工智能法律主体地位出发,分析得出其并不能解决现存的关于人工智能的相关法律问题的角度,对该问题予以否认。而主观说则为人工智能能承担责任而提出了多种解决方式,从结果成立反推前提成立。其三,对于人工智能风险控制的不同观点,充分体现了客体说和主观说价值观的核心,人工智能的发展是一把"双刃剑",如果控制不好,对人类来说,其带来的后果无法预料。从目前的情况来看,大数据时代,人工智能的法律风险存在于个人信息保护、法律伦理、侵权以及刑事犯罪等领域。除法律风险之外,还存在着道德风险。客体说认为需要对人工智能的发展持高度警惕态度,认为需要对其的法律地位予以客体化确认,对其进行控制,以防人工智能能力的发展过于迅速,以至于超出人类的预期,造成人类反被人工智能控制的糟糕境遇。主观说的支持者则认为主体制度本身是一种价值判断,主体资格承认的多元化,最终都是对人格自由的尊重,人工智能的发展程度我们无法预料,如果我们希望未来人工智能能够善待人类的话,那么人类应该出于"拥有同情与关爱之良善本性"来善待人工智能。从上述分析可以得知,对于人工智能的法律地位的认定,更多的是一种价值判断和倾向选择。

注:引用了崔文成《浅谈人工智能的法律地位》一文的内容。

ChatGPT等人工智能技术的监管与治理

随着ChatGPT、Midjourney等AIGC应用的火爆出圈,人工智能的监管与治理问题再次引发了各界的广泛讨论。由于ChatGPT很容易与用户互动,且可以快速生成大量回答,这让网站充斥着许多第一眼看起来是正确的答案,但在仔细检查后就能发现其中的错误,不仅如何对人工智能生成内容(AIGC)进行事实核查成为难题,人工智能的不断创新还对传统的法律制度造成了一定的冲击和挑战,引发了人工智能的法律地位、法律责任、算法规制、数据安全、知识产权等一系列问题。人工智能监管与治理又是一项复杂的系统工程,其中一个重要特征是参与主体的多元化,需要包括政府、企业、科研机构、标准化组织及法律部门的多方合作。以人工智能领域的AIGC(Artificial Intelligence Generated Content,人工智能生成内容)这一细分应用来探讨生成式人工智能的法律监管框架。

一、AIGC的概念及应用

AIGC是指使用人工智能技术来生成、创作或编辑各种类型的内容,如文本、图片、音频、视频等。目前,人工智能生成内容的过程主要是由机器学习(Machine Learning)算法驱动的,其中深度学习(Deep Learning)是机器学习的一个重要分支,它可以学习和模拟人类的创造及思维过程,从而生成与人类创造相似的内容。AIGC利用深度学习技术,对海量数据进行分析、训练,以创造、合成新的内容。不同于传统的合成技术,它使用神经网络自动地学习特征,并生成与真实数据相似的新数据。

作为继UGC(User Generated Content,用户创作内容)、PGC(Professional Generated Content,专业创作内容)后的新型内容生产方式,AIGC已经逐渐成为各行各业的关注点,具有广泛的应用场景和诸多优势。例如,ChatGPT的自然语言处理能力可用于自动生成文章、摘要、翻译、对话等文本内容,极大地提高了内容生产的效率和质量;AIGC还可以赋能虚拟现实和游戏开发,用于创建逼真的虚拟角色、场景和道具;可以利用AIGC设置工厂生产的数字孪生,增加技术生产的安全性;此外,AIGC还可以生成医学图像,辅助疾病诊断和医疗规划,提高医疗研判的准确性;等等。

二、AIGC 的监管框架

(一)中国对 AIGC 的监管趋势

2017 年国务院印发《新一代人工智能发展规划》,提出"三步走"的战略目标,其中计划在 2025 年初步建立人工智能法律法规、伦理规范和政策体系,形成人工智能安全评估和管控能力。在互联网信息服务领域,算法推荐技术的监管也逐步加强。2022 年 3 月 1 日开始实施的《互联网信息服务算法推荐管理规定》中,生成合成类算法被列为五大类算法推荐技术之一(生成合成类、个性化推送类、排序精选类、检索过滤类、调度决策类)受到监管。而在 2023 年 1 月 10 日开始实施的《互联网信息服务深度合成管理规定》中,将深度合成作为算法服务种类中高风险的算法率先立法监管,进一步加强了对该领域的监管力度。为了进一步推动人工智能领域的规范和发展,国家互联网信息办公室于 2023 年 4 月 11 日发布了《生成式人工智能服务管理办法(征求意见稿)》,并公开征求意见。该文件表明我国对 AIGC 的治理已在算法治理、深度合成治理的基础上作出延伸,形成"算法治理—深度合成治理—生成式人工智能治理"的迭代路径,并对提供生成式人工智能产品或服务的主体提出更加具体且有针对性的法律合规要求。

1.《互联网信息服务算法推荐管理规定》

《互联网信息服务算法推荐管理规定》规制的是应用算法推荐技术提供互联网信息服务的主体,对算法推荐服务提供商提出了多项合规要求。其中,首次提出对具有公众舆论属性或社会动员能力的主体履行备案程序的要求,在相关主体进行算法备案前就需要落实企业的算法安全机构设置及安全管理制度。算法推荐管理规定主要聚焦算法应用深化而产生的算法歧视、大数据杀熟、网络诱导沉迷、未成年人保护等问题。在算法监管制度中已经创新性地提出了针对特征库、用户标签、算法机制机理等技术规范措施,除一般的算法信息服务规范外,管理规定针对生成式算法提供了特别的合规指引。规定要求未作显著标识的算法生成合成信息的,应当作出显著标识后,方可继续传输。此前,《网络音视频信息服务管理规定》有过类似规定:网络音视频信息服务提供者和使用者利用基于深度学习、虚拟现实等新技术新应用制作、发布、传播非真实音视频信息的,应当以显著方式予以标记。管理规定还规范非法开展互联网新闻信息服务的行为,对违反管理规定的算法推荐服务提供者,可处以罚款、给予治安管理处罚或追究刑事责任。

2.《互联网信息服务深度合成管理规定》

2023年1月10日生效的《互联网信息服务深度合成管理规定》由国家互联网信息办公室、工业和信息化部以及公安部共同发布,规定明确界定"深度合成技术,是指利用深度学习、虚拟现实等生成合成类算法制作文本、图像、音频、视频、虚拟场景等网络信息的技术"。算法推荐管理规定的规制对象为向用户提供算法推荐技术服务的互联网信息服务提供者,规制内容聚焦于算法安全价值导向下的信息服务规范和用户权益保护。深度合成管理规定则为一系列深度合成参与主体设定行为规范,规范对象包括深度合成服务提供者、深度合成服务技术支持者、深度合成服务使用者,在调整深度合成服务的同时也将深度合成技术列为并重的调整对象,将"数据和技术管理规范"专章单列,以满足深度合成技术应用的多方面保护要求。深度合成治理法律,其主要聚焦于信息安全监管。继续要求AIGC技术与服务提供者在相关的人工智能自动生成内容中履行添加可识别水印或有效警示信息的义务,在源头上实现人工智能自动生成内容的可识别性。我国《互联网信息服务深度合成管理规定》已经将治理方向向技术支持者和用户延伸,但平台问责仍然是深度合成治理的主要抓手。一方面,深度合成服务提供者应尽到自身的安全管理义务,包括制定和公开管理规则、平台公约,完善服务协议,加强深度合成内容管理,建立健全辟谣机制等;另一方面,深度合成服务提供者作为服务使用者和技术支持者对接的桥梁,需以显著方式提示技术支持者和使用者承担信息安全义务。

3.《生成式人工智能服务管理办法(征求意见稿)》

与上述两部规定不同,《生成式人工智能服务管理办法(征求意见稿)》(以下简称《人工智能征求意见稿》)适用于研发、利用生成式人工智能产品,面向中华人民共和国提供服务的行为,表明无论AIGC研发、运营实体位于何处,只要支持境内用户使用,均会作为监管对象。另外,《人工智能征求意见稿》监管的主体除了技术研发商或基于技术的应用开发商,还包括提供API接口等接入服务的提供商。《人工智能征求意见稿》的合规要点较多,包括内容合规、禁止算法歧视、禁止不正当竞争、申报安全评估、训练数据合法等多项合规要求。

(二) AIGC国际立法动态

为确保数字经济建设健康发展,不仅要在技术层面取得卓越突破,还需尽早在规则层面占据领先地位。2021年4月,欧盟委员会发布了立法提案《人工智能法案》(Artificial Intelligence Act),其主要内容包括对人工智能应用风险进行划分,以对人工智能进行风险管理。欧盟《人工智能法案》的加快推进,意味着全盘管理人工智能未来将可能成为全球立法模式。同年11月,联合国教科文组织发布《人工智能伦理问题建议书》,为人工智能伦理制定规范框架,明确各项价值观、伦理原则并提出政策建议。世界各国和国际组织积极推动人工智能立法,开展相关技术管理,为人工智能产业发展及治理提供方向。

三、AIGC 的知识产权

(一)人工智能生成内容能否构成作品

因为知识产权具有较强的地域属性,关于 AIGC 知识产权的问题,本文仅从中国法的角度来阐述。《著作权法实施条例》规定:"著作权法所称作品,是指文学、艺术和科学领域内具有独创性并能以某种有形形式复制的智力成果。"根据该定义,人工智能创作成果是否构成作品需要满足独创性、有形性、可复制性的要求。其中,关于人工智能生成作品的争议集中在人工智能创作成果是否具有独创性的问题上。

"独创性"的"独"要求作品为独立创作而成,非抄袭的结果,"创"要求作品具有最低限度的创造性,体现内容的选择与安排。人工智能根据算法与模型自主创造内容,在通过特定途径展示前,人们无法得知人工智能的输出内容。此外,人工智能通过模仿人类创作过程所得的创作结果,亦满足最低限度的创造结果,人工智能生成内容满足著作权法对作品的"独创性"要求。

目前有观点认为 AIGC 系统是工具,它们无法进行真正的创造性思维与艺术创作,所生成的作品源于系统开发者提供的数据与算法,遵循用户的文本提示(Prompt),缺乏真正的独创性,因此系统不应独立拥有知识产权。也有部分观点认为 AIGC 内容因不属于人类的智力创作成果,从而无论是否具备独创性,都因非适格主体而不构成著作权法上的作品。对此,笔者持保留态度,作品是客观存在的内容,不能因为人工智能生成内容的主体具有特殊性,就否认其具备独创性和受到保护的可能。确认人工智能生成内容具有作品地位,鼓励作品的创作与传播、促进社会文化事业发展与繁荣,符合著作权法的立法目的。

(二)谁能获得生成作品的著作权

我国《著作权法》规定:"中国公民、法人或者非法人组织的作品,不论是否发表,依照本法享有著作权。"即只有特定主体才能成为作品的权利主体。

人工智能作为创造工具与手段,为支配对象,无法成为权利主体。人工智能生成作品的著作权人目前尚无统一定论,通常讨论著作权人存在三种可能,即软件开发者及软件使用者(终端用户)或共同所有。

对于 ChatGPT、Midjourney 这类 AIGC 应用,针对人工智能自动生成内容,从应用设置的用户协议来看,大多数平台会通过合同约定将人工智能自动生成内容的权利配置给用户,以吸引终端用户。

有一种观点认为终端用户提供了创作灵感和文本提示,促使人工智能系统生成特定文字或图像,因此用户对内容享有一定的知识产权,人工智能系统开发者也应享有部分知识产权,因为人工智能系统完成了大部分创造性工作。笔者认为,生成方式不同,权利不同。如果 AIGC 提供定制化系统让终端用户自定义样式与内容,终端用户的知识产权应更大。而通用的文本提示促成的文字或图像内容的生成,系统开发者的权利可能更大一些,这需要结合不同作品的生成方式具体判断。确定人工智能作品权利人的过程,是通过赋予权利进行激励的过程,也是确定责任承担主体的过程。但人工智能生成内容的权利归属仍待法律或司法实践予以明确,仍需思考如何明晰人工智能生成作品的知识产权,并为各利益方提供合理的保护路径。

四、AIGC 的数据保护

(一) AIGC 的数据来源

AIGC 类应用对数据的使用场景主要为模型训练阶段及模型使用阶段,两种使用场景对应的数据来源不同。对于模型训练数据的来源,一般包括自有数据采集、网络页面爬取、数据交易等。对于自有数据采集,应通过说明处理信息的类型、方式、目的及安全风险等,获得数据权利主体的授权。爬取数据则需衡量爬取行为是否符合正当性边界,如目标对象是否通过反爬虫机制禁止数据爬取,爬取数据方是否存在侵害计算机信息系统安全、商业秘密等过度爬取的行为。模型使用阶段的数据来源,一般是 AIGC 应用使用者提供的原始数据,其中可能包括商业秘密、个人信息等内容。服务提供方可通过限制用户输入的方式进行内容审查及过滤,并提示数据提供方保证其提供的信息获得相关权利主体的授权,同时,模型开发者在对输入数据进行使用或模型训练时应进行标注,并建立健全用于识别违法和不良信息的特征库。

(二) AIGC 对生成数据的管理

《互联网信息服务深度合成管理规定》第十条规定,深度合成服务提供者应当加强深度合成内容管理,采取技术或者人工方式对深度合成服务使用者的输入数据和合成结果进行审核。经模型训练得出的合成数据在保证内容合法的同时,还应注意不侵犯第三方权利(数据安全、商业秘密、深度伪造风险),并按深度合成管理规定的要求,对使用其服务生成或者编辑的信息内容,采取技术措施添加不影响用户使用的标识。除数据输入及合成阶段外,数据储存、使用、传输阶段均应采取数据安全保护措施,确保数据处于有效保护和合法利用的状态,以及具备保障持续安全状态的能力。

前文所述,只是初步探讨了AIGC目前面临的几项重要法律问题。

(1)AIGC服务提供者及技术支持者利用算法及深度合成技术提供服务或技术支持的行为,是否满足中国法律对AIGC的特殊监管要求(包括完善平台公约、生成内容合规审查、禁止算法歧视措施、建立特征库与用户标签等);

(2)立法机构需要考虑AIGC知识产权的问题进行修法或立法,AIGC应用服务提供方需要通过用户协议等方式,解决生成内容的知识产权问题,平衡其与终端用户的利益,并合理分配知识产权侵权法律风险;

(3)数据作为AIGC应用的先行生产力,是否通过风险评估、安全技术审查的方式进行合理保护。在数据合规为刚需的法律大环境下,AIGC类应用对数据的全流程管理是否满足法律合规要求。

技术发展,法律合规不容忽视。ChatGPT应用在给人类带来便利的同时,使公众越来越关注技术可能带来的社会风险。为了解决这些问题,陆续出台的政策、法律法规需要相互统筹协调。从目前人工智能的极速发展的趋势来看,需要一部关于人工智能的专门法律来引导和监管人工智能,尽快解决人工智能领域的争议问题。人工智能在数据方面应当遵守三大上位法(《网络安全法》《数据安全法》《个人信息保护法》),但在遵守这些法律的同时,人工智能的法律发展也需要考虑不过度限制科技创新,在信息内容安全的前提下推进人工智能产业的发展。

结　语

现阶段基于ChatGPT所衍生出来的各种类型的人工智能都没有突破工具的从属性,它们的正常运作依旧需要人类指令的介入,因此依旧可以用现阶段的法律体系对其进行监管和处罚。与此同时,需要警惕的是,人工智能具有强大的学习能力,其依托互联网庞大的数据来进行飞速的进化迭代,量变必然引起质变,当人工智能在某一刻突破了工具的从属性,拥有了所谓的自我意识时,作为创造者的我们又该用何种法律来约束这些虚拟的"硅基生命"！最后,不知OpenAI最终打开的到底是人类的未来还是人工智能的未来,套用《底特律:化身为人》中仿生人克洛伊的一句话作为总结,"This is not just a story, this is our future"。

  注:引用了大成广州办公室陈昊东、冼韵婷发表的《人工智能的法律监管》一文的部分内容。

追加未届缴资期限股东为被执行人的规则探析

□ 郭星星[①]

【摘　要】 2013年《公司法》修正时将股东出资实缴制修改为认缴制,该修改不仅让股东就出资义务获得极大的自由,也解决了股东创业初期资金紧张的困扰。但由于2013年《公司法》实施后,缺乏完善的配套制度,实践中出现了实缴为零、认缴期限百年的情况,公司早已负债累累,但股东认缴出资却遥遥无期,债权人的合法债权难以实现。基于此,司法实践中就股东加速到期的问题大量爆发,司法实践中出现了大量的不同判决。2023年新修订的《公司法》就股东认缴出资及加速到期问题进行了相关的规定,该法自2024年7月1日正式实施,期待新《公司法》股东加速到期制度的实施效果。本文将通过实证样态案例结合自身办案情况,就追加未届缴资期限股东为被执行人的规则进行探讨。

【关键词】 资本认缴登记制;股东加速出资;九民纪要

新《公司法》修订之前,资本认缴制度的实施,不断地出现股东不合理地设置出资期限,滥用股东期限利益不合理地进行股权转让等问题,让债权人的合法债权难以实现。根据现行法律规定,关于股东出资加速到期的明确规定,就是《企业破产法》第三十五条:"人民法院受理破产申请后,债务人的出资人尚未完全履行出资义务的,管理人应当要求该出资人缴纳所认缴的出资,而不受出资期限的限制。"但是根据该规定,债权人需要启动破产程序方可适用该规定,但众所周知,启动破产程序成本高、周期长,且该程序启动后债权未必能全部实现。因此,债权人更愿意选择启动股东加速到期的路径,下文笔者就此问题将展开探讨。

---

① 郭星星,中共党员,北京京师(天津)律师事务所党支部书记,首都经济贸易大学法学院兼职硕士生导师,高级企业合规师,中国中小企业协会调解中心调解员,天津市金融消费纠纷调解中心调解员。

一、新《公司法》实施前，追加股东实现认缴出资加速到期的实践状况

（一）认缴制度下股东加速到期的实践状况

通过检索股东加速到期的案件发现，就股东加速到期的案件，各地法院在对同类案件进行判决时，出现了大量的结果不同的判决。笔者针对实践中案件的判决情况，进行如下梳理。

1. 股东出资加速到期问题的背景

2019年11月，最高人民法院公布《全国法院民商事审判工作会议纪要》（以下简称《九民纪要》）第六条[①]提出了股东认缴出资额可以加速到期的两种特殊情形，打破了之前仅就破产程序中关于股东出资加速到期的局面，该纪要出台后，针对该条的具体司法适用问题引起了学界和实务界的激烈探讨，而各地陆续出现的不同判决也论证了该问题的出现。

2. 2019—2022年涉及股东出资加速到期案件的实证样态分析

笔者以"认缴制""股东出资义务""加速到期""清偿"为检索关键词，时间跨度为2019—2022年，共检索到1623份文书，以下就以该1623份样本为例进行分析。需要说明的是，由于调解结案以及仲裁结案的相关法律文书无法获取，故而该分析具有一定的局限性。

（1）案件数量情况

年　　份	数　　量
2019年	236
2020年	330
2021年	501
2022年	556

（2）案件结果情况

判决情况	占比
全部/部分支持	38.7%
不支持	61.3%

* 以上数据为不完全统计，仅供大家参考。

[①] 《全国法院民商事审判工作会议纪要》第六条规定："在注册资本认缴制下，股东依法享有期限利益。债权人以公司不能清偿到期债务为由，请求未届出资期限的股东在未出资范围内对公司不能清偿的债务承担补充赔偿责任的，人民法院不予支持。但是，下列情形除外：（1）公司作为被执行人的案件，人民法院穷尽执行措施无财产可供执行，已具备破产原因，但不申请破产的；（2）在公司债务产生后，公司股东（大）会决议或以其他方式延长股东出资期限的。"

从上述数据可以看出,自2019年起,关于股东出资加速到期的案件呈逐年上升趋势,可见在注册资本认缴制度下,越来越多的债权人选择通过提起股东出资加速到期的路径来保护自己的债权,但是在案件最终结果上,不支持股东加速到期的案件数量占比还是多于支持的案件数量。

3. 不同法院对涉及股东出资加速到期案件理解和适用不统一

(1) 法院支持股东出资加速到期的观点展示

选择支持追加股东出资加速到期,承担还款义务的法院在说理部分几乎都以《九民纪要》为依据,具体有如下几种阐述:第一,认为股东认缴出资属于公司的财产,在公司已不能清偿到期债务时,视为约定的股东出资时间已提前届满[1];第二,认为权利义务相一致原则下,股东足额缴纳出资是其享有股东权利的前提,未届出资期限的股东仍需对债权人承担相应责任[2];第三,认为利益衡量理论下,为平衡股东和公司债权人利益,需赋予债权人请求股东出资义务加速到期必要的救济途径[3];第四,认为股东出资的内部出资期限约定不能对抗债权人[4];第五,认为仅限于破产、解散情形下加速股东出资义务,等同于变相逼债权人提起破产申请,容易增加债权人维权成本,不利于公司债权人的利益保护[5]。

(2) 法院不支持股东出资加速到期的观点展示

选择不支持股东加速到期的法院大多从以下几个方面阐述:第一,股东出资义务加速到期,系对注册资本认缴制的突破,在现行法律没有明确规定的情形下,不宜对加速情形作扩大解释[6];第二,在风险自担原则下,股东出资情况均明确记载于公司章程,债权人在交易过程中对此情况应当知晓,对交易风险也应予以预见[7];第三,股东出资义务加速到期并非公司债权人唯一救济途径,原告尚有其他救济途径[8];第四,公司"不能清偿到期债务"的事实应当通过执行程序来解决,而不应直接通过诉讼予以认定[9];第五,股东未出资金额有限,若允许单个债权人通过诉讼直接向股东主张清偿责任,对其他债权人不公平,无法平等保护债权人利益[10]。

---

[1] 湖南省衡阳市中级人民法院(2020)湘04民终458号民事判决书。
[2] 河南省郑州市中级人民法院(2019)豫01民终17856号民事判决书。
[3] 湖南省长沙市中级人民法院(2019)湘01民终12072号民事判决书。
[4] 湖南省湘潭市中级人民法院(2020)湘03民终71号民事判决书。
[5] 江苏省南京市中级人民法院(2019)苏01民终1601号民事判决书。
[6] 广东省中山市中级人民法院(2019)粤20民终943号民事判决书。
[7] 上海市第二中级人民法院(2019)沪02民终3636号民事判决书。
[8] 四川省绵阳市游仙区人民法院(2019)川0704民初22号民事判决书。
[9] 辽宁省大连市中级人民法院(2020)辽02民终1638号民事判决书。
[10] 江苏省南京市中级人民法院(2019)苏01民终1601号民事判决书。

不同法院对同类案件,有着不同的裁判结果,更加凸显了认缴资本制度的法律规定和配套制度亟待完善。

(二)认缴制度下股东加速到期的法理基础及学界争论

对于股东出资加速到期与公司认缴资本之间如何分配以及司法实践如何适用问题,学界中也引起了广泛的探讨。

1. 股东加速到期的法理基础

《最高人民法院〈关于适用中华人民共和国公司法〉若干问题的规定(三)》[以下简称《公司法解释(三)》]第十三条规定了股东未全部履行出资义务的情况下,公司及其他股东可以要求其全面履行出资义务,对公司不能清偿的部分承担补充清偿责任。同时,《最高人民法院关于民事执行中变更、追加当事人若干问题的规定》第十七条①也明确规定了申请执行人可以申请变更、追加未缴纳或未足额缴纳出资的股东。但是,该规定的"股东未缴纳或未足额缴纳出资"是否包括了认缴期限尚未届满的股东,并没有明确具体的规定或司法实践中的回应。我们要处理实践中的争议,那就追本溯源,探讨该问题的法理基础。

(1)权利义务相一致原则。自由就是做法律许可的事情,我们要享有权利就需要承担义务。既然股东在注册公司时对于公司形式、注册资本、认缴实缴额度以及认缴期限享有完全的意思自治的自由,那么其对应的义务就是不应滥用这种权利,应当承担该权利项下的义务,不应该损害公司以及第三人的利益。因此,应该确认股东出资义务"非破产非解散加速到期",即股东加速到期出资义务,其理由是:第一,股东对其认缴范围的出资额担责与其是否到期无关联;第二,股东在实质上对公司之债权人担责而体现对公司担责;第三,股东出资义务是否到期与其对债权人担责没有影响;第四,股东非破产出资义务加速到期基于责任财产及资本维持理论支持②。因此,从权利义务相一致的角度来看,股东出资加速到期,事实上是平衡了权利和义务,也平衡了公司资本认缴制度下债权人与债务人的权利义务,这样增加一种对债权人利益保护的一种救济手段,从而真正意义上实现2013年《公司法》修正的初衷,鼓励创业,激发市场活力。

---

① 《最高人民法院关于民事执行中变更、追加当事人若干问题的规定》第十七条规定:"作为被执行人的营利法人,财产不足以清偿生效法律文书确定的债务,申请执行人申请变更、追加未缴纳或未足额缴纳出资的股东、出资人或依公司法规定对该出资承担连带责任的发起人为被执行人,在尚未缴纳出资的范围内依法承担责任的,人民法院应予支持。"

② 参见李建伟:《认缴制下股东出资责任加速到期研究》,载《人民司法》2015年第9期;蒋大兴:《论股东出资义务之"加速到期"——认可"非破产加速"之功能价值》,载《社会科学》2019年第2期。

（2）资本充实原则。企业要想长治久安地生存,就需要切实履行《公司法》确立的基本原则,首先就是资本充实原则,公司只有保证充实的资本才能保证进行正常的运转,维持正常的经营活动,从而保证债权的兑付。资本充实原则项下保护的不仅应该是公司的利益,也应该保护受到损害的债权人以及第三人的利益,若股东滥用认缴期限自治原则,拉长实缴期限,一定程度上违背了资本充实原则,应当承担由此带来的相关责任。

（3）债权侵害理论。该理论是指如果债权人因第三人的主观故意,使债权全部或部分得不到清偿时,那么该第三人须承担相应的侵权赔偿责任。侵权责任则需要满足有侵权行为、主观上故意,有损害结果,侵权行为与损害结果之间具有因果关系。反观股东出资加速到期案件,绝大多数符合公司已资不抵债,股东认缴期限很长,甚至出现股东0元转让股权等情况。第一,侵权股东实际上未实缴出资;第二,侵权股东主观上出于故意,这种故意常见的包括发生债务后重新开股东会延长认缴出资期限以及设置畸长出资期限两种情形,虽然表现的形式不同,但是实质都是股东在事先或事后故意给债权人实施债权设置障碍;第三,客观上侵权股东的行为对债权人以及第三人的合理债权造成实际损害,正是基于股东在公司章程中自由约定出资期限,并以股东期限利益来对抗债权人的债权,导致债权人的债权无法实现;第四,股东故意的不出资行为与债权人实现不了债权之间存在因果关系,虽然股东延缓出资行为不是直接造成公司不能清偿到期债务的唯一原因,但因公司的注册资本属于公司财产的重要组成部分,该行为一定是导致公司不能清偿到期债务的重要原因之一。因此,股东的故意不出资行为与债权人到期债务得不到清偿之间应是存在因果关系的。

2. 股东加速到期的学界争议

（1）反对加速到期的学者持有如下观点。

第一,股东期限利益应当予以保护,出资期限的规定的设立就是为了保护股东的权益,如果可以任意打破,那么就违背了2013年《公司法》修正该条款的立法本意。

第二,股东加速到期实质上是突破了合同相对性,根据合同相对性原理,到期债权的债务人为公司,并非股东,现行法只规定了在公司破产、公司解散以及公司法人人格否认的场景下,债权人对股东享有直接追偿权。但是直接因出资义务加速到期追加股东为当事人,实际上是突破合同相对性的原则,公司与公司股东在法律上是两个相互独立的主体,与债权人产生法律关系的主体系公司,因此不可轻易突破合同相对性的原则,动摇公司法人制度。

第三,债权人在与公司产生法律关系时,就已对公司的注册资本、股东情况以及出资期限进行了比较全面的了解,在已知公司注册资本、股东出资期限等情况下,仍与其产生商事行为,理应承担商事交易所产生的商事风险。对于公司认缴和实缴资本应当具备正当信赖利益,不应轻易突破公司法基本制度,加重股东个人责任给予特别保护。在审判实务中,有的法院认为,出资期限作为公示内容,债权人对此有注意义务,应当预见到相关的商业风险。[1]

第四,"加速到期"并非债权人权利救济的唯一渠道,不具有常态加速到期的必要性,尚有破产程序可以维护其权利。企业的债权人和公司均有申请破产的法定权利,若是人民法院受理了破产申请,则未实缴出资的股东就具有加速出资的法定义务,该股东期限利益则会丧失,若是享有期限利益的股东不想公司进入破产程序,则可以自行放弃期限利益,提前缴纳出资用于公司还债。

(2)肯定加速到期的学者持有如下观点。

第一,出资期限的约定属于公司内部约定,不能对抗外部第三人。出资义务本就是公司股东的法定义务,公司章程中对于出资期限的约定就是内部对出资作出的具体安排,无论是已缴的出资还是未缴的出资,均是公司的财产,股东都应承担此份责任。

第二,股东在成立公司时约定过长的缴资期限,属于合同权利之"独立滥用"或"合谋滥用",可类推租赁契约的期限限制[2]。公司法给予公司和股东的意思自治是为了更好地为其商业活动提供支持,但是实践中不合理地延长出资期限,损害债权人利益的案例屡见不鲜,更有甚者"分文不出、认缴百万、期限百年"。同时,也不乏出现有的公司在出现公司资产不足以清偿债务的时候,召开股东大会恶意延长出资期限,使得债权人合法利益受损。

第三,适用《企业破产法》实现债权,审理周期长,诉讼成本高,同时,企业一旦进入破产程序,作为普通债权顺序靠后,实际上无法实现自己的债权,此外,根据《企业破产法》的规定,在申请破产时,还需要证明债务人有"不能清偿到期债务"或"有明显缺乏清偿能力"的情形。在法理上,实缴的资本才是公司权能的体现,未到期的认缴资本属于公司的远期债权,该债权并不能为公司对外经营活动提供短期的担保。[3] 法律的存在是为了有保障,

---

[1] 参见江苏省张家港市人民法院(2016)苏0582民初6656号民事判决书、广东省佛山市中级人民法院(2017)粤06民终7818号民事判决书。

[2] 参见蒋大兴:《"合同法"的局限:资本认缴制下的责任约束——股东私人出资承诺之公开履行》,载《现代法学》2015年第5期。

[3] 参见最高人民法院民事审判第二庭编著:《〈全国法院民商事审判工作会议纪要〉理解与适用》,人民法院出版社2019年版,第122—128页。

但是在通过大量实践的案例,已经发现该条文的适用已经无法解决当时的立法理念时,就应该予以调整。

第四,加速股东出资期限,适应了民法中情势变更的基本原则。从情势变更理论角度看,因不可预见情形发生或情势变更导致不可归责于双方当事人的原因,导致有效的合同成立后基础丧失或动摇,因有悖于诚信原则(显失公平)不宜将合同原有效力继续维持,其法律基础应为准许合同变更相应的内容或依法解除合同。实践中,有的法院判决认定,当股东认缴出资的承诺和设定的基础环境发生根本性变化,即公司经营已出现困难情形,多个生效裁判无法得到切实履行时,对股东认缴出资义务如认缴期限届满时才履行支付,可能会产生资本认缴制成为债务人逃避债务借口的不利法律后果。[①] 所以,不可以"一刀切"一味地保护股东期限利益,而不纵观整个案件事实。

二、新《公司法》实施前,司法实践中追加股东实现认缴出资加速到期的路径选择

(一)执行程序中通过追加股东实现认缴出资加速到期

在司法实践中,追加未缴出资的股东的实践动因便是《公司法解释(三)》第十三条第二款中明确规定的出资不足的股东应当对公司债务不能清偿的部分承担补充赔偿责任。多数案件均是在既有的生效判决文书下,强制执行公司无果,反查公司的股东出资情况,发现了其不合理处后,提出直接追加未届出资期限的股东为共同被执行人,申请对股东的财产进行强制执行。该种方式对于债权人而言无疑是一种高效便捷的方式,但是各地法院在对同类案件进行裁决时,大量出现不同的判决,存在着巨大的争议。纵读既有案例判决,不难发现争议的核心焦点为对于《最高人民法院关于民事执行中变更、追加当事人若干问题的规定》(以下简称《执行变更、追加规定》)第十七条的理解。

《执行变更、追加规定》第十七条规定:"作为被执行人的营利法人,财产不足以清偿生效法律文书确定的债务,申请执行人申请变更、追加未缴纳或未足额缴纳出资的股东、出资人或依公司法规定对该出资承担连带责任的发起人为被执行人,在尚未缴纳出资的范围内依法承担责任的,人民法院应予支持。"对于该法条的适用需要满足如下两个构成要件。

1. 财产不足以清偿生效法律文书确定的债务,该要件认定相对容易,且

[①] 参见安徽省合肥市中级人民法院(2019)皖01民终6212号民事判决书。

争议较小,基本上债权人在申请了执行案件后,法院经执行后,终本裁定即可认为公司已无力清偿债务的客观事实。

2. 股东未缴纳或未足额缴纳出资,关于该构成要件,这里就引出是否包括未届出资期限的股东的问题,因此问题引起的执行异议之诉案件中,法院在说理上几乎都以《九民纪要》为依据,该纪要第六条规定:"在注册资本认缴制下,股东依法享有期限利益。债权人以公司不能清偿到期债务为由,请求未届出资期限的股东在未出资范围内对公司不能清偿的债务承担补充赔偿责任的,人民法院不予支持。但是,下列情形除外:(1)公司作为被执行人的案件,人民法院穷尽执行措施无财产可供执行,已具备破产原因,但不申请破产的;(2)在公司债务产生后,公司股东(大)会决议或以其他方式延长股东出资期限的。"虽然该纪要并非司法解释,不可以作为法律直接援引适用,但是各地法院在说理部分均予以说明,可见,该纪要在对于此问题的裁判上发挥着重要的裁判尺度的作用。

笔者经过检索和阅读相关判决文书,关于对《九民纪要》中股东出资义务加速到期的适用,各地法院裁判不一,持肯定意见的理由主要为:首先,变更、追加某类型的第三人为被执行人,是符合法理的,基于程序和实体公正利益的衡量,且在已有《执行变更、追加规定》第十七条和《九民纪要》的明确规定下,没有理由不认可加速到期。其次,该变更、追加行为应该发生于债权确实不足以清偿时,也就是说,债权人必须以公司财产向法院作出强制执行,才可以让股东作为补充债务人进行赔偿。最后,在当前司法解释下,并没有明确将认缴但未届缴资期限的股东剔除在外,具备适用法律的前提条件。

持否定意见的理由主要为:首先,从法律解释学的角度出发,文义解释是最为普遍的解释,法律解释不能超过文本可能具有的含义,否则就会出现在法律适用的外衣下,胡乱裁判的结果。法谚亦有云:"未到期限之债务等于无债务"。《执行变更、追加规定》第十七条中"未缴纳或未足额缴纳出资的股东"系指未按期足额缴纳其所认缴出资额的股东。其次,有以执代审的嫌疑,执行程序的特点就是依据生效法律文书开展,其所有的活动都是围绕生效法律文书展开。生效法律文书,既约束双方当事人,更约束执行法官,这样才能让当事人对于自己的结果有预判和期待。若是在执行程序中即直接增加被执行人,没有经过审判程序的话,那么程序和实体均有违规之嫌。最后,权利救济途径并未堵死,即便在执行程序中未予以追加未届出资的股东为被执行人,但是从保障当事人的诉讼的角度来看,债权人还可提起执行异议之诉。根据《执行变更、追加规定》第三十二条规定:"被申请人或申请人对执行法院依据本规定第十四条第二款、第十七条至第二十一条规定作出的变更、追加裁定或驳回申请裁定不服的,可以自裁定书送达之日起十五日内,向执行法院提起执行异议之诉",从该规定可以看出,对于当事人救济的途径应当采取的是"先裁定追加、后诉讼救济"的模式。

(二)提起独立诉讼实现股东认缴出资加速到期

实践中,通过执行程序中被裁定驳回后,债权人会提起执行异议之诉来救济,在该诉讼中,以下就此诉讼进行具体探讨。

1. 出资条件系出资未届且未完成出资。公司注册资本认缴制的核心是出资期限的意思自治,认缴出资的股东只有到了章程中约定的出资期限的时间点才应当履行出资义务,在此之前,债权人是不可以提前要求股东出资的,故而,此诉讼的适用前提是股东出资期限未届。

2. 执行条件系穷尽执行措施无财产可供执行。未届出资期限的股东加速到期的案件中,需要人民法院穷尽执行措施无财产可供执行,该依据往往是根据法院出具的终结本次执行程序的裁定来认定。

根据《最高人民法院关于严格规范终结本次执行程序的规定(试行)》第三条规定,法院已穷尽财产调查措施是指应当完成以下所有的执行行为:(1)对申请执行人或者其他人提供的财产线索进行核查;(2)通过全国网络执行查控系统对被执行人的存款、车辆及其他交通运输工具、不动产、有价证券等财产情况进行查询;(3)无法通过网络执行查控系统查询上述财产情况的,在被执行人住所地或者可能隐匿、转移财产所在地进行必要调查;(4)被执行人隐匿财产、会计账簿等资料且拒不交出的,依法采取搜查措施;(5)经申请执行人申请,根据案件实际情况,依法采取审计调查、公告悬赏等调查措施;(6)法律、司法解释规定的其他财产调查措施。

3. 破产条件系已具备破产原因而不申请破产。对于公司明显缺乏清偿能力的认定,《最高人民法院关于适用〈中华人民共和国企业破产法〉若干问题的规定(一)》第四条列举了如下五种情形:(1)因资金严重不足或财产不能变现等原因,无法清偿债务;(2)法定代表人下落不明且无其他人员负责管理财产,无法清偿债务;(3)经法院强制执行,无法清偿债务;(4)长期亏损且经营扭亏困难,无法清偿债务;(5)导致债务人丧失清偿能力的其他情形。

实践中,债权人往往提供企业资产贬值、债务繁重以及行业性的亏损等角度来证明,企业已经不具备偿还能力。

4. 举证责任的负担,民事案件的举证责任一般遵循"谁主张,谁举证"的基本原则,所以,对于是否已经履行出资义务的争议,原告已经提供对股东出资义务产生怀疑的证据时,被告股东应就该部分内容承担举证责任。对于股东的认缴期限、是否完成出资义务等事实的证明,一般来说,通过调查工商底档予以证明,但是就实际上是否完成出资等情况,债权人很难了解全面的实际情况以及收集到证据来证实,考虑到双方当事人的举证能力,在对股东是否已履行出资义务发生争议的案件中,法院可以根据公平原则和诚信原则,综合当事人举证能力等因素确定举证责任的承担。

对于证明程度,原告对股东是否履行出资义务达到合理怀疑的标准即可。

三、从自身处理的案例中解读新《公司法》实施前对于股东出资加速到期的认定

笔者团队实际代理的一起追加未届出资期限股东的加速到期的执行异议之诉案件①,经过二审终审,最终判决追加未届出资期股东为被执行人,案件取得了满意的结果,现以本案为依据,进一步就上述问题进行探讨。

(一)案件事实

1. 案件产生背景

盛公司与易公司因承揽合同纠纷一案,法院作出生效民事判决书判决,易公司于判决书生效之日起七日内给付盛公司石材款及安装费共计1××××××元及逾期付款利息(以1××××××元为基数,按照中国人民银行同业拆借中心公布的贷款市场报价利率标准计算,自2020年1月4日起至实际付清之日止)。判决生效后,盛公司依法申请强制执行,并请求追加第三人王股东为被执行人,法院作出裁定,驳回盛公司的追加申请,现盛公司提出执行异议之诉。

2. 案件认定事实

易公司于2016年11月24日注册成立,公司成立时,王股东系该公司的唯一股东,占股100%且为法定代表人,易公司注册资本1000万元,实缴0元,认缴期限至2036年11月9日。2022年12月8日,易公司进行了股权及法定代表人的变更,王股东将其占有易公司的全部股权转让给案外人王某(王股东的哥哥),转让价格为0元,同时变更易公司的法定代表人为王某,根据股权转让协议约定,易公司在签订本股权协议前拖欠的债务由王股东承担。

此外,易公司现在无财产可供执行,且因无财产执行案件已终结,易公

---

① 参见天津市津南区人民法院(2021)津0112民初7079号民事判决书。

司对案外公司的到期债权诉讼也提出撤诉。

(二)审理过程

1. 代理意见思路

作为盛公司的代理人,我们认为,第一,王股东系易公司的一人股东,其没有证据证明其个人资产与公司资产相分离的情况下,存在资产混同,根据法律规定理应对公司的债务承担偿还责任;第二,在盛公司与易公司的债权债务已经清晰并且其不能偿还的情况下,王股东仍以0元为转让价格将其全部股权转让给王某显然想要逃避债务;第三,根据王股东和王某签订股权转让协议明确约定了在转让之前的公司的债务由王股东承担,而盛公司与易公司的债权确认的生效判决产生于2021年,早于双方转让时间2022年。

2. 法院审理的角度

本案中,法院总结的争议焦点为:①王股东的股本注册期限利益是否应当加速到期?②王股东是否存在资产混同或者其他应当追加为被执行人的情形?

针对本案焦点一:法院分析,在注册资本认缴制下,股东依法享有期限利益。债权人以公司不能清偿到期债务为由,请求未届出资期限股东在未出资范围内对公司不能清偿的债务承担补充赔偿责任的,人民法院不予支持。但是本案当中王股东虽享有期限利益,然而公司作为被执行人确无其他资产可供执行,经执行程序终结本次执行,已经具备破产原因而未申请破产,故本案应当认定加速王股东的出资到期。

针对本案焦点二:法院分析:①《公司法》(2018)第六十三条规定,一人有限公司的股东不能证明公司财产独立于股东自己的财产的,应当对公司债务承担连带责任,本案中,王股东应当就自己资产与公司的资产相互独立承担举证责任,王股东提交的四份审计报告虽不能证实该内容,但毕竟有年度审计,且盛公司亦未能举证王股东与易公司资产混同的情形,尽管王股东存在代付的情况,但与代收是两个概念,现阶段,不能认定王股东个人资产与易公司资产混同。②依据《执行变更、追加规定》第十九条规定,作为被执行人的公司,财产不足以清偿生效法律文书确定的债务,其股东未依法履行出资义务即转让股权,申请执行人申请变更、追加该原股东或依公司法规定对该出资承担连带责任的发起人为被执行人,在未依法出资的范围内承担责任的,人民法院应予支持。本案符合该情形,故应予追加。

(三)法院结果

一审法院判决后,王股东不服一审判决结果,提出上诉,二审法院经过审理,驳回上诉,维持原判。

(四)律师观察

本案在代理过程中,充分收集整理了关于股东出资情况、处置情况以及公司债务承担方面的证据材料。第一,从基本的公司底档材料寻找关于股东出资金额、期限等相关情况;第二,调取公司的行政处罚情况,以证明债务人公司是否存在吊销营业执照以及公司经营能力如何;第三,从公司涉诉情况及对外债务情况进行梳理,分析当前债务公司的偿债能力;第四,纵观公司从成立至今的整体经营情况,分析公司经营态势;第五,鉴于本案公司系自然人一人股东,就账务流水应扩展至对股东的流水账务审查,以此来分析是否有财产混同情况。

确定了诉讼策略后,代理在一步步的取证中,找到了多份对我方有利的证据材料,结合既有判例和法律规定,最终取得了满意的结果。

股东加速到期这个课题无论在理论界还是实务界均有较大争议。法的固有价值,权利的保护顺位,利益的衡量尺度都是在讨论中无法绕开的因素。其实,在笔者所在城市中,对于股东加速到期的适用还停留在相对保守的现状中,但是在我们团队的专业带领下,还是取得了想要的结果。结合自身案件的办理经验,笔者认为股东出资期限能否加速到期,应视情况、分案件而定,不能一概而论,全盘否定的态势不符合实务处理纠纷的实际。案子的裁判是以事实为依据、以法律为准绳,股东出资期限是应予以保护,切不可随意作扩大解释,加重股东责任,但是该保护不应是绝对的,在特殊情况下,应允许突破,这也是《九民纪要》的精神所在。

对于股东加速到期的具体适用,笔者认为是有可行性的,第一,理论基础,即作为执行变更、追加当事人制度理论基础的执行力主观范围扩张。我国当前采取执行力与既判力主观范围不同论,认为执行力主观范围的扩张不以既判力的主观范围的扩张为限,即对未出资股东的范围界定既应包括已届出资期限而未足额出资的股东,也包括未届出资期限但应加速到期的股东,但是该种理论应源于实体法的规定,即主观范围的理论基础"政策性扩张"或者"责任性扩张",其妥适性通过内嵌于强制执行程序进行审查。第二,实体法依据,对于加速到期问题,在当前法律规定的基础上,更进一步出具明确的法律适用的规定则更便于实务问题的处理。第三,实践需要。商人之本为诚信,但是当前市场主体下仍存有诚信意识不足的问题,正如柯芳枝所说的,公司至少须力求保有相当于资本之现实财产,才能保护其债权人,资本可谓系公司债权人之最低限度之担保额,而为衡量公司信用之标准。所以,笔者认为可以分情况适用股东加速到期的情形,但至少是允许股东出资加速到期的存在。

四、新《公司法》的修订对股东加速到期的影响

新《公司法》第四十七条第一款规定:"有限责任公司的注册资本为在公司登记机关登记的全体股东认缴的出资额。全体股东认缴的出资额由股东按照公司章程的规定自公司成立之日起五年内缴足。"第四十九条第一款规定:"股东应当按期足额缴纳公司章程规定的各自所认缴的出资额。"这些规定对之前实践中出现的不同判决以及认缴制度期限不限制的情况下的许多不合理的地方进行了修正,增强了债权人追索债务的能力,更好地平衡了债权人和股东的利益,维护了市场交易的公平和安全,同时有助于提高公司治理水平,提高资本运营效率,有助于统一司法裁判的尺度。

五、结语

随着社会的发展,司法实践的推进,司法裁判尺度的统一,面对复杂多变的纠纷和矛盾,我们在适用法律时应当全面考虑现实情况,平衡好债权人利益及股东出资期限利益的保护。期限利益不应被随意剥夺,但是也不应被滥用,合理的规制,才能更有效地保障当事人、相关利害人的权益。

从非法占有目的认定角度界分民事欺诈与刑事诈骗

□ 潘 锦[①]

【摘 要】产权制度是社会主义市场经济的基石,我国保护各种所有制经济产权和合法利益,强调要健全以公平为核心原则的产权保护制度,推进产权保护法治化。《最高人民法院关于充分发挥审判职能作用切实加强产权司法保护的意见》指出,应当严格区分经济纠纷与刑事犯罪,坚决防止把经济纠纷认定为刑事犯罪,坚决防止利用刑事手段干预经济纠纷。准确界分民事欺诈与刑事诈骗是严格区分经济纠纷与刑事犯罪的必然要求。

通过解构民事欺诈与刑事诈骗的构成要件,我们认为民事欺诈与刑事诈骗之间是一种包容关系,换言之,刑事诈骗只是民事欺诈中需要被刑法评价的特殊情形。所谓民事欺诈与刑事诈骗之界分实际上是民事欺诈内部划定刑事诈骗与不构成犯罪的民事欺诈之间的界分。那么,以什么标准来界分呢?我们认为关键是认定行为人是否具有非法占有目的。

【关键词】民事欺诈;刑事诈骗;占有目的

一、基本案情

被告人刘某先后成立公司,通过租赁作案场所,招聘各类人员,以网络销售方式,向患有特定疾病的群体高价销售保健产品。刘某等人通过制作虚假软文、聊天记录等广告,针对不同群体宣传其所销售的产品比西药更健康、治疗效果更好。销售人员经过"话术"培训后,使用微信冒充医生助理、健康管理中心老师等,以"健康管理中心""研究中心"等名义,使用"话术"对患者进行虚假诊治,虚构其保健品疗效,取得患者信任,诱使患者以数倍

[①] 潘锦,毕业于中国政法大学,中央广播电视总台《举案说法》节目嘉宾,国家级创新实验项目"重叠指纹的时序鉴定"负责人,天津市滨海新区涉案企业合规第三方监督评估机制专业人员,参编由法律出版社出版的《北京副中心阳光拆迁法律实操指引》,发表过《刍议秘密侦查的理性法制化》《侦查讯问中律师在场制度研究》等文章。

于成本的价格购买产品。公司仓储部根据被害人订单信息通过快递公司发货。被害人收到产品后由快递公司代收货款。诈骗所得款用于广告推广、产品采购、销售人员工资、业绩提成、作案场所租赁、作案工具购买等。

刘某辩护人称：首先，其销售的产品均系合格产品，虽不能治病，但有辅助作用。其次，公司禁止员工冒充医生身份、使用"药品""根治"等字眼。再次，客户不满意可退货退款。并没有采取虚构事实、隐瞒真相的诈骗手段，不具有非法占有的目的，属于民事欺诈，如认定为犯罪，应当按虚假广告罪定罪处罚。

法院认为刘某虚构事实，在北京等地注册成立多家公司，实行公司化运作，指挥所招募人员采取网络虚假推广、冒充健康管理老师、话术欺骗等手段，针对老年人、妇女和男性等群体常见、多发疾病虚构产品功能，骗取被害人信任，通过将低价购进的产品向被害人高价"出售"，骗取被害人钱财，数额特别巨大，已构成诈骗罪。是否存在退货退款情形不影响该犯罪的认定。

二、法律分析

准确界分刑事诈骗与民事欺诈是理论与实务中的棘手问题，理论与实务均未明确统一的界分标准。正如上述案例，辩护人与审判机关针对涉案定罪的观点完全相悖，辩护人认为案涉行为属于民事欺诈，而非刑事诈骗。而审判机关认为依法构成诈骗罪。下面我们针对前述案例展开分析。

（一）民事欺诈与刑事诈骗属于包容关系

所谓民事欺诈与刑事诈骗之界分实际上是民事欺诈内部划定刑事诈骗与不构成犯罪的民事欺诈之间的界分。

所谓民事欺诈，根据《民法典》第一百四十八条的规定以及法学理论，我们可以概括为，行为人主观上具有使表意人陷入错误并作出错误意思表示的故意，实施了虚构事实或隐瞒真相的欺诈行为，导致表意人陷入错误并作出错误意思表示。

所谓刑事诈骗，根据《刑法》第二百六十六条的规定以及法学理论，我们可以概括为，行为人主观上具有非法占有的目的，实施了虚构事实或隐瞒真相的欺骗行为，致使被害人产生错误认识并基于错误认识处分财产而遭受财产损害。

通过上述对民事欺诈和刑事诈骗概念的厘定可以看出，两者具有高度相似性但又存在明显差异性。相似性表现为均虚构事实或隐瞒事实真相，从而导致他人陷入错误而处分财产，造成他人的财产损失。差异性表现为民事欺诈主观上要求行为人有误导他人作出错误意思表示的故意,其侧重于保护意思表示自由,而刑事诈骗主观上要求行为人具有非法占有的主观目的,其侧重于保障财产法益。

民事欺诈与刑事诈骗的差异性,并不是本质的区别,只是程度上的差异。如陈兴良教授提出的刑事诈骗罪的欺骗内容应当是犯罪的整体事实或全部事实,而民事欺诈则仅是部分或局部事实不真实。刑事诈骗较之民事欺诈的程度更为严重,超出了民事欺诈的容忍限度。

综上所述,我们可以看出,民事欺诈与刑事诈骗应该属于包容关系,即刑事诈骗属于民事欺诈中最严重且需要被刑法介入规制的部分。所谓民事欺诈与刑事诈骗之界分实际上是民事欺诈内部划定刑事诈骗与不构成犯罪的民事欺诈之间的界分。如前述案例,可以确定的是行为人虚假宣传保健品的疗效,谎称自己是健康管理中心的老师,最终导致消费者高价购买了保健品的行为一定属于民事欺诈,但是否属于程度更为严重的刑事诈骗呢?这便是本文问题之所在。

(二)民事欺诈与刑事诈骗的界分关键在于认定行为人是否具有"非法占有目的"

如前述案例,行为人构成民事欺诈,是否属于刑事诈骗,关键是确认行为人是否具有"非法占有目的",那么何谓"非法占有目的"呢?

《刑法》只针对一些罪名规定了"非法占有目的",但并未直接对其定义。张明楷教授在《刑法分则的解释原理》中提出"非法占有目的是指排除权利人,将他人的财物作为自己的所有物进行支配,并遵从财物的用途进行利用、处分的意思。即非法占有目的由'排除意思'与'利用意思'构成"。所谓排除意思即排除权利人对财产的占有,利用意思即行为人对财产的利用。界定内涵有助于对非法占有目的的准确认定。

但是非法占有目的属于行为人的主观心理状态,其不能通过具体的证据直接证明,根据主观见诸客观、客观反映主观的基本原则,判断行为人是否具有非法占有目的时,必须以其实施的活动和表现为基础,综合所有事实,经过论证,排除其他可能,得出正确结论。因此,如何根据法律规定认定行为人具有"非法占有目的",便成了界分民事欺诈和刑事诈骗的关键、重点与难点。

(三)结合事实评价他人目的

应结合全部事实,对行为人的履行能力、履约意愿及履约行为进行实质性评价,同时考察占有财物的处置情况,排除其他可能性,谨慎认定行为人具有非法占有目的。

通过法律检索,我国刑法司法解释及相关文件中涉及认定非法占有目的的主要有4个。

《全国法院审理金融犯罪案件工作座谈会纪要》：

……根据司法实践,对于行为人通过诈骗的方法非法获取资金,造成数额较大资金不能归还,并具有下列情形之一的,可以认定为具有非法占有的目的:

(1)明知没有归还能力而大量骗取资金的;

(2)非法获取资金后逃跑的;

(3)肆意挥霍骗取资金的;

(4)使用骗取的资金进行违法犯罪活动的;

(5)抽逃、转移资金、隐匿财产,以逃避返还资金的;

(6)隐匿、销毁账目,或者搞假破产、假倒闭,以逃避返还资金的;

(7)其他非法占有资金、拒不返还的行为。但是,在处理具体案件的时候,对于有证据证明行为人不具有非法占有目的的,不能单纯以财产不能归还就按金融诈骗罪处罚。

要严格区分贷款诈骗与贷款纠纷的界限。对于合法取得贷款后,没有按规定的用途使用贷款,到期没有归还贷款的,不能以贷款诈骗罪定罪处罚;对于确有证据证明行为人不具有非法占有的目的,因不具备贷款的条件而采取了欺骗手段获取贷款,案发时有能力履行还贷义务,或者案发时不能归还贷款是因为意志以外的原因,如因经营不善、被骗、市场风险等,不应以贷款诈骗罪定罪处罚。

集资诈骗罪和欺诈发行股票、债券罪、非法吸收公众存款罪在客观上均表现为向社会公众非法募集资金。区别的关键在于行为人是否具有非法占有的目的。对于以非法占有为目的而非法集资,或者在非法集资过程中产生了非法占有他人资金的故意,均构成集资诈骗罪。但是,在处理具体案件时要注意以下两点:一是不能仅凭较大数额的非法集资款不能返还的结果,推定行为人具有非法占有的目的;二是行为人将大部分资金用于投资或生产经营活动,而将少量资金用于个人消费或挥霍的,不应仅以此便认定具有非法占有的目的。

《最高人民检察院关于办理涉互联网金融犯罪案件有关问题座谈会纪要》：

14.以非法占有为目的,使用诈骗方法非法集资,是集资诈骗罪的本质特征。是否具有非法占有目的,是区分非法吸收公众存款罪和集资诈骗罪的关键要件,对此要重点围绕融资项目真实性、资金去向、归还能力等事实

进行综合判断。犯罪嫌疑人存在以下情形之一的,原则上可以认定具有非法占有目的:

(1)大部分资金未用于生产经营活动,或名义上投入生产经营但又通过各种方式抽逃转移资金的;

(2)资金使用成本过高,生产经营活动的盈利能力不具有支付全部本息的现实可能性的;

(3)对资金使用的决策极度不负责任或肆意挥霍造成资金缺口较大的;

(4)归还本息主要通过借新还旧来实现的;

(5)其他依照有关司法解释可以认定为非法占有目的的情形。

《最高人民法院、最高人民检察院关于办理妨害信用卡管理刑事案件具体应用法律若干问题的解释》:

第六条 ……对于是否以非法占有为目的,应当综合持卡人信用记录、还款能力和意愿、申领和透支信用卡的状况、透支资金的用途、透支后的表现、未按规定还款的原因等情节作出判断。不得单纯依据持卡人未按规定还款的事实认定非法占有目的。

具有以下情形之一的,应当认定为刑法第一百九十六条第二款规定的"以非法占有为目的",但有证据证明持卡人确实不具有非法占有目的的除外:

(一)明知没有还款能力而大量透支,无法归还的;

(二)使用虚假资信证明申领信用卡后透支,无法归还的;

(三)透支后通过逃匿、改变联系方式等手段,逃避银行催收的;

(四)抽逃、转移资金,隐匿财产,逃避还款的;

(五)使用透支的资金进行犯罪活动的;

(六)其他非法占有资金,拒不归还的情形。

《最高人民法院关于审理非法集资刑事案件具体应用法律若干问题的解释》:

第七条 ……使用诈骗方法非法集资,具有下列情形之一的,可以认定为"以非法占有为目的":

(一)集资后不用于生产经营活动或者用于生产经营活动与筹集资金规模明显不成比例,致使集资款不能返还的;

(二)肆意挥霍集资款,致使集资款不能返还的;

(三)携带集资款逃匿的;

(四)将集资款用于违法犯罪活动的;

(五)抽逃、转移资金、隐匿财产,逃避返还资金的;

(六)隐匿、销毁账目,或者搞假破产、假倒闭,逃避返还资金的;

(七)拒不交代资金去向,逃避返还资金的;

（八）其他可以认定非法占有目的的情形。

通过梳理各司法解释对认定"非法占有目的"的表述，我们可以归纳为，当行为人在为其非法占有他人财产创造积极条件，主动或被动地为返还权利人财产造成障碍，则被认定为具有非法占有目的。具体判断行为人是否具有非法占有目的的方法参照如下。

首先，评价行为人是否有履行能力或提供有效担保。如果行为人明知自己没有履行能力或无法提供有效担保，却采取虚构事实、隐瞒真相的手段与他人进行一定的民事行为，占有他人财物，就可以认定为具有非法占有目的。

其次，评价行为人的履约意愿和履约行为。如果行为人自始至终没有履约意愿或履约行为，甚至携款潜逃或躲避权利人，则可以被认定为具有非法占有目的。对履约意愿和行为应当进行实质性评价，因为现实中行为人可能会以某种低限度的履约假象来掩盖诈骗事实。行为人客观上没有履约行为不必然代表其没有履约意愿，这就需要具体分析未履约的真正原因。

再次，考察涉案财物处置。主观见诸客观，客观反映主观。占有财物后的支配方式完全可以体现其主观想法。如果行为人隐匿转移、个人挥霍、偿还债务、用于犯罪活动等，则可以反映行为人内心非法占有的目的。

最后，需要注意的是，司法解释规定，在满足具体列明的情形时，是"可以"认定非法占有目的，而非"应当"，这也就要求结合其他全部事实，综合判断，应排除其他可能性。

三、总结分析

结合上述案例，刘某以公司化运营，具有法律规定的证照资格，销售的保健品亦属于合格产品。销售过程中，存在虚假广告的行为，销售人员冒充特定身份，使用"话术"对患者进行销售，诱使患者以数倍于成本的价格购买产品。行为人虚假宣传、冒充身份，是为了让消费者购买，与之达成买卖合同关系，这不正是行为人具有使交易对方陷于错误认识并作出错误意思表示的主观故意吗？而且行为人有退货退款机制，并未对返还消费者财物造成障碍，这不是典型的民事欺诈吗？为什么法院最终认定其为刑事诈骗，法院通过哪些外在事实认定行为人具有非法占有目的呢？裁判文书中并未作出具体解释说明，笔者尝试分析如下。

（一）行为人虚构了关键事实，没有实际履行能力

行为人与被害人之间达成的是"保健品买卖合同关系"，行为人向被害人实际交付了标的物即保健品，为什么说行为人没有实际履行能力呢？因

为行为人在买卖过程中虚构了关键事实,行为人没有实际履行能力。

在买卖交易过程中,影响消费者作出购买产品或服务的决定的主要事实依据属于交易关键事实,其他影响因素属于辅助事实。刑事诈骗中,行为人虚构的往往是关键事实,而民事欺诈中,行为人大多仅虚构辅助事实。结合本案,行为人虚假宣传产品疗效,然后冒充特定身份,对消费者实施虚假诊疗,使消费者误以为自身患有疾病,行为人使消费者陷入恐慌后而购买其保健品。这种虚构关键事实的行为具有使消费者陷入错误认识,进而产生处分财产的现实的或具体的危险,且行为人提供的产品对于消费者并没有客观价值或实际效用,从实质评价的角度考虑,行为人明知自己提供的产品没有消费者需要的疗效,客观上无法实际履行,而虚构事实,骗取财物。

类似情况,在"网络恋爱"类诈骗案件中,男性被害人误以为网络的另一端是自己中意的女性,为此向对方转移大额财产,结果对方是男性。再如在"帮人办事"类诈骗案件中,行为人谎称有某种关系,可以为他人摆平事情,结果收取被害人钱款后,无任何履行"帮助"承诺的行为。

(二)行为人占有他人财产未支付对价

在"保健品买卖合同关系"下,消费者支付货款,获得合格的保健品,买卖双方互有对价啊?怎么说行为人没有支付对价呢?因为消费者是以数倍于产品成本的价格"购买"的。

通过前述司法解释的规定可以看出,非法占有目的的本质特征,即无对价占有他人财物。在判断是否支付对价时,市场价格是一个较为公允的判断标准。市场价格不同于成本价,因为在流通环节的增值,往往远高于成本价,如果被害人支付财物获得的对价款物与市场价格偏离度非常大,且交易目的不能实现,则应当认定具有非法占有目的。结合案例,从形式上看,行为人确实有支付对价的履约行为,但是应该对履约行为进行实质性评价,行为人"出售"价格数倍高于成本价,从而认定行为人并未完全支付对价。但不得不说,案例中参照成本价认定行为人是否支付对价确有不妥,这有扩大诈骗罪打击范围的嫌疑,如前所述,参照市场价值更为公允。当然,对于明显高于市场价格的范围需要立法进一步明确。

综上所述,民事欺诈与刑事诈骗属于包容关系,民事欺诈与刑事诈骗的界分,实际上是民事欺诈内部划定刑事诈骗与不构成犯罪的民事欺诈之间的界分。最关键的标准是认定行为人是否具有非法占有目的。在认定非法占有目的时,需要依据法律规定,结合全案事实,对行为人的履行能力、履约意愿以及履约行为进行实质性评价,同时考察占有财物的处置情况,进行综合判断,排除其他可能性,谨慎作出认定。

刑事案件中的言词证据浅析

——辩护人视角看言词证据

□ 乔飞行[1]

一、言词证据的定义和种类

言词证据非法定概念,其属于证据种类的一种。基于此,本文将从我国的刑事立法实际出发,对证据的法定概念及种类进行分析,进而通过对证据种类进行归纳整理,进而得出本文所探讨的言词证据的定义和种类。

(一)证据的法定定义

我国《刑事诉讼法》第五十条对证据进行了明确的定义,即可以用于证明案件事实的材料都是证据。

基于此,我们可以总结出刑事证据的如下二元特征。

第一,明确的目的性,证据的目的就是用于证明案件事实。

第二,载体的客观性,证据借助一定客观载体予以呈现。

该二元特征是所有证据的"公约数"。

(二)证据的法定种类

《刑事诉讼法》对证据的法定种类作出了明确规定:

(1)物证;

(2)书证;

(3)证人证言;

(4)被害人陈述;

(5)犯罪嫌疑人、被告人供述和辩解;

---

[1] 乔飞行,北京京师(天津)律师事务所律师、律师中级职称、京师全国刑委会委员、中国法学会刑法学研究会会员、第八届天津律协刑法委员会委员、第九届天津律协企业合规委员会委员。

（6）鉴定意见；

（7）勘验、检查、辨认、侦查实验等笔录；

（8）视听资料、电子数据。

上述八类法定证据形式，为刑事证据的全集，言词证据作为证据的子集包含于其中。

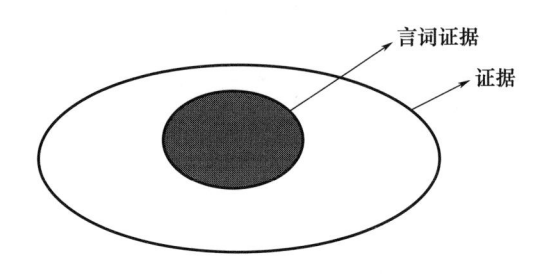

（三）证据的区分

言词证据属于证据，因此具备证据的明确目的性和载体的客观性，上述八类证据明确的目的性均为证明案件事实，以该维度无法进行区分，因此上述八种证据的区分仅剩下载体客观性一个维度。

物证的客观载体是物；书证的客观载体是书写内容；证人证言的客观载体为证人之语言；被害人陈述的客观载体为被害人之语言；犯罪嫌疑人、被告人供述和辩解的客观载体为犯罪嫌疑人、被告人之语言；鉴定意见之载体为书写内容；勘验、检查、辨认、侦查实验等笔录之载体为书写内容；视听资料、电子数据之载体为电磁波。

（四）言词证据的种类及定义

以载体维度进行归类，我们可以将以言语为载体的证据种类纳入言词证据的集合中来。

因此言词证据包含证人证言，被害人陈述，犯罪嫌疑人、被告人供述和辩解。而三者的区分在于主体身份的不同，三者均以语言为载体，三者均为证明案件事实。

为了更直观地表达，列表格如下。

证据种类	主体（人）	载体	目的
证人证言	证人	言语	证明案件事实
被害人陈述	被害人	言语	证明案件事实
犯罪嫌疑人、被告人供述和辩解	犯罪嫌疑人、被告人	言语	证明案件事实

因此,我们可以将言词证据定义为以人的语言为载体证明案件事实的证据。

可以将书证、鉴定意见、勘验、检查、辨认、侦查实验等笔录纳入书证的范围内。其因制作主体的不同而进行进一步区分。因本文主题限定不作展开讨论。

(五)言词证据在司法实践中的转化与形式

然而在司法实践中,司法机关对证人、被害人的询问笔录,对犯罪嫌疑人或被告人的讯问笔录,较普遍且广泛地存在于案卷当中,这类笔录属于哪种证据类型? 从证据的根源上属于证人、被害人、犯罪嫌疑人或被告人对案件事实进行的言语表述,因此司法实践中将其认定为证人证言、被害人陈述、犯罪嫌疑人或被告人的供述和辩解。但从上述证据的载体及呈现方式来看,询问笔录和讯问笔录属于司法机关从事司法活动的客观记录,应属于笔录类证据。而只有证人当庭作证,被害人当庭陈述,犯罪嫌疑人、被告人当庭供述和辩解才更符合言词证据特征中的以言词为载体及言词呈现的特征。

同时我们也应当注意,就证人、犯罪嫌疑人或被告人、被害人就案件事实进行的陈述说明时进行的录音录像,从证据类型上看更符合视听资料和电子数据特征,但在实际质证当中起到补强言词证据的作用。

特别说明:鉴于司法实践的认定及律师办案中遇到的大量笔录类言词证据,本文将询问笔录及讯问笔录等证据,作为证人证言、被害人陈述及犯罪嫌疑人、被告人供述和辩解来理解和使用。

二、言词证据的取得

言词证据的取得是指言词证据主体通过何种途径证明案件事实。其包含司法机关调查取得、自愿提供、辩护人调查取证三种形式。司法实践中,言词证据的取得以司法机关调查取证为主,自愿作证为辅,辩护人调查取证为补充。

无论以哪种形式获取言词证据,首先要明确言词证据主体身份,否则取证对象不明确,就无法获取客观真实的言词证据来证明事实。

同时,言词证据的取得要通过法定程序,尤其是司法机关在获取言词证据时,更应严格遵守法定程序。该程序包含取证时间、取证地点、取证方式、呈现形式。

(一) 主体身份

犯罪嫌疑人与被告人的身份因被司法机关认定而产生，不存在主体身份适当的问题。

但证人资格和被害人身份是否适当在办理案件当中经常存在争议。

1. 证人资格的取得

《刑事诉讼法》第六十二条第一款规定："凡是知道案件情况的人，都有作证的义务。"

该条款从正面限定了证人资格的取得，即必须是知道案件情况的人。相反，不知道案件情况的人，即便被司法机关询问了也不具备证人资格，不属于证人。

在办理的刘某犯利用邪教组织破坏法律实施罪当中，司法机关对刘某妻子张某进行询问，对刘某实施的违法行为是否知情，张某回答不知情。

在庭审时，法院以刘某妻子张某做过证为由，禁止张某进入法庭。

本例中，刘某妻子张某并不了解案情，因此不属于证人，即便对其进行了询问，因其不具备证人资格，也不能作为证人。不加辨别，就拒绝张某进入法庭旁听的行为，不合法。在司法实践中，被告人一般都经历了长时间的羁押，其家属在很长时间内不能见到被羁押人员。无特殊情况，开庭是家属与被羁押人从羁押开始的首次见面。从情感上讲，家属出席旁听法庭审理，对家属及被羁押人都是一次情感交互的良好机会，因此需要我们辩护人严格从法律规定出发，在可以排除家属证人资格的情况下，争取开庭会面的机会。

2. 证人资格的排除

《刑事诉讼法》第六十二条第二款规定："生理上、精神上有缺陷或者年幼，不能辨别是非、不能正确表达的人，不能作证人。"

该条款从负面否定证人资格，因生理、精神或年幼的原因，不能辨别是非、不能正确表达的人排除证人资格。

因此负面排除证人资格有两个条件：第一个生理缺陷、精神缺陷、年幼；第二个为不能辨别是非、不能正确表达。

上述两个条件所列举的类型为选择性即满足列举情况的任一既满足该条件，但两个条件是并列存在，同时满足才能排除证人资格。见下表。

条件二 & 条件一	生理缺陷	精神缺陷	年幼	符合两种及以上
不能辨别是非	排除证人资格	排除证人资格	排除证人资格	排除证人资格
不能正确表达	排除证人资格	排除证人资格	排除证人资格	排除证人资格
同时符合的	排除证人资格	排除证人资格	排除证人资格	排除证人资格

上表为排除证人资格的全集,因病理因素导致的不能辨别是非、不能正确表达的人是否排除证人资格呢?

例如:张三目睹残忍的案发过程,导致精神受刺激而不能辨别是非和正确表达。张三可否作为证人?

张三目睹了案发过程,因此张三了解案件事实,可以作为证人,张三因目睹案发过程而精神受刺激不能正确辨认和表达,张三属于病理[①]缺陷导致的不能正确辨认和表达,而非生理缺陷。因此不能排除张三证人资格,但张三因不能辨认和表达,不具备作证能力。但张三恢复作证能力后,可以继续作证。

这里注意区分证人资格和作证能力。作证能力问题下文述及。

3. 关于"年幼"的理解和适用

法条原文及司法解释并未对"年幼"进行界定,那么自然人可以分为成年人和未成年人,首先年幼不是成年人的范畴,那么就必然属于未成年人的范畴;再结合不能正确辨认和表达这一条件,可以将年幼界定为:未成年人无论年龄大小,只要能够正确辨认和表达即可作为证人。

4. 被害人身份

陈光中教授和樊崇义教授在他们各自主编的国内权威的刑事诉讼法教科书上给"被害人"下了定义,他们认为,被害人是指其人身、财产及其他权益遭受犯罪行为直接侵害的人。这里的"人"包括个人,也包括单位。[②]

基于上述概念,我们可以总结为以下特征。

首先,遭受犯罪行为直接侵害的人;这里包括自然人和法人及非法人组织。

从《刑事诉讼法》第一百零一条被害人提起刑事附带民事的权利,《刑事诉讼法》第一百一十条被害人报案的权利,《刑事诉讼法》第一百一十四条被害人直接起诉权,《刑事诉讼法》第二百四十五条赃款赃物及孳息发还被害人之权利的相关规定,我们可以得出被害人必须是犯罪行为直接侵害了其权利的人的结论。权利受到间接侵害的,不属于被害人。

例如,被告人赵某使用假身份证(其供述称因自己是某省人找工作不好找,故使用假身份证)应聘到某私营公司担任司机,上班第一天,因本公司车均外出,公司老总陈某为送一位重要客户,借好友于某的奥迪车(价值人民币35万元)并指派被告人赵某去送。赵某送走客户后,直接将车开回老家

---

① 病理,即疾病发生发展的过程和原理。也就是疾病发生的原因、发病原理和疾病过程中发生的细胞、组织和器官的结构、功能和代谢方面的改变及其规律。参见病理_百度百科(baidu.com)。

② 参见兰跃军:《刑事被害人人权保障机制研究》,法律出版社2013年版,第12—13页。

销赃。后案发,车已被起获。①

本案例中被害人如果是被告人任职的某私营公司,那么被告人构成职务侵占;被害人如果是车主于某,那么被告人赵某的行为构成盗窃。本案被告人基于雇佣关系和公司授权,对公司合法占有和使用的车辆,进行占有和使用,其间私自将车辆变卖的行为,直接侵犯了公司对该车辆的合法占有和使用权,间接侵犯了车主对该车辆的所有权,如果被害人为车主,对车主的直接返还侵犯了公司的合法占有,车主对车辆的返还权基于民法的合同关系。而公司对于车辆要求返还的权利基于犯罪行为侵犯了其合法权利。因此本例中,被害人为公司,而非车主。

其次,受到犯罪行为侵害。即实施侵害的行为必须是犯罪行为,否则没有在刑法领域讨论的必要性。

最后,合法权益受到侵害。即合法权益因犯罪行为而遭受侵害,非法权益遭受侵害不能成为被害人。

《刑事诉讼法》第二条规定刑事诉讼法的任务是保护公民的人身权利、财产权利、民主权利和其他权利,根据文义解释和常识常理,这些权利是被法律所保护的,那么必然是合法的,如果是非法权利,无法获得《刑事诉讼法》的保护。

只有同时满足上述三条件才能成为被害人,即取得被害人身份。

例如,张三的名表被李四窃取,后该表在李四处又被王五窃取。

在李四盗窃张三的案件中,因为李四的盗窃行为直接侵犯了张三的合法财产权利,因此张三是适格被害人。在王五盗窃李四案件中,王五的行为并未侵犯李四的合法财产权利,因此李四不属于被害人。张三是否属于王五盗窃李四案的被害人呢?答案是否定的,因为王五的盗窃行为并未直接侵犯张三的财产权利,而是间接侵犯,因此张三并非王五盗窃案件中的被害人,在王五案件中没有受害人。那么张三是否可以享有要求发还权呢?答案是肯定的,是基于作为李四案件中的被害人而享有对物品的追索,该追索及于后续的所有流转环节,善意取得除外。

5. 言词证据中作证能力的问题

当具备犯罪嫌疑人及被告人或被害人、证人等身份,不等于就可以获得言词证据,作证主体还存在作证能力的问题。

作证能力是指犯罪嫌疑人、被告人、证人及被害人就知道的案件事实进

---

① 参见柳波:《从几则案例析刑事案件中被害人的认定——以适用民事法规影响刑案被害人认定为视角》,载中国法院网,2008年6月3日,https://www.chinacourt.org/article/detail/2008/06/id/306304.shtml。

行可以被他人知晓的表达。当然表达的形式不应进行限定,只要能为他人知晓即可。

例如,在故意伤害案件中,被害人处于植物人状态,存在被害人身份,但被害人客观表达不能。因此无法获得被害人陈述。

证人作证能力的例子前文已经列举。

犯罪嫌疑人和被告人的作证能力问题,在接触的某案件中,被告人在羁押过程中,罹患失语症①,失去语言表达能力,是否具备作证能力呢?答案是肯定的,可以通过书写来表达自己的思想,为除自己之外的人知晓。不幸的是,本案被告人系文盲。此时是否可以作证呢?我们回答时不应忽略科技的进步。

1963年,霍金被诊断患有肌肉萎缩性侧索硬化症(ALS),之后全身瘫痪,不能说话,而唯一能动的地方只有两只眼睛和3根手指。1985年,因患肺炎做了穿气管手术,被彻底剥夺了说话的能力,演讲和问答只能通过语音合成器来完成;同年,先后在中国科学技术大学和北京师范大学访问。后创作完成了《时间简史》等众多理论著作并进行演讲②。其思想在世界范围内被广泛知晓并接纳。因此在科技和医疗技术的加持下,人类的思想的实现表达方式多元的同时,也为刑事诉讼理论带来了新的机遇和挑战。

更有近年来脑机接口③技术的发展,未来实现直接读取人脑思想可能不是幻想。或许在许久的未来,如知名科幻作家刘慈欣先生在《三体》中提及的思想钢印技术的实现,言词证据可能要加入思想是否被改造的审查了。

6. 单位的作证能力问题的探究

还需要多注意一点,单位可以作为犯罪嫌疑人、被告人或被害人、证人,但其是否具备作证能力?

单位出具的证明材料,尽管表面上看类似于言词作证的行为,但由于是以其记载的内容发挥事实证明作用,其性质上属于书证。

尽管我国《刑事诉讼法》并未明确说明单位能否做出言词证据,但结合民事诉讼法司法解释及最高人民法院观点及言词证据本身的属性,单位不具备言词证据能力。

---

① 失语症是指与语言功能有关的脑组织的病变,如脑卒中、脑外伤、脑肿瘤、脑部炎症等,造成患者对人类进行交际符号系统的理解和表达能力的损害,尤其是语音、词汇、语法等成分、语言结构和语言的内容与意义的理解和表达障碍,以及作为语言基础的语言认知过程的减退和功能的损害。参见失语症_百度百科(baidu.com)。

② 引自斯蒂芬·威廉·霍金_百度百科(baidu.com)。

③ 脑机接口(Brain-Machine Interface, BMI; Brain Computer Interface, BCI),指在人或动物大脑与外部设备之间创建的直接连接,实现脑与设备的信息交换。引自脑机接口_百度百科(baidu.com)。

（二）言词证据取得的法定程序

本部分主要围绕司法机关获取言词证据的法定程序进行展开,后根据法律规定对自愿作证程序进行论述,辩护人调查取证单独作为一部分进行论述。

1. 司法机关获取犯罪嫌疑人、被告人的供述与辩解法定程序

（1）取证时间

公安机关对被拘留的人,应当在拘留后的24小时以内进行讯问。

人民法院、人民检察院对于各自决定逮捕的人,公安机关对于经人民检察院批准逮捕的人,都必须在逮捕后的24小时以内进行讯问。

讯问时间不能连续,应保障犯罪嫌疑人、被告人的基本休息和饮食权利,不能疲劳审讯。

同一办案人员对各犯罪嫌疑人或被告人的讯问时间不能出现交叉。

同一办案人员讯问时间不能与证人或被害人询问时间存在重叠。

（2）讯问地点

一般刑事拘留前在派出所或执法办案中心,拘留后依据《刑事诉讼法》第八十五条之规定,应当立即将被拘留人送看守所羁押,至迟不得超过24小时。因此,如果被刑事拘留后或拘留后超过24小时后讯问地点不是看守所,可以要求办案机关进行原因说明。

未被采取逮捕或拘留的犯罪嫌疑人,讯问地点可以是犯罪嫌疑人所在市、县内指定地点或住所。

（3）讯问方式

讯问主体应为公安机关或人民检察院侦查人员,由两名侦查人员进行讯问。

讯问手续齐全,应有传唤证,口头传唤的在笔录中载明;在押的应有提讯证。

首次讯问时告知犯罪嫌疑人或被告人权利义务;一般有权利义务告知书附卷。

禁止采用胁迫、引诱、欺骗等非法收集的形式。

未成年人应当有法定代理人或其他人在场。

讯问聋哑人应当配备通晓聋哑语言的人在场翻译。

（4）呈现形式

对犯罪嫌疑人或被告人供述和辩解的取得以讯问笔录的方式呈现,讯问笔录应由犯罪嫌疑人、被告人进行核对并签字摁手印及书写时间;侦查人员应当签名。

讯问笔录的修改处应当由被讯问人签名摁手印。

可能被判处死刑、无期徒刑或重大刑事案件,应对讯问全程录音录像。

2. 司法机关取得证人证言的法定程序

(1)取证时间

询问应当单独进行。一般应当在工作时间进行,情况紧急的可以在其他时间进行。同一办案人员不能同时询问数个证人。

(2)作证地点

以现场询问或到证人所在单位、住所或证人提出的地点为原则,以到办案机关为例外。但司法实践中是以到办案机关为原则,到证人所在单位、住所为例外,在证人提出的地点进行询问实践中凤毛麟角。

环境对人的影响是不言而喻的,应当将对证人的询问地点放置在证人熟悉的环境中或证人选择的地点,以确保刑事诉讼法规定的证人权利的有效落实,并给证人营造良好的作证氛围,以便证人更加客观、真切地表达了解的案件事实。同时也可以避免司法机关工作人员凭借主场优势,抑制证人的依法自由表达。

(3)询问形式及呈现方式

证人证言同样以笔录形式呈现,只不过名称为询问笔录,其他同犯罪嫌疑人、被告人讯问笔录程序。

司法机关对被害人陈述的取得参照犯罪嫌疑人、被告人供述、证人证言适用。

在涉及未成年人言词证据取得时,应当通知法定代理人到场,法定代理人无法在场的,可以有其他成年亲属或所在学校、单位、基层组织或未成年人保护组织的代表到场。

精神病人作为限制刑事责任能力人,在言词证据取得时,是否需要法定代理人在场,我国法律及相关司法解释没有明确规定,司法实践中安排法定代理人在场。

在办理的吴某妨害公务罪案件中,经鉴定吴某案发时系限定刑事责任能力人,开庭时,法院通知吴某的法定代理人出庭参与庭审,但在侦查阶段讯问过程中并未通知法定代理人到场存在程序违法之嫌。

三、言词证据的证明内容

言词证据的证明内容为案件事实,案件事实包括哪些?刑事诉讼法司法解释第七十二条进行了列举型规定,不再详细列举,本文以言词证据为出发点,结合司法解释规定,并结合事物发展的逻辑规律,将言词证据待证事

133

实概括为六个方面,即指控行为发生的时间、地点、人物、起因、经过、结果。

为什么不说是犯罪时间、犯罪地点？我国《刑事诉讼法》确立了未经法院宣判不得确定任何人有罪的基本原则,因此宣判前均为涉嫌犯罪,而涉嫌犯罪意味着该行为是否构成犯罪需要法院裁判后得出最终结论,而在此之前直接将论证是否构成犯罪的条件冠以犯罪之名,存在违反法院定罪这一基本原则之嫌;更重要的是避免作为辩护人先入为主的携带属于"罪犯"偏见及俯瞰甚至鄙视当事人的态度,去办理案件,否则得出的结论有失客观。

（一）时间

此处时间是案件发生时间的简写,是指司法机关控诉犯罪嫌疑人或被告人实施指控行为的时间。自然时间具有确定性和不可逆性,决定了案件发生时间具有确定性和不可逆性。

但案件发生时间的确定性与自然时间的确定性并不完全相同,案件发生时间的确定性是司法认定的对定罪量刑有影响的犯罪行为发生的时段。而自然时间的确定性是两个时刻之间的间隔。

日常生活中对自然时间的表述,通过常用时间单位的使用进行确定性表达,这些单位一般为：年、季、月、日、时、刻、分、秒。

例如,医院宣布张三死亡时间为2013年12月13日23时09分50秒,为自然时间。

案件发生时间的表述司法认定所确定的时间,根据技术条件的限制,在自然时间的单位内寻找更小的单位表达。

例如,通过法医推断张三死亡时间在2013年12月13日22时—24时,为案件发生时间。这就已经达到案件发生时间确定的标准,我们不能以22时—24时无法进一步确定几时几刻几分而认为时候不清,这是司法技术条件限制,而非人为失误。

通过视频监控确认到张三死亡时间为2013年12月13日10时45分,为证据证明的案发时间,较推断死亡时间更为精确。

案件发生时间是对历史自然时间的追溯,根据技术条件限制和时间不可逆性,只有相对准确,无法绝对准确。

因此,在司法认定时间段内,可以排除其他合理怀疑,得出唯一结论,即达到案发时间证明标准。进一步耗费巨大的人力、物力去探索更小的时间单位,有没有技术可能是一方面,但其已经失去了法律意义和价值。

在办理的刘某职务侵占罪一案中,检察院指控刘某通过提供银行卡给同案梁某转移侵占款使用,参与职务侵占2000余万元,但经过阅卷和会见刘某了解到,银行卡是2013年提供给梁某的,而指控梁某实施职务侵占行为是2015—2016年,且银行卡交由梁某后,刘某对使用情况不知情。梁某与刘某系同学关系。

指控的第二点为检察院指控刘某2016年3月签署《划拨协议》方式配合梁某、李某实施职务侵占行为,并在2019年在诉讼中签订《证明》及《情况说明》协助职务侵占,但协议另一方所做的证言证实并未见过刘某,刘某的字是梁某代签的。且刘某不能确定是2016年是否签署过《划拨协议》,但记得2019年签署过书面文件,内容不记得。

本案中银行卡的交付自然时间是某年某月某日某时某分某秒甚至直到普朗克时间(理论上可观测最短时间),但对于认定本案的案件事实没有多大意义,从辩护角度和法律价值角度看,认定交付时间是在职务侵占时间之前,且无争议,就达到了认定案发时间的确定性标准。当然在案发时有争议,该争议影响到定罪量刑时,就争议的时间范围还需要进一步明确更小的时间单位才能达到确定性的标准。

刘某借卡行为发生在2013年,而梁某实施职务侵占的行为发生在2015—2016年,法律不可能要求刘某能预见未来发生的事情,因此向法院提出该指控违背时间不可逆的基本逻辑,不能成立。

指控点二,结合刘某自己签名的笔迹、证人证言及2019年进行民事诉讼中签署过文件的事实,可以得出刘某签字的时间是2019年进行民事诉讼时,此时梁某、李某的职务侵占行为已经完成,因此刘某不可能穿越时空加入指控的2015—2016年职务侵占行为当中去,因此刘某不属于职务侵占的共犯,但刘某的行为是否构成其他违法犯罪,应当由法律另行评价。

根据刑法理论,犯罪已经完成后,不存在加入犯罪的问题。因此刘某可能构成伪证罪或虚假诉讼罪的共犯,而非职务侵占的共犯,除非刘某穿越回犯罪未完成时。但基于辩护人身份和职责,不便向法院明说,因此辩护意见发表到"是否构成其他违法犯罪应当另行评价"为止。

在办理的于某、王某等六人非法拘禁罪一案,检察院指控于某、王某等六人为催收债务,跟踪被害人闫某长达48小时,在发现债务人陈某后,殴打陈某,后将陈某带至某山区进行恐吓7小时,后陈某支付部分款项后,报警。

我国《刑法》第二百三十八条第一款规定,非法拘禁他人或者以其他方法非法剥夺他人人身自由的,处三年以下有期徒刑、拘役、管制或者剥夺政治权利。具有殴打、侮辱情节的,从重处罚。

参照《最高人民法院 最高人民检察院 公安部 司法部关于办理实施"软暴力"的刑事案件若干问题的意见》的规定,有组织地多次短时间非法拘禁他人的,应当认定为《刑法》第二百三十八条规定的"以其他方法非法剥夺他人人身自由"。非法拘禁他人3次以上、每次持续时间在4小时以上,或者非法拘禁他人累计时间在12小时以上的,应当以非法拘禁罪定罪处罚。

参照《最高人民检察院关于渎职侵权犯罪案件立案标准的规定》第二部分第(一)条之规定,非法剥夺他人人身自由24小时以上的或非法剥夺他人人身自由,并使用械具或者捆绑等恶劣手段,或者实施殴打、侮辱、虐待行为的,应予立案。

因此非法拘禁罪至少要求剥夺人身自由12小时,或虽不够12小时但剥夺自由期间有殴打、侮辱、虐待情节的。

本案中经过当庭询问,各被告人在对陈某殴打的事前、事中均无非法拘禁的意思联络,将陈某拘禁期间未实施殴打或侮辱行为,拘禁时间仅4小时,因此提出各被告人对陈某不构成非法拘禁罪的辩护观点。

如果将殴打时间后置至拘禁期间,那么殴打行为将被纳入非法拘禁期间,无论拘禁时间长短,均构成非法拘禁。

(二)地点

此处地点是案件发生地的简称,是指司法机关指控被告人或犯罪嫌疑人实施违法犯罪的地点。

案件发生地从地理角度看是客观位置,所有案件的发生均需以客观位置为载体。但当案件发生地被法律赋予特定的历史和人文价值后,将不仅仅是客观位置及案件发生的载体,还是特定犯罪的入罪标准。例如,盗掘古文化遗址、古墓葬罪。

在办理的王某才等六人盗掘古墓葬一案中,对于案涉地点是不是古墓葬产生争议,尽管案涉地区被划定为省市级地下文物埋藏区,但不排除该区域内掩埋的非古墓葬的合理怀疑。且古墓葬的认定需要以司法评估鉴定机构的专业意见为依据。不能单以行政机关某区域的划定,作为认定标准。

(三)人物

此处人物是被指控实施违法行为的犯罪嫌疑人或被告人。

在共同实施数次或数个犯罪中,其中犯罪嫌疑人或被告人对指控的一起或多起案件是否参与容易产生异议。往往通过各方言词证据的真实性、合理性分析,来推断出是否参与其中。

(四)起因

起因是案件起因的简称,是案件参与人实施指控的行为起因,对于犯罪构成主观方面的故意过失的认定具有重要作用,同时在量刑辩护中,对于认定被害人过错减轻被告人刑事责任,同样存在巨大影响。

在上文提及的非法拘禁案例中,案件起因系陈某收取于某的工程款后,未全面进行施工,导致纠纷发生,后经派出所调解,陈某同意返还于某预付的工程款,后陈某失联。经多方查找无效,后于某组织王某等六人通过跟踪当时的施工负责人闫某,并由闫某联系后找到陈某。后殴打陈某,并通过拘禁方式索要欠款。

本案例中陈某承接于某工程并收取工程款后,未全面施工,在经派出所调解后,通过失联的方式,仍拒不返还剩余工程款。对于案件发生存在一定过错。

同时合法债务存在前提,排除了各被告人构成敲诈勒索、抢劫、绑架等更严重犯罪的可能。

(五)经过

案件经过是司法机关指控行为发生的全过程。包括准备、实施、完成等阶段,包含对行为性质的认定和转化。着重关注犯罪构成要件要素和罪轻罪重部分事实经过。

第一,案件经过对于确定犯罪形态即犯罪预备、犯罪中止、犯罪未遂、犯罪既遂具有重要作用。犯罪形态属于刑法概念,不再赘述。

第二,在实施过程中,我们更需要注意的是,实施行为的性质是否达到指控的犯罪行为的严重程度。

在办理的于某、王某等六人非法拘禁罪一案,检察院指控于某、王某等六人为催收债务,跟踪被害人闫某长达48小时。检察院将闫某列为被害人,认为六被告人对闫某实施的跟踪行为属于非法拘禁行为。

根据《刑法》第二百三十八条第一款关于非法拘禁他人或以其他方式非法剥夺他人人身自由之规定,非法拘禁行为是指拘禁他人或以其他方式达到剥夺他人人身自由的行为。

本案中,对闫某的跟踪行为是否达到了拘禁或剥夺自由的程度,是认定对闫某是否构成非法拘禁,以及闫某是否是被害人的关键。

很显然,跟踪行为与刑法规定的拘禁或其他非法剥夺他人人身自由存在着根本的区别,前者仅是限制他人人身自由,并未达到剥夺的程度。因此,不属于刑法规定的非法拘禁行为,限制他人自由属于治安违法行为。

第三,注意在案件发展过程中行为性质的转化的事实部分,在盗窃过程中,被发现,为逃跑而伤害他人,就可能构成抢劫。

(六)结果

案件结果是指行为导致的损害后果。

该结果的产生应当考虑与指控行为之间的因果关系。

四、言词证据的质证方法

言词证据的质证包含程序质证和证明内容质证。

（一）程序质证

程序质证就是解决言词证据主体是否适格,是否具备作证能力,能否作为证据,获取程序是否合法等。

前文有详细说明,不再赘述。

（二）内容质证

内容质证是对证明内容的真实性、客观性进行评判。

1. 内容质证的核心

内容质证的核心是犯罪构成要件事实,内容是六要素,方法是依据逻辑和常识常理,其过程笔者认为是单份质证、单人综合质证、所有言词证据交叉质证、全案证据综合质证,最终得出结论。

基本原则是紧紧围绕核心,依据常识常理和逻辑,来审核六要素。

2. 内容质证过程

（1）单份质证是对每份言词证据所涉及的六要素进行记录分析,是否存在矛盾之处。

单份言词证据所述六要素是否符合常识常理,是否客观真实全面,应排除猜测虚假成分,筛选出相对真实和客观的陈述部分。

（2）单人综合质证是对同一人所做的数份言词证据的六要素进行记录分析,是否存在矛盾之处。

同一案件事实只能有一个真相,单人数次陈述可能存在不一致的地方,该不一致是客观规律性的记忆偏差和在遗忘规律作用下引起的,还是虚假陈述、串供导致的。或是存在引诱、逼迫等非真实意思表达的作证。筛选出相对稳定和统一的陈述部分。

（3）所有言词证据交叉质证是对案涉所有言词就言词证据的六要素根据单份质证和单人综合质证进行交叉分析,是否存在矛盾之处。

围绕六要素,依据常识常理就单份质证和单人综合质证进行逻辑推理,就矛盾点进行严密论证,选取与排除事实陈述都可以得到合理解释。

（4）全案证据综合质证是将所有言词证据交叉质证得出案件事实的结

论后,与在案其他证据进行合并论证,排除合理矛盾或怀疑,就案件事实得出客观唯一的结论。

(5)单份质证、单人综合质证、所有言词证据交叉质证、全案证据综合质证依次进行,如果存在矛盾或不合理处,应当进行全部言词证据的交叉质证及与其他证据的混合质证。

3. 人格否定制度的实践探索

证人人格否定即通过对证人品行的展示促使法庭对证人所做的证言的效力产生怀疑,不予采信。

目前我国尚未对该问题进行立法规定。实践中如何否定证人人格,下面笔者以处理的张某盗窃案中对受害人人格的否定方式,来供大家实践中参考。

在张某盗窃案中,被害人陈述电动车购置价为 3600 余元,但无法提供其他证据进行作证,鉴定机构出具评估报告车辆价值为 2650 元。经查询类似车辆价值 1200 元左右。如何质疑被害人价格部分陈述?

被害人称:"2017 年 7 月 13 日 2 时许吃完饭,我回到环科中路打算骑着我的电动车回家,发现我的电动车不见了,然后我就打了一个车回到我在二街村的暂住地,早上五点多我起床正打算去上班,我出门正往公交站走的时候,发现我的电动车就在二街村的一户人家门前停着呢,然后我就打电话报警了,警察来了后我和警察一起守着我的电动车看谁会骑,等到 6 点多,一个体型较胖的男子骑着我的电动车出去了,民警当场就把那名男子抓获了。"

第一,被告人张某与被告人吴某取得电动车后将电动车放在屋里而非被害人所述的门前。

第二,被告人居住地某公寓有院墙和大门,且不临大路,该公寓晚间锁门,且从公寓的大门及小门往里望去均不能看到被告人的屋门。被害人靳某如何看到被告人门前停放的自己的电动车?

第三,且被害人陈述与常理不符,一个正常人,盗窃所得的物品怎么可能招摇地放在门前,让别人发现?

综上,辩护人认为被害人靳某在公安机关所做的上述证言不能排除虚假的可能。鉴于被害人靳某陈述存在虚假可能,因此其陈述电动车购买市价在没有得到其他证据佐证的情况下不足以采信。

五、律师调查取证的实践

在办理张某盗窃案中,经过再次深入细致阅卷辩护律师发现价格评估报告附有涉案电动车照片,照片显示"新飞 ilove,后轮泥挡上显示'某车行',电话号码不可辨识"。当"某车行"这几个字被发现和辨识出来时,辩护律师觉得这里可以作为一个突破口。于是，在网上迅速搜索"某车行"，经查询发现该车行确实真实存在，并查到该车行位置。

让家属去某车行，以购车的名义询问新飞电动自行车的价格，店主的答复是一千多元，不到两千元。并索取了店主电话。与后轮泥挡上号码比对匹配度较高，综合上述信息和情况可以认定为同一号码。

以何种方式向店主了解电动车情况并固定证据？既要固定证据向检察院提供，又不能泄露案情，同时出于自我保护排除教唆作伪证的嫌疑，也不能让店主有所防备不配合，否则前功尽弃。

电话录音？微信截图？以什么样方式与店主沟通？

经过梳理，辩护律师通过添加店主微信，以亲戚买了涉案车型，推荐购买的名义咨询店主，店主以网上不宜报价为由邀约到实体店面谈，经过沟通，店主告知该电动车价格为一千多元。为了进一步核实，以亲戚购买时价格3650（失主报价），为什么差距这么大？店主告知可能电池不一样。

将上述聊天记录与店主微信主页截屏保存。

上述证据是否能够作为使检察机关对鉴定报告合理性产生怀疑的证据呢？

经过分析辩护人认为不能够，原因如下：第一，电动车不一定是在某电动车行买的，失主可能通过其他途径购置。第二，某电动车行并未进行准确报价，什么样的电池价格高，高的是多少钱，涉案电动车为铅酸电池究竟值多少钱？第三，没有强力证据证明失主说谎，且失主关于价格的证言有鉴定结论为依据。

但是综合上述证据可以让我们辩护律师内心产生确信：本案电动车价值可能为一千多元，评估报告可能不客观、不准确。

结合网络查询价格，某车行店主的回复，被害人存在说谎，鉴定报告程序瑕疵等，足以使检察机关对评估报告的客观性和真实性产生合理怀疑。

后为了确保上述证据更具有说服力，以证据线索的形式向司法机关提出调查取证申请，让司法机关进一步核实。

后司法机关找到家属问：谁让你找店主的？家属回答：我自己网上查的。家属将该情况告知后莫名心惊。

但最终检察院以证据不足，对张某作出不起诉决定。

六、结语

现实生活纷繁复杂，笔者的认识存在局限，兹砖瓦之作，不当谬误之处，望读者不吝赐教，能为读者略作启发，心愿已满，不胜欣慰！

浅析交通事故中的主体责任

□ 肖玉超[①]

一、案情回顾

(一)案件经过

程某某和其女儿乘坐飞机到北京后,通过滴滴平台预订了一辆快车模式的网约车回家。几分钟后任某某驾驶网约车接到程某某和其女儿,程某某女儿首先从右侧上车,然后程某某从左侧上车,就在程某某右腿刚迈上车,左腿还在地上的时候,司机误以为乘客已全部上车,突然启动车辆,程某某失去重心,摔倒在地,最终导致程某某左侧髋骨骨折,后被诊断为十级伤残。车辆在保险公司投保有机动车交通事故强制责任保险和机动车第三者责任商业险,并且网约车的车主并不是任某某,而是刘某某,刘某某当天因为有事遂请任某某代开。经查网约车实际驾驶人任某某无驾驶资格,程某某和司机因与保险公司未能协商一致诉至法院。

(二)抗辩理由

保险公司认为本次事故属于乘客在上下车时发生的交通事故,程某某属于车上乘客,并非第三者,因此交强险和商业三者险都不予赔偿。

程某某和司机认为程某某的身份虽然是乘客,但是事故发生的时候程某某还没有上车,仍然属于"第三者",应当由保险公司赔偿。

(三)争议焦点

争议焦点主要集中在事故发生时程某某是车外人员还是车上人员的问题。

[①] 肖玉超,中共党员,北京京师(天津)律师事务所律师,北京京师(天津)律师事务所青工委理事。

（四）审理结果

法院经审理认为，本次事故发生时，司机驾驶的车辆由保险公司承保交强险，故应当首先由保险公司在交强险限额内对程某某的合理损失予以赔偿。根据程某某与司机的当庭陈述，此次事故发生时程某某尚未完全进入车辆，非车上人员，故对保险公司的意见不予采纳。车上人员是指在保险事故发生瞬间位于机动车驾驶室或车厢内的人员。根据双方认可的事实，程某某在车辆启动时尚未完成上车动作，此时由于司机的不当操作导致程某某被启动的车辆带倒受伤，因此认定程某某非车上人员符合事实。

二、法理分析

（一）主体资格的形成

这是一起比较简单的交通事故案件。作为一起交通事故案件，原告之所以可以要求被告承担民事责任，首先就是原告是交通事故案件中适格的主体，即主体具有合法资格。此外，被告之所以需要承担责任，也是因为其具有合法资格。所以，能否成为适格主体是当事人是否承担责任首先需要讨论的问题，故分析交通事故中的主体责任问题，一定要首先分析主体资格是否形成。

交通事故的责任主体具体包括两类：第一类是自然人。（1）必须达到法定年龄；（2）必须心智健全，能够承担自己行为的法律后果。作为交通事故案件的责任人必须是适格主体，应具有民事行为能力，限制民事行为能力人、无民事行为能力人均不能作为交通事故中的责任主体。很明显，本案中作为原告的程某某达到了法定责任年龄，并且心智健全，具有完全民事行为能力，是交通事故中的合格的责任主体。

第二类是法人。法人是依法成立的，具有民事权利能力和民事行为能力，依法独立享有民事权利和承担民事义务的组织。在这起交通事故案件中由于司机投保了交强险和商业三者险，因此，保险公司对于事故发生应承担赔偿责任；由于保险公司就是法人，它是适格主体，具有承担事故责任的能力，因此可以作为这起交通事故中的被告。

（二）主体身份的认定

交通事故案件中原被告主体身份的认定对于分辨谁承担主体责任、谁接受赔偿具有决定性作用，所以在探讨交通事故中的主体责任时需要辨别主体身份,准确认定原被告。

1. 原告主体身份的认定

交通事故中主体身份的认定影响着交通事故中主体责任的承担及保险公司的赔付。尤其是"第三人"与"车上人员"的界定显得尤为重要,对案件的追责及赔偿有着重要意义。

《机动车交通事故责任强制保险条款》第五条规定,交强险合同中的受害人是指因被保险机动车发生交通事故遭受人身伤亡或财产损失的人,但不包括被保险机动车本车车上人员、被保险人。《中国保险行业协会机动车辆商业保险示范条款》第三条规定,本保险合同中的第三者是指因被保险机动车发生意外事故遭受人身伤亡或者财产损失的人,但不包括被保险机动车本车车上人员、被保险人。第四条规定,本保险合同中的车上人员是指发生意外事故的瞬间,在被保险机动车车体内或车体上的人员,包括正在上下车的人员。

从上述规定能够看出,无论是交强险还是商业三者险,都将"车上人员"排除在承保范围之外,其承保风险仅限于机动车运行的"外部风险",但就是因为这种文字表述使得某些情况下第三者与车上人员可能存在交叉转化,而认定身份对日后理赔产生的差距非常之大,所以"车上人员"与"第三者"的身份认定具有重要意义。

司法实践中,认定受害人属于"车上人员"还是属于"第三者",法院采取的基本思路或者说原则就是必须以受害人在交通事故发生时是否身处事故车辆之上为依据进行判断,在车上即属于"车上人员",否则即属于"第三者"。这样判断的原因在于,机动车作为一种交通工具,为人们的出行提供便利,任何人不能永久置身其中,这就决定了机动车保险合同所涉及的"车上人员"和"第三者"均是在特定时间空间情形下的临时性身份,而非永久和固定不变的身份,二者是相对概念而非绝对概念,可以因特定时空条件的变化而相互转化。而以受害人在交通事故发生时是否身处事故车辆之上为依据进行判断,可以最大限度地尊重客观实际,符合公平正义的司法原则。在认定"车上人员"与"第三者"时应遵循"近因原则",近因原则是判断保险事故与保险标的的损失之间的因果关系并确定保险赔偿责任的基本原则。所谓"近因"是指引起保险事故发生的直接、最有效或者起决定作用的原因,而保险理赔须遵循近因原则,司法实践中近因原则也已成为判断保险人应否承担保险责任的一个重要标准。近因原则其实就是根据受害人在引发事故的"近因"出现时所处的空间位置("近因"出现时受害人是否出现事故车辆之上)来进行判断。这需要首先确定事故的近因是什么,然后再确定近因发生时受害人所处的空间位置,这样就能判断出受害人到底属于车上人员还是第三者。界定"车上人员"还是"第三者"还要看"介入因素",如果没有"介入因素"或者"介入因素"没有中断因果关系,那么引起受害人受伤的最近的没有逻辑中断的原因就是近因,此时作为最近原因的根源性事件发生时,受害人所处的空间位置就是判断受害人处于车上还是车下的基准点。

交通事故中判断介入因素是否中断因果关系,应从以下几个方面入手。

(1)避免被首因效应误导。首因效应是指个体在社会认知过程中,通过"第一印象"最先输入的信息对客体以后的认知产生的显著影响作用。易言之,客体给人的"第一印象"会持续而深刻地影响人们对该客体其他方面的评价,并且使人们忽略与"第一印象"冲突之处,即使冲突的评价更准确。在有介入因素的案件中,先前危害行为位于介入因素之前,会首先进入人们的视野。此时,人们通常会进行"如果没有先前危害行为,一切都不会发生,介入因素也不可能出现"的假定推理,从而将先前危害行为认定为源头性的原因。可以说这种推理是标准的条件判断,其在逻辑上并没有错误,但是其作用显然只限于确定因果关系是否存在,而没有评判先前危害行为与介入因素对危害后果影响力大小的功能。如果不能避免首因效应的影响,先前危害行为对危害后果的影响力就会因其在先的位次而被不当地扩大,覆盖介入因素的真实影响力,可能会得出所有介入因素都不中断因果关系的错误结论。可见,此时交通事故之中源头性的原因还不能称之为近因,在没有考虑介入因素的情况下,还不能据此把发生根源性事件时受害人所处的位置作为判定受害人是"车上人员"还是"第三者"的依据。本案中原告程某某上车过程中,因驾驶员观察情况不够,径直启动车辆,导致原告被甩出车外,摔倒受伤。其中驾驶员观察情况不够而突然启动车辆最先发生,这一事件直接引发了之后原告程某某跌落地面受伤的事件。这些前后发生的事件不仅存在连续的因果关系,而且无任何逻辑中断,亦无介入因素,因此本案中驾驶员观察情况不够而突然启动车辆这一根源性事件是造成事故发生从而导致原告程某某受伤的近因。根据近因原则,在驾驶员观察情况不够而突然启动车辆时作为"时间点",在此时此刻原告的"空间位置"即原告程某某还在车外,未完成上车动作,程某某当时所处的空间位置相对于车辆而言系在车外,亦即其未进入车辆的车体内,不属于事故车辆的车上人员,其与肇事车辆形成"相对第三者"的关系,应认定为被保险车辆以外的人员,保险公司应当在交强险及机动车第三者责任强制保险限额范围内承担保险责任。

(2)判断介入因素的可预见性。行为人基于自己的行为,有可能并且应当预见特定的介入因素会出现。换言之,介入因素与已经完成的行为具有通常的附随性,并不是异常情况。如果将上述交通事故案件拓展一下,假设程某某摔倒在地受伤后,对面正好开来一辆轿车,与程某某第二次碰撞,两次碰撞共同作用,导致程某某十级伤残,髌骨骨折。很明显,第二次碰撞行为就是这起交通事故的介入因素。第二次碰撞这个介入因素并不产生中断根源性事件造成程某某人身损害的因果关系的效果。因为,如果在公路上被摔伤,公路车水马龙,难免会有第二次碰撞,第二次碰撞这个介入因素是可以预见的;相反,如果程某某在摔伤后被闪电击中造成十级伤残则是不能预见的,属于异常情况,其足以中断因果关系。判断介入因素的可预见性,其实也是考察行为人的主观责任和介入因素的独立性。当介入因素可预见时,归责于行为人才符合主客观相一致的原则。如果介入因素可预见,也表明其并不完全独立,而是依附于先前危害行为,其和先前危害行为仍是一个松散的整体。此时,仍由行为人对危害后果负责也具有正当性。

（3）判断介入因素对危害后果作用力的大小。判断因果关系,本质上是判断危害行为对危害后果有无作用力。对单一因果关系而言,有作用力即代表危害行为是造成危害后果的全部作用力,因而应认定为具有因果关系。本案中程某某的伤害是任某某的行为造成的,属于单一因果关系。而复合因果关系中,先前危害行为、介入因素对危害后果均有作用力,但都不是全部的作用力,此时应当区分作用力的大小。当介入因素对危害后果的作用力明显更大时,其就足以中断先前危害行为与最终危害后果的因果关系。假设程某某摔倒受伤时只是轻微倒地,并无大碍,但是对面来的车由于没有来得及刹车,撞到了程某某,第二次碰撞对程某某伤残结果的作用力明显更大、更直接,此时就不应由任某某对程某某伤残的后果负责。当然,由于程某某在介入因素出现前也有一定的损伤程度,所以对这一危害后果仍应承担相应责任。

2. 被告主体身份的认定

本案中由于车辆投保了交强险和商业三者险,因此保险公司作为被告毋庸置疑,但是此案中涉及网约车的所有人刘某某和实际使用人任某某,还有网约车平台这几方主体,他们如何承担主体责任有待进一步推敲。

（1）车辆所有人和使用人分离的责任主体

① 主体分离的归责原则

现实生活中,因租赁、借用等情形,使机动车所有人、管理人与使用人不是同一人的情况较为常见。如果将车辆租赁或出借给他人,一旦发生交通事故,应由哪个主体承担责任,需要确立一个基本原则,如使用人驾驶机动车发生交通事故,在机动车所有人、管理人存在过错的情况下,该所有人或管理人应承担的过错责任是按份责任还是连带责任？

对此,《民法典》第一千二百零九条就机动车所有人、管理人承担责任的方式作了规定,《最高人民法院关于审理道路交通事故损害赔偿案件适用法律若干问题的解释》第一条就具体的过错情形作了规定。

《民法典》第一千二百零九条确立了基于租赁、借用等合意行为致使使用人与所有人、管理人分离时，认定机动车交通事故赔偿主体的一般原则："因租赁、借用等情形机动车所有人、管理人与使用人不是同一人时，发生交通事故造成损害，属于该机动车一方责任的，由机动车使用人承担赔偿责任；机动车所有人、管理人对损害的发生有过错的，承担相应的赔偿责任。"本条规定了车辆使用人承担责任，所有人或管理人承担过错责任的归责原则，延续了原《侵权责任法》所有人与使用人责任承担的规定。

那么在什么情形下能认定机动车所有人、管理人对损害发生有过错呢？《最高人民法院关于审理道路交通事故损害赔偿案件适用法律若干问题的解释》第一条对此作了列举式规定："机动车发生交通事故造成损害，机动车所有人或者管理人有下列情形之一，人民法院应当认定其对损害的发生有过错，并适用民法典第一千二百零九条的规定确定其相应的赔偿责任：

（一）知道或者应当知道机动车存在缺陷，且该缺陷是交通事故发生原因之一的；

（二）知道或者应当知道驾驶人无驾驶资格或者未取得相应驾驶资格的；

（三）知道或者应当知道驾驶人因饮酒、服用国家管制的精神药品或者麻醉药品，或者患有妨碍安全驾驶机动车的疾病等依法不能驾驶机动车的；

（四）其他应当认定机动车所有人或者管理人有过错的。"

从上述法律及司法解释的规定看，在租赁、借用等车辆使用人与所有人、管理人不一致的情形下，是由机动车使用人作为直接侵权人承担赔偿责任，机动车所有人或管理人承担的是"相应责任"，该相应责任是与其过错相适应的按份责任，而非连带责任。连带责任因其可加重侵权人的责任，法律对此有严格的规定，在有明确规定的情形下，才可适用连带责任，即侵权连带责任法定原则。

通过该条可以看出，所有人或管理人的过错主要体现在对车辆适驾性的管理义务及对使用人选任的注意义务。该条关于管理义务方面的过错主要表现在负有管理义务的所有人或管理人应当确保机动车适合行驶，如果知道或应当知道驾驶人不具有驾驶资格或驾驶人存在依法不能驾驶机动车的情形，就不得允许其驾驶，否则就具有过错。本案中任某某借用刘某某的车，而任某某没有驾驶资格，可以说刘某某未尽到资格审查、监督管理职责，对于案涉事故的发生存在过错，属于上述司法解释规定的应承担责任的情形。

随着互联网的发展，网约车作为新型生活方式逐渐走进人们的生活，并成为人们出行的主要选择之一。为了保障司乘人员安全、维护交通秩序，国家相关部门出台的《网络预约出租汽车经营服务管理暂行办法》规定，从事网约车经营车辆要有营运证，司机也要持有网约车驾驶员证，"车证""人证"齐全才可以从事载客运营。但任某某无视规定，在未取得相关证件情况下便开始运营，造成交通事故。其不仅违反了道路交通相关规定，还违反了网约车相关的法律法规，从网约车相关规定而言其也要为自己的行为"买单"。

② 理论分析

当机动车所有人和使用人分离的情形下，发生事故时，由机动车使用人承担赔偿责任，车辆所有人对损害发生有过错的，承担相应的赔偿责任，该条的法理基础主要为"风险开启理论"和"风险控制理论"，具体指开启、控制和支配某一危险源的人应该对该危险源对他人造成的损害承担责任，运行中的机动车对周围环境具有高度危险性，机动车所有人、管理人和使用人均不同程度地影响该"危险源"，故均可能成为侵权责任的承担主体。机动车所有人将车辆出租或出借后，即丧失了对该车辆的实际控制力，而机动车的承租人或使用人，实际支配和控制车辆并享有运行利益，即车辆使用人具有"运行支配"和"运行利益"并由机动车使用人开启了机动车这个"危险源"，故车辆使用人系首要责任承担主体。机动车所有人由于未尽到资格审查、监督管理的义务，间接地对"运行中的车辆"这个"危险源"产生影响，因此机动车所有人仅在过错的情形下承担相应责任。

（2）网约车平台能否成为责任主体

① 网约车主体承担责任的标准

"运行支配"与"运行利益"作为判定的基准，且运行支配并不限于对运行自身存在现实的、直接的支配，而是只要处于能够对机动车的运行下达指示、管理、控制的地位即可。在传统法学理论界与司法实务中均认可"运行支配、运行利益"双重标准理论。

我国目前关于认定"机动车保有人"的主要标准是"运行支配"与"运行利益"理论，这在2009年的我国《侵权责任法》第五十条、第五十二条中已有体现。那么，网约车平台和司机，二者谁才是"机动车保有人"？按照目前国家对于网约车的规制情况，平台不仅负有对于司机的管理义务，而且在网约车运营过程中有合理监督义务，因此可以认定平台对网约车具有支配力，故而可以认定网约车平台对网约车这个"危险源"具有"运行支配"。网约车平台是网约车运营行为事实上的组织者、主导者、管理者。就"运行利益"而言，虽然司机从每一个订单中直接获取比平台更大的利益，但是也无法忽视平台在众多网约车订单中可获得相当的收益。由此可以认定，网约车平台对于网约车也符合"运行利益"这个标准。事实上平台公司经营行为的本质是提供运输服务,而不是软件服务,平台公司的业务收益来源主要是网约车司机运送乘客服务取得的对价。平台承担责任的原因在于它具有运行支配和收益的特性,所以,平台是"机动车保有人",平台担当的是承运人角色。

网约车驾驶员的运输行为来自网约车平台的"派单",网约车平台系"危险开启者"。网约车平台公司根据消费者对网约车驾驶员的评价"派单",在"派单"时对网约车驾驶员明确目的地,直接向约乘人收取费用,将费用的一部分支付给网约车驾驶员,网约车平台处于"运行支配"地位。同时,网约车平台从每一次的行程费用中抽成,可以说明网约车平台享有"运行利益"。综上,网约车平台公司被认定为"机动车一方"是符合逻辑的。本案中,网约车平台和车辆使用人任某某一样均符合"运行支配"和"运行利益",故网约车平台在交通事故案件中应当与网约车驾驶员任某某承担连带责任。但是车辆所有人刘某某因为不符合"运行支配"标准,所以只在其未审查驾驶员任某某驾驶资格的过错范围内承担相应责任。

② 网约车责任主体分类

其一,"专车"模式。"专车"由网约车平台自主经营,网约车平台是车辆保有人及承运人,若"专车"司机在运营过程中对乘客或第三人造成人身或财产伤害,网约车平台作为用人单位(车辆保有人)应当根据我国《民法典》第一千一百九十一条承担无过错侵权责任。网约车发生交通事故时,对于乘客和受害第三者而言,在"专车"模式下,平台作为用人单位承担替代性赔偿责任。发生交通事故时,驾驶员如果从事驾驶公司指派的网约车工作,应属职务行为,其后果应由网约车公司承担。依据交通事故责任认定书,在司机对交通事故的发生承担全部责任或主要责任的情形下,由于司机是直接侵权人,具有明显的主观过错,司机的行为对损害结果的发生具有直接因果关系,应赋予网约车平台在承担赔偿责任后对网约车司机的追偿权。

其二,"快车"模式。"快车"司机多为私家车主("私家车主+私家车"模式)。此种情况就是案例中的情况,案件中受害人程某某乘坐的就是"快车"模式的网约车,此时由于机动车所有人是刘某某,但网约车平台和实际使用人任某某符合理论界和司法实践均认可的"运行支配"和"运行利益"双重标准,所以此时由网约车平台和实际使用人任某某承担连带责任,机动车所有人刘某某在未尽到注意义务的过错范围内承担相应责任。

③ 理论分析

确定网约车交通事故中的损害赔偿责任分配,主要有如下几点依据。一是报偿理论,即"谁享受利益,谁更应该承担风险"的原则。二是危险控制理论,危险的制造者或管控者应当承担行为致害后果预见义务和行为致害后果避免义务,即"谁能够控制、减少危险,谁更应该承担责任"的原则。三是危险分担理论,即网约车交通事故是伴随现代互联网技术发展而产生的风险,应当由享受现代文明的全体社会成员分担其所造成的损害。平台作为一个责任承担主体,其赔付能力远远强于司机,由其承担赔偿责任在很多情况下可以较为有效地解决纠纷,也可以激励平台更好地管理司机。

第一,平台公司获益的同时应承担与其收益相对应的责任。网约车平台从司机的接单中提取一定的费用,平台的营业收入来源于司机的收入分成,而非信息费的支付。私家车司机虽有接单自由,但其所获收益要与平台分享,两者之间的居间合同产生的雇佣关系存在经济性。平台公司通过灵活雇佣的幌子,规避用工成本,获取广大网约车司机的"隐性劳动"价值,实现集聚资本,达到盈利的目的。同时,平台公司还获得网约车运营活动中产生的大量数据资源,从而进一步获取经济收益。因从事营利性事务而获得利益者,对于因其危险性经营行为发生的损害应负赔偿责任,从而内部化其经营行为可能引发的负外部性。所以这符合"报偿理论",网约车平台享有利益,就应当承担责任。

第二,平台是网约车运营的组织者和管理者,网约车平台公司在一定程度上具有避免损害发生的能力。网约车平台公司是"线上缔约,线下履约"的开启者和管理人,"互联网+"的网约车模式使得平台具有一定的风险控制能力,平台公司事前能对网约车车辆的适驾性、司机的资质条件进行有效审查;事中能对司机线上线下一致性进行审查,对所提供的附加服务承担安全性保证,建立异常情形快速发现、处置机制;事后能对数据备份管理制度进行优化和完善。让平台对消费者的损害承担赔偿责任,也能促使平台加大对风险管控行为的投资,有效减少网约车交通事故的发生。例如,某些平台能从"驾驶时长、车速、加速、转弯、刹车"五个维度监测司机驾驶行为。对于网约车司机疲劳驾驶问题,相对于其他主体而言,平台公司能以较小的防范成本避免风险的发生,且快捷方便。网约车平台公司应当规定每位司机每天打开使用网约车软件的工作时间限制,超过规定时间范围上限,即行断开网约车软件的服务。平台通过事前审查、事中监测、事后处置机制能有效地控制、减少危险,所以平台应承担责任,这符合"危险控制理论"。

第三,平台公司提供网约车服务的行为与损害结果之间具有法律上的相当因果关系(原因力)。相当因果关系的判断标准是行为对损害发生可能性的提升程度是否具有相当性。相当性具有程度的不同,责任的量应与相当性之程度相适应。平台与司机是损害发生的共同原因,亦应共同防范损害发生。就避免损害的能力而言,司机直接掌握着方向盘,是否发生交通事故,司机的因素更具有决定性,这些因素包括司机的技术水平、司机的驾驶风格(平稳或者激进)、司机对交通规则的熟悉程度。以疲劳驾驶为例,司机是否处于疲劳驾驶状态,司机比平台更清楚。平台多数情况下无法判断司机是否疲劳而采取有效措施。就此而言,司机自己具有一定避免损害的能力。相当因果关系的判断,在结构上有"条件关系"和"相当性"两个步骤。第一步"条件关系"采用的是"若无该行为,则无此损害",即"若无法则"。第二步"相当性"的判断模式是:若有该行为,通常会产生该损害。正是因为网约车平台开启了各种网约车运营模式,乘客基于对网约车平台的信任而下单接受运输服务,如果在网约车提供运输服务过程中遭受人身或财产损害,网约车平台提供的服务与乘客受损之间虽然不具有直接因果关系,但具有相当因果关系。

第四,损害分散与保险制度。从事危险事务者,一般具有较强的负担损害赔偿的能力。相对于网约车司机而言,平台公司相对具有较强的负担损害赔偿的能力,对于购买商业保险能进行更加理性的考量。显然,法律对于网约车司机(劳动者)和消费者的保护,应当优先于对平台公司的保护。此种论点认为企业主体可借价格机制将风险转移给消费者承担。由平台承担相应责任,那么网约车的风险可以集中到平台,而平台公司完全可通过价格机制(服务收费的定价、费用的抽成比例)将风险转移给消费者、网约车司机承担,实现风险分散。这体现了"风险分担理论",平台通过价格机制将风险分担给消费者、网约车司机等社会成员。

(三)主体的主观动机

在交通事故案件中各方主体的主观动机关系着交通事故案件的定性,从而对于主体责任的承担有着重要影响,所以探讨交通事故中的主体责任必须分析主体的主观动机。

1. 主体的故意

(1)责任主体被告的事前故意

本案中如果驾驶员任某某并不是认为程某某已经上车然后才开的车,而是在得知程某某正要上车故意突然启动机动车将程某某甩开,导致程某某摔倒在地上,那么驾驶员任某某的行为性质就发生了变化。如果经鉴定程某某受的伤是轻伤以上,那么任某某的行为有可能定性为故意伤害罪;如果驾驶员故意碰撞其他车辆造成事故就有可能构成故意毁坏财物罪,或者是危险驾驶罪。这就已经超出了民事责任的范畴,直接触犯了刑法,要受到刑事制裁。同时值得注意的是,驾驶人故意撞他人的,保险公司不予理赔。因为法律规定如果投保人、被保险人故意制造保险事故的,保险人有权解除合同,并且不承担赔偿或者给付保险金的责任。

依据是《保险法》第二十七条:未发生保险事故,被保险人或者受益人谎称发生了保险事故,向保险人提出赔偿或者给付保险金请求的,保险人有权解除合同,并不退还保险费。

投保人、被保险人故意制造保险事故的,保险人有权解除合同,不承担赔偿或者给付保险金的责任;除本法第四十三条规定外,不退还保险费。

保险事故发生后,投保人、被保险人或者受益人以伪造、变造的有关证明、资料或者其他证据,编造虚假的事故原因或者夸大损失程度的,保险人对其虚报的部分不承担赔偿或者给付保险金的责任。

投保人、被保险人或者受益人有前三款规定行为之一,致使保险人支付保险金或者支出费用的,应当退回或者赔偿。

(2)责任主体被告的事中故意

本案中如果驾驶员任某某意识到原告程某某还没上车,只是前面突然闯入一辆机动车,为了避免和前面的机动车发生碰撞从而突然开车结果将程某某甩出,并造成其摔伤。毋庸置疑,这属于紧急避险的范畴。

紧急避险需要符合三个条件:首先,险情急迫且客观存在。本案中,如果驾驶员任某某没有突然启动所驾驶车辆,其就会与迎面而来的机动车造成剐蹭、碰撞和人员损伤,而这种损失显然比突然启动机动车造成程某某受伤更大。造成更大损失的险情是即时的、紧迫的,而不是臆想的。其次,不得已采取躲避行为。为了避免造成更大的损失,双方在交会的一瞬间,不得已采取了突然启动机动车进行躲避的行为。最后,紧急避险造成的损害小于必要的限度。被告故意采取的突然启动机动车的避让行为对彼此造成的伤害小于未采取避让行为时极有可能发生的两车直接剐蹭、碰撞和人员伤亡的损失。

(3)责任主体被告的事后故意

第一,逃逸行为的主观动机理论分析。

本案中如果程某某被撞成重伤,任某某为了躲避法律责任而故意逃逸,导致程某某因为抢救不及时而死亡的后果,任某某就有可能构成交通肇事罪。在交通肇事案件中,交通肇事后故意的逃逸行为既含有其字面之意,但同时更受到主观动机的限制。从《关于审理交通肇事刑事案件具体应用法律若干问题的解释》(以下简称《解释》)第三条来看,最高人民法院是将肇事人逃逸的主观动机限定为逃避法律追究,在司法实践中,各司法机关也是以此为标准,将逃逸与一般的逃跑行为区别开来。

首先,在理论根据上,逃逸之所以作为犯罪情节规定在交通肇事罪中,主要是因为,交通肇事罪本是过失犯罪,刑法对肇事人的处罚已相对其他故意犯罪的处罚要轻,如果交通事故发生后,肇事人不顾现场伤员或损坏的物品,逃离现场,或者简单对伤员或损坏物品做出处理后,为逃避法律追究而逃跑,而司法机关对肇事人的处罚仍停留在过失的基础上,处以交通肇事罪基本刑,则将使肇事人在逃逸过程中所表现出来的主观恶性及社会危害性得不到刑法调控,罪刑相适应原则得不到贯彻。其次,在现实根据上,逃逸所带来的必然是交通事故危害的进一步扩大和案件处理过程的延迟,必然会导致司法资源的极大浪费。只有将逃逸行为设置成交通肇事罪的加重情节,才能通过加重处罚的方式,宣告、警示肇事人不要逃逸,从而发挥刑罚的预防和教育作用。最后,在义务来源上,《道路交通安全法》明确规定,肇事人在发生道路交通事故后,首要义务是救助伤者,严禁肇事人在肇事后逃逸。那么,刑法在以人为本的时代背景下,将逃逸作为交通肇事罪的加重处罚情节,其初衷也必然是出于对被害人权益的保护。

综合以上几点,笔者认为,交通肇事后逃逸,肇事人的主观动机应该有两个方面:一是逃避法律追究;二是置被害人所受伤害等损害事实于不顾,逃避救助义务。根据这两种动机,肇事人所表现出来的逃逸行为也应该体现在两个方面:一是交通肇事后,肇事人为逃避法律追究,畏罪潜逃;二是交通肇事后,肇事人置被害人所受伤害等损害事实于不顾,为逃避救助义务,逃离现场。《解释》将肇事人逃逸的主观动机限定为逃避法律追究,表面上这种限定有可能使人产生是在缩小逃逸的调控范围,是一种过度追求司法资源节约的表现的错觉。但其实在司法实践中逃避法律追究应作扩大解释,抢救伤者和财产既是行政义务亦是刑事义务。《解释》中"为逃避法律追究"是行为人逃逸行为的主观目的,法律追究不仅包括刑事法律追究,也应包括民事法律追究、行政法律追究,所以逃避法律追究经过法理学上的扩大解释,将逃避民事、行政、刑事的各种义务同归于逃避法律追究。

第二,交通肇事后逃逸行为的认定。

交通肇事后的逃逸行为毋庸置疑是一种事后故意,交通肇事逃逸行为所侵犯的客体不同于交通肇事罪的客体。交通肇事罪所侵犯的客体是不特定多数人的生命、健康和财产安全,即交通肇事罪的犯罪行为可能侵害的对象和可能造成的危害结果是无法受行为人的主观意志支配,也是事先无法预料的。而交通肇事逃逸行为所侵犯的客体是特定的生命、健康和财产安全。笔者认为认定"交通运输肇事后逃逸"必须符合以下条件。

条件之一:交通肇事后逃逸以行为人客观上构成交通肇事罪为前提条件。

《解释》第二条第一款和第二款第(一)至(五)项规定的情形,指的是构成交通肇事罪的情形,是交通运输肇事后逃逸的前提条件。如果行为人的行为发生了交通事故,但情节轻微,或负次要责任、同等责任、无人员伤亡、无重大财产损失等,则不构成交通肇事罪。这种情况下,行为人若主观上认为后果严重,自己已构成犯罪,为逃避法律追究而逃跑的,不应认定为"交通运输肇事后逃逸"。原因很简单,"交通肇事逃逸"属于情节加重犯,当属于"加重犯"的一种,是和基本犯相对应的。因此,必须在行为符合基本犯的基础上,具有加重处罚的情节,由刑法加重其刑罚。如果认为不论肇事行为是否构成犯罪,只要行为人肇事后逃逸就可以以"交通肇事逃逸"为由,判处三年以上七年以下有期徒刑,显然和第一个罪刑阶段相比较,是不符合罪刑一致原则的。但需要注意的是,只有当交通肇事致一人以上重伤,负事故全部或主要责任的情况下,"交通肇事后逃逸"的情节才可以作为定罪情节使用。

条件之二:交通运输肇事后逃逸以行为人为逃避法律追究为主观目的条件。《道路交通安全法实施条例》第九十一条规定:"公安机关交通管理部门应当根据交通事故当事人的行为对发生交通事故所起的作用以及过错的严重程度,确定当事人的责任。"第九十二条规定:"发生交通事故后当事人逃逸的,逃逸的当事人承担全部责任。但是,有证据证明对方当事人也有过错的,可以减轻责任。当事人故意破坏、伪造现场、毁灭证据的,承担全部责任。"《解释》中"为逃避法律追究"是行为人逃逸行为的主观目的,法律追究不仅包括刑事法律追究,也应包括民事法律追究、行政法律追究,即包括:①民事人身、财产损害赔偿义务;②五项行政义务;③抢救伤者和财产的刑事义务。所以交通肇事后,行为人负有上述三类义务,为逃避任何一类义务,在主观上都具备了应受刑法加重追究刑事责任的主观要件,都是逃避法律追究。

在实践中需要注意以下几种情况:①如果肇事者离开事故现场径直到公安机关投案,不影响事故认定,且事故损失没有明显扩大的,则不宜作为逃逸处理;但肇事者离开事故现场后,途中因害怕被加重刑事责任而到公安机关投案或打电话报警的,或者电话报警后逃离事故现场的,仍应当认定为逃逸。②如果肇事者离开事故现场系为抢救伤员,则不宜作为逃逸处理;但肇事者如果将伤者送至医院后,没有报警并接受公安机关处理,而是为逃避法律追究逃离的,应当认定为逃逸,但可以酌情从宽处罚。③肇事者逃离现场后,让他人顶替的行为,本质上是一种逃逸行为,同时指使他人作伪证的行为妨害了司法机关正常诉讼活动,此行为比一般逃逸行为危害性更大,应认定为交通肇事逃逸并从重处罚;但如果肇事者事故后让他人顶替,但本人未离开事故现场,可酌情予以从宽处罚。

条件之三:行为人必须明知发生交通事故。

犯罪行为是行为人有意识的行为,有意识的行为是行为人在对客观事实明知的基础上进行的有意识的选择活动。从前面的分析可知,行为人逃逸的目的是逃避抢救义务或者法律责任的承担,如果行为人对发生了交通事故这一客观事实缺乏主观的认识,那么行为人的动机就无从谈起,无疑,这种客观行为将因为行为人认识内容的缺失而难以成为加重责难的理由,否则就是客观归罪。"过失犯罪中最重要的是没有回避该结果,没有采取回避结果的手段",而"对结果的认识、预见,结果的回避是一个统一的过程"。

第三,交通肇事逃逸的处罚。

首先应该进行责任认定,按照《道路交通安全法实施条例》的规定,当事人逃逸或者故意破坏、伪造现场、毁灭证据,使交通事故责任无法认定的,应当负全部责任。在交通事故中,肇事司机可能无责任或只有部分责任,但如果逃逸,导致交通事故责任无法认定,司机就要负交通事故的全部责任。根据《民法典》和最高人民法院《关于审理人身损害赔偿案件适用法律若干问题的解释》的规定,赔偿费用要根据交通事故情况和责任来认定:少则几千元,多则上万元甚至于几十万元,如果肇事车辆投保了第三者责任险,发生交通事故后,赔偿时保险公司有先予支付的义务。但如果肇事车辆逃逸,按《保险合同》约定,保险公司将不再承担保险责任,车主要承担全部的赔偿费用,甚至还要承担刑事责任。刑事处罚中,因按照《道路交通安全法》规定,对造成交通事故后逃逸的司机,首先无论其造成交通事故后果的大小,公安交管部门都将吊销其机动车驾驶证,且终生不得重新取得。

第四,交通肇事逃逸的归责原则。

交通肇事逃逸归责原则,其具体内容如下。

① 事故因当事人逃逸,而无法认定当事人责任的,无论事故各方的实际责任如何,均推定逃逸方承担全部责任;

② 事故一方当事人逃逸,事故的认定结果是双方均无责任即意外事故的,逃逸方承担全部责任;

③ 事故一方当事人逃逸,事故的认定结果是逃逸方有安全违法行为或驾驶有错误,他方没有过错的,逃逸方负全责;

④ 事故一方当事人逃逸,事故的认定结果是事故当事人双方均有责任,在确定过错比例的基础上适当减轻逃逸方的责任。

(4)交通事故主体原告的事前故意

如果原告故意撞向机动车发生交通事故,那么就是我们俗称的"碰瓷","碰瓷"本质上是发生交通事故之前当事人就具有讹诈的主观故意,依据《刑法》,"碰瓷"往往涉嫌故意毁坏财物罪、诈骗罪、敲诈勒索罪。

当事人故意制造交通事故使对方全责进而骗取不知情的对方保险公司的保险赔款,貌似保险诈骗罪,但是保险诈骗罪是身份犯,嫌疑人必须为投保人、被保险人、受益人。而利用不知情的对方,向对方的保险公司骗保,不符合保险诈骗罪的主体构成要件。所以不构成保险诈骗罪。但是当事人以非法占有为目的,采用虚构事实、隐瞒真相的方式,骗取保险金,数额较大,构成诈骗罪。同时,由于故意撞车制造交通事故的手段行为,亦触犯了故意毁坏财物罪,所以当事人构成了诈骗和故意毁坏财物的牵连犯。如果实施"碰瓷"故意制造交通事故,进而利用被害人违反道路通行规定或者其他违法违规行为相要挟的,依据《刑法》第二百七十四条规定应以敲诈勒索罪论处。

2. 主体的过失

交通事故通常是过失造成的,交通肇事罪在刑法中属于过失犯罪,在整个法律体系中,交通事故的主体责任是比较清晰的,法律对于过错程度、责任大小、赔偿比例均给予了明确规定。但如果双方均无过错,即主体均无过失,那么就是意外事件,双方均不承担责任。本案中驾驶员任某某主观上认为乘客程某某已经上车,因此才突然启动车辆,导致程某某摔伤,这不是故意,而是过失,但其具有一定的过错,所以应当承担赔偿责任。

按照《道路交通事故处理程序规定》第七章第一节道路交通事故认定的规定,交通事故主体责任分为全部责任、主要责任、同等责任、次要责任。

(1)全部责任。一方当事人的违章行为造成交通事故的,有违章行为的一方应当承担全部责任,其他方不承担事故的责任。

(2)同等责任。双方当事人的违章行为共同造成交通事故的,作用相当的,双方负同等责任。

(3)主次责任。双方当事人的违章行为,共同造成交通事故的,违章行为在交通事故中作用大的,一方负主要责任,另一方负次要责任。

(4)三方以上当事人的违章行为共同造成事故的,根据各自违章行为在交通事故中的作用大小划分责任。

(5)推定责任。

第一,当事人逃逸或者故意破坏伪造现场,毁灭证据,使交通事故责任无法认定的,应当负全部责任。

第二,当事人一方有条件报案而未报案的或者未及时报案,使交通事故责任无法认定的,应当负全部责任。

第三,当事人各方有条件报案而均未报案或未及时报案,使交通事故责任无法认定的,应当负同等责任。但机动车与非机动车,行人发生交通事故的,机动车一方应当负主要责任,非机动车,行人一方负次要责任。

机动车之间发生交通事故,造成人身伤亡和财产损失的,按下列原则对当事各方的总损失进行调解:

(1)当事人负全部原因责任的,承担100%的赔偿责任;

(2)当事人负主要原因责任的,承担70%的赔偿责任;

（3）当事人负同等原因责任的，承担50%的赔偿责任；

（4）当事人负次要原因责任的，承担30%的赔偿责任。

机动车与非机动车、行人之间发生交通事故，造成人身伤亡、财产损失的，由保险公司在机动车第三者强制责任保险（以下简称第三者保险）限额内予以赔偿。超过第三者保险限额的部分，由承担全部原因责任的机动车一方承担总损失100%的赔偿责任。

对有证据证明非机动车、行人有过错的，机动车一方在承担自身全部损失后，按照下列原则确定赔偿比例：

（1）机动车一方负主要原因责任的，应承担非机动车、行人一方70%赔偿责任；

（2）机动车一方负同等原因责任的，应承担非机动车、行人一方50%赔偿责任；

（3）机动车一方负次要原因责任的，应承担非机动车、行人一方30%赔偿责任；

（4）机动车一方无原因责任的，应承担非机动车、行人一方20%赔偿责任。

无第三者保险的机动车与非机动车、行人发生交通事故，造成人身伤亡、财产损失，非机动车、行人一方无过错的，由机动车一方承担总损失100%的赔偿责任。

对有证据证明非机动车、行人有过错的，机动车一方在承担自身全部损失后，按照下列原则确定赔偿比例：

（1）在高速路、快速路等封闭道路上发生交通事故的，由机动车一方承担非机动车、行人一方50%的赔偿责任。

（2）在其他道路上发生交通事故的，由机动车一方承担非机动车、行人一方60%的赔偿责任。

3. 交通事故主体责任的免除

以下几种情况均是主体缺乏交通事故的主观动机从而导致主体责任的免除。

（1）执行职务时引起的交通事故免除主体责任。执行职务行为导致损害的发生，本来就是行为人职责范围内的事，不必承担交通事故责任，例如警察在追捕的过程中，用警车将嫌疑人撞倒、撞伤。无疑这也是一种交通事故，但追捕逃犯本来就是警察的职责，所以警察不必对嫌疑人承担交通事故责任。除此之外，救护车在救护伤员途中发生交通事故，消防车在前往救火途中发生交通事故，工程救险车在救险途中发生交通事故等视情节，都不应承担交通责任。

（2）正当防卫引起的交通事故免除主体责任。与交通事故损害有关的正当防卫应满足以下条件：

第一，正当防卫行为必须是为了防止国家、公共利益、本人或他人的合法财产和人身权益免受损害，例如，一出租车行驶在狭窄的山路上，遇一辆农用车相向开来，这辆农用车故意挤压，以迫使出租车靠路边停下，突然出租车司机发现农用车乘坐的几个人均手持刀械。出租车司机认为这伙人有不良企图，便利用自己良好的车技趁机加速驶离，农用车因躲闪不及滑向路边水库翻倒，交警在事故处理时查明，农用车内人员确系预谋抢劫的当地地痞，此时出租车为保护自己的权益采取的行为就属于正当防卫，不应承担刑事责任，但是对保护非法利益不适用正当防卫，如为避免盗抢汽车被追回撞伤车主等。

第二，正当防卫造成的交通事故必须针对不法侵害，对于合法的扣押、没收等职务行为，不得进行"正当防卫"。

第三，交通事故中的正当防卫应在不法侵害正在进行时，如果驾驶员把准备上车的乘客假想为抢劫者，进行了防卫造成了交通事故，则不被免责。

（3）不可抗力引起的交通事故免除主体责任

"不可抗力"是指不能预见、不能避免、不能克服的客观情况。不可抗力既包括自然力量，如山崩、海啸、台风，也包括社会力量，如战争、暴乱。其中，"不能预见"是指依据现在的科技发展水平难以预见（对于高速交通运输作业人员，应以谨慎的具有专业技术知识的人的认知标准来确认其是否能够预见，还需要考虑各种客观条件对当事人认知能力的限制），不能避免、不能克服是指该不可抗力的发生具有必然性或者根据事件发生时的客观情况，当事人已经尽了最大努力，采取了一切可以采取的措施，仍不能避免损害结果的发生，"客观情况"是指该不可抗力的性质是事件而非人的行为。所以当车辆驾驶人员遭遇无法预见、不能避免、不可克服的自然灾害或重大社会事变等因素造成交通事故的，不承担事故责任。

（四）主体的行为

在交通事故中被告的侵害行为本质上属于侵权行为，这是显而易见的，但是深究起来到底是一般侵权行为还是特殊侵权行为，值得商榷。由于交通事故案件中的主体行为的性质决定了归责原则并且影响主体责任承担的大小，因此讨论交通事故中的主体责任一定要探讨主体的行为。

1. 交通事故侵权行为的性质

道路交通事故侵害属于整个侵权行为类型之一种，根据造成交通事故主体的不同，可分为如下几种类型：机动车与非机动车、行人间伤害；机动车之间的伤害;非机动车驾驶人和行人相互之间的伤害。对于道路交通事故的性质究竟属于一般侵权行为,还是属于特殊侵权行为,理论界存在不同的看法。前一种观点认为,道路交通事故与一般侵权行为在性质上没有本质区别,认为其责任原则应当适用普通侵权行为责任原则,即适用过错责任原则;而后一种观点则认为道路交通事故属于特殊侵权行为,属于高度危险活动侵害,其责任原则应当适用严格责任原则或者无过错责任原则。双方争论的焦点在于对交通事故危险性质的不同认识。笔者认为要想正确阐明交通事故的危险性质,真正厘清交通事故行为本质,则应当根据交通事故的不同类型分别进行研究,因为责任主体为不同类型的交通事故其侵害性质并不相同。

根据上面的分类可知,非机动车驾驶人和行人相互之间发生的交通事故虽然发生在交通道路上,属于交通法的规范范围,但事故侵害活动的危险性与一般传统侵权行为没有根本区别,此种侵权责任的归责原则应当适用《民法典》的普通原则即过错责任原则,故没有单独研究的意义。而机动车与非机动车、行人间以及机动车之间发生的交通事故,就其行驶活动的危险性而言,具有一定的特殊性。这两种交通事故伤害的主要发生力都在机动车,而机动车本身的运行特点是大体积、高速运动、大动力、机械电子操作,结果表现为事故发生之大量性、事故损害之严重性、事故损害之不可避免性。笔者认为,道路交通事故的危险性质因事故类型的不同而不同,表现出一定的多样性,由非机动车驾驶人和行人之间发生的交通事故表现为一般侵权行为性质,而由机动车引发的交通事故表现出一定的特殊性,所以是特殊侵权行为,而这种特殊性影响了对其责任原则的适用。

2. 交通事故侵权行为的归责原则

《道路交通安全法》将无过错责任原则作为交通事故损害赔偿的归责原则,但是其中也体现了过失相抵原则和优者危险负担原则,也就是说在《道路交通安全法》中实行的是以过失相抵原则和优者危险负担原则为主,以无过错责任原则为辅的归责体系,《民法典》"被侵权人对同一损害的发生或者扩大有过错的,可以减轻侵权人的责任"的规定,《道路交通安全法》第七十六条第一项"机动车之间发生交通事故的,由有过错的一方承担赔偿责任;双方都有过错的,按照各自过错的比例分担责任"的规定,就是过失相抵原则的体现。所谓优者危险负担,是指在受害人具有过失的情况下,考虑到双方对道路交通安全运行注意义务的轻重,按机动车辆危险性的大小以及危险回避能力的优劣,分配交通事故的损害后果。具体而言,在机动车与行人之间,两者在行使通行权方面的地位事实上是不平等的,相对于机动车而言,行人明显处于弱者地位,由于机动车比行人危险性大,其注意义务就应当重,这样在承担民事责任时,机动车的所有人或使用人在同等条件下承担的责任更重。因此,在机动车与行人之间发生的交通事故中,如果机动车方无过错而行人具有完全过错,机动车的所有人或使用人依优者危险负担原则不能免责,而只能主张过失相抵减轻自己的责任。《道路交通安全法》第七十六条第一款第二项关于"机动车与非机动车驾驶人、行人之间发生交通事故,非机动车驾驶人、行人没有过错的,由机动车一方承担赔偿责任;有证据证明非机动车驾驶人、行人有过错的,根据过错程度适当减轻机动车一方的赔偿责任;机动车一方没有过错的,承担不超过百分之十的赔偿责任"的规定,就是优者危险负担原则的体现。

(五)主体的损害结果

由于交通事故一般都是过失造成的,因此损害结果对于主体责任的生成至关重要,作为一种侵权行为,损害结果是侵权行为成立的条件之一,下面笔者谈一下责任主体造成的损害结果。

1. 责任主体造成损害结果的表现

(1)人身损害:人身损害是道路交通事故对人格利益的有形损害。侵害公民的身体权、健康权、生命权,其人格利益的损害为有形损害。这种有形损害,首先表现为自然人的身体、健康损伤和生命的丧失。当违法行为作用于受害人的物质性人格权的时候,受害人所享有的作为物质性人格权的客体的人身权益将受到损害,造成伤害或死亡。人身利益是人之所以为人的物质条件,维持生命,维护人体组织完整和人体器官正常机能,是享有民事权利、承担民事义务的物质基础。这种利益的损害,破坏了人体组织和器官的完整性及正常机能,甚至造成生命的丧失,因而在外在形态上是有形的。本案中程某某髌骨骨折、鉴定为十级伤残就属于人身损害。

(2)精神损害:精神损害是指对民事主体精神活动的损害。道路交通事故侵害自然人的人身权,造成的自然人生理、心理上的精神活动和自然人维护其精神利益的精神活动的破坏,最终导致精神痛苦和精神利益丧失或减损。精神损害的最终表现形式,就是精神痛苦和精神利益的丧失或减损。

(3)财产损害:财产损失是指能够以货币单位计量的财产价值的减少。交通事故给他人造成的财产损失,应包括因交通事故造成的直接损失和间接损失。

2. 损害结果的定性

(1)轻微事故

轻微事故是指一次造成轻伤1—2人,或者财产损失机动车事故不足

1000元,非机动车事故不足200元的事故。本案中程某某髋骨骨折、鉴定为十级伤残,从法律上讲构成轻伤,即本案属于轻伤1人,损害结果可定性为轻微事故。

(2)一般事故

一般事故是指一次造成重伤1—2人,或者轻伤3人以上,或者财产损失不足3万元的事故。

(3)重大事故

重大事故是指一次造成死亡1—2人,或者重伤3人以上10人以下,或者财产损失3万元以上不足6万元的事故。

(4)特大事故

特大事故是指一次造成死亡3人以上,或者重伤11人以上,或者死亡1人,同时重伤8人以上,或者死亡2人,同时重伤5人以上,或者财产损失6万元以上的事故。

(六)主体的诉讼时效

1. 主体诉讼时效的一般情况

交通事故的诉讼时效是自事故发生之日起3年内。交通事故案件只有在诉讼时效内肇事者才承担主体责任,所以可以说诉讼时效和交通事故的主体责任是息息相关的。本案中程某某应在交通事故发生之日起3年内主张权利,提起诉讼等,否则就是怠于行使诉讼权利,可能会承担不利后果。

第一,轻微交通事故以事故发生之日开始计算时效期间。因为现实生活绝大多数的交通事故属于轻微事故,这类事故事实往往比较清楚,受害人的财产损失比较小、受伤比较轻,事故认定书一般当场或5日内就制作出来并送达给当事人。自当事人收到《事故责任认定书》之日起,诉讼时效开始起算。

第二,对于受害人身体受到伤害比较严重,需要住院治疗,甚至需要后续治疗的,诉讼时效应自治疗终结之日或损失确定之日起算。没有构成残疾的以治疗终结之日开始计算;构成残疾的,以伤残评定之日开始计算诉讼时效。

第三,经过交警部门调解,调解未达成协议的,公安机关应制作调解终结书并送达当事人,诉讼时效自当事人收到调解终结书之日起算;调解未达成协议,公安机关未制作调解终结书的,诉讼时效自调解失败之日起算;调解达成协议,但当事人不履行的,自调解书中写明的履行期限届满之日起算。受害人死亡的,自送达事故认定书之日起算。

第四,伤害当时未曾发现,后经检查确诊并能证明是由侵害引起的,从伤势确诊之日起算。

第五,器官功能恢复训练所必要的康复费、适当的整容费以及其他后续治疗费,自实际发生后起算。

第六,侵权人、赔偿义务人不明的案件,以明确侵权人以及赔偿义务人之日起算。

2. 主体诉讼时效的特殊情况

(1)主体诉讼时效的中断

第一种情况:提起诉讼。起诉的性质为权利人主张权利之保护。基于这一性质,应对提起诉讼作扩张解释,使其不仅包括权利人向法院起诉的行为,而且包括权利人具有同样性质的其他行为,如向有关行政机关提出保护权利的请求、向法院申请强制执行、向清算人申报破产债权等。但权利人起诉后又自行撤诉,或因起诉不合法定程序被法院驳回的,不构成提起诉讼,因而不能使诉讼时效中断。

第二种情况:权利人主张权利。指权利人于诉讼外主张其权利的意思表示,可向义务人、保证人、义务人之代理人或财产代管人、调解委员会作出,其效力并无二致。权利人主张权利是其行使权利的行为,不合诉讼时效制度制裁怠于行使权利者之本旨,因而使诉讼时效中断。

第三种情况:义务人认诺。即义务人对权利人作出表示,承认其权利的存在,愿意履行义务。这种表示使当事人间的权利义务关系重新得到确定,使诉讼时效失去适用理由,因而使时效中断。义务人对权利人的认诺表示,可以各种方式作出。义务人以口头或书面的形式对权利人或其代理人作出通知、请求延期给付、提供担保、支付利息或租金、清偿部分债务等的行为,在法律上皆构成认诺。

(2)主体诉讼时效的中止

案件主要当事人、关键证人处于抢救状态或者因其他客观原因导致无法及时取证,而现有证据不足以认定案件主要事实的,经上一级公安机关交通管理部门批准,道路交通事故认定的时限可中止计算,并书面告知当事人,但中止的时间最长不得超过60日;当中止认定的原因消失,或者中止期满受伤人员仍然昏迷或者死亡的,公安机关交通管理部门应当在5日内,根据已经调查取得的证据制作道路交通事故认定书或者出具道路交通事故证明。

三、结语

随着市场经济的发展、互联网等新媒体技术的进步,交通事故案件的责任主体也呈现多元化的趋势,如共享车辆的责任主体如何认定、滴滴快车等网络平台在交通事故中承担什么样的角色,租赁、借用车辆交通事故赔偿主体责任如何界定,分期付款购买的车辆主体责任怎么划分、机动车挂靠情形下主体责任如何分担等。另外,根据主体的动机不同,承担的主体责任也不尽相同,法律根据主体的过错程度明确规定了承担主体责任的大小,这对司法实践时的主体责任认定有重要意义,此外还有一些交通事故中的主体责任的免责事由,同样决定着责任主体赔偿的走向。

  最后笔者想说的是交通事故的频繁,直接带来生命的安全、财产的损失,所以笔者认为人们在日常生活中一定要重视交通安全,希望每个人都不会成为交通事故的责任主体从而承担主体责任。让我们共同行动,人让车,让出一片温情、让出一片秩序;车让人,让出一片安全,让出一片理解。在这个世界上,只有人与车相互谦让,才能尽可能地避免交通事故的发生,减少伤亡的人数,珍爱宝贵的生命!

网课等视频作品中的信息网络传播权的侵权认定

□ 冯　帅[①]

一、案件背景

随着科学技术的发展以及人们生活习惯的改变,网络已经成为大众获得知识的重要途径之一,其中在一些泛娱乐休闲网络视频平台中不乏会出现为传播知识的教学类视频。然而,每一个打着"知识分享"的旗号而上传视频的行为,是否可以如他们所想的那般随心所欲呢？是否侵犯了他人的知识产权呢？如果存在侵权行为,视频平台与实际上传人之间如何来做责任划分呢？确定好责任的分配比例之后,如何进行赔偿数额的确认呢？笔者在这里通过案例与大家一同探讨。

二、案情简介

本案经过一审、二审、再审,双方争议较大。在案情简介中以一审过程中的双方当事人的身份信息进行事实层面的描述,其中原告为高某教育出版社有限公司(以下简称高某教育出版社),被告为深圳市腾某计算机系统有限公司(以下简称腾某计算机公司)。

1. 高某教育出版社提供其与清华大学及涉案课程建设团队就课程"电路原理"签署的《中国大学资源共享课知识产权保障协议》,欲证明其对涉案课程"电路原理"享有独家信息网络传播权。高某教育出版社提供自己的"爱课程"网站上"关于网站"的介绍,欲证明"爱课程"网站是"中国大学精品开放课程"的唯一官方网站;提供"爱课程"网站上"知识产权声明",欲证

---

① 冯帅,北京京师(天津)律师事务所律师,四级律师,专注于文娱行业常年法律顾问及知识产权。持有演出经纪人员资格证、中国中小企业协会协调中心调解员、京师律所女律师工作委员会副秘书长、京师律所(全国)青年律师工作委员会委员、"A Preliminary Introduction of Entertainment Law"中英双语娱乐法浅析主题沙龙主讲人。

明其未授权任何单位和个人传播"中国大学资源共享课";提供爱课程网站上涉案课程的内容,欲证明涉案课程在其"爱课程"网站的内容。

2. 高某教育出版社提供涉案课程作者百度百科资料,欲证明涉案课程的作者在学术界具有很高的知名度;提供教育部的一系列文件和各大媒体平台的相关报道,欲证明涉案课程属于国家级精品资源共享课,课程的影响范围广泛,影响力大。

3. 高某教育出版社提供公证书,欲证明腾某计算机公司在腾讯网(www.qq.com)中播放涉案课程,且此行为构成侵权;提供工信部网页截图,证明腾讯网(www.qq.com)与被告腾某计算机公司的关系。

4. 腾某计算机公司提供涉案课程上传者"武汉精品在线某某有限公司"的账号信息、营业执照、法定代表人身份证照片及承诺书等,欲证明涉案课程是由入驻的机构上传,自己只是网络服务提供者。

三、争议焦点

1. 涉案课程权属的认定,即原告是否有权提起本案诉讼。
2. 被诉侵权的事实认定。
3. 涉案行为是否侵犯了信息网络传播权,即是否满足侵权行为的构成要件。
4. 涉案侵权行为的责任如何划分及责任承担方式。
5. 赔偿经济损失的具体数额如何认定。

四、法院观点

（一）一审法院认为

第一,高某教育出版社享有涉案课程的网络信息传播权,有权就本案提起诉讼。高某教育出版社就涉案课程与清华大学及涉案课程建设团队签订了《中国大学资源共享课知识产权保障协议》（编号：共享课2014032号），协议中明确约定共享课"电路原理"为职务作品,著作权由清华大学享有,署名权由课程建设团队成员享有,独家许可高某教育出版社享有涉案课程的信息网络传播权以及在网络环境下复制、发行、修改、汇编、翻译、广播上述课程内容等权利,授权地域范围为中国及世界范围内,权利许可仍在有效期内。协议中又约定,在合适情形下,高某教育出版社有权再许可本协议外第三方在具有相同目的的信息网络传播平台、电视台上使用和传播本共享课基本资源。上述"合适情形"和"具有相同目的的信息网络传播平台、电视台"仅限于具有公益目的的传播活动或形式,且符合"本科教学工程"精神和规定的使用与传播方式。"爱课程"网站(网址:http://www.icourse.cn)由高某教育出版社主办,是"中国大学精品开放课程"的唯一官方网站,涉案课程为"爱课程"网站上的内容,高某教育出版社未授权其他单位和个人传播该课程。一审法院认定,高某教育出版社经合法授权,取得涉案课程在授权期间的独占专有信息网络传播权,并有权就信息网络传播权领域进行维权。

第二,侵权行为确已发生。高某教育出版社提交(2015)京国立内证字第12598号《公证书》、(2017)京国立内证字第689号《公证书》及当庭拆封并打开运行勘验以上公证书所附电子光盘、(2016)京国立内证字第5280号《公证书》、(2017)京国立内证字第9897号《公证书》,一审法院认定以上公证书足以证明由腾某计算机公司运营并管理的 http://ke.qq.com 中可以看到完整的60讲的涉案课程,侵权行为确已发生。

第三,提供涉案课程的行为构成侵犯信息网络传播权。《著作权法》第十条规定了著作权人享有的十七项权利,其中第十二项规定,信息网络传播权,即以有线或无线方式向公众提供作品,使公众可以在个人选定的时间和地点获得作品的权利。根据《最高人民法院关于审理侵害信息网络传播权民事纠纷案件适用法律若干问题的规定》第三条规定,网络用户、网络服务提供者未经许可,通过信息网络提供权利人享有信息网络传播权的作品、表演、录音录像制品,除法律、行政法规另有规定外,人民法院应当认定其构成侵害信息网络传播权行为。通过上传到网络服务器、设置共享文件或者利用文件分享软件等方式,将作品、表演、录音录像制品置于信息网络中,使公众能够在个人选定的时间和地点以下载、浏览或者其他方式获得的,人民法院应当认定其实施了前款规定的提供行为。根据上述规定,构成侵犯信息网络传播权要满足三个条件:①未经权利人许可;②通过信息网络提供作品、表演、录音录像制品;③公众可以在其个人选定的时间和地点获得作品。一审法院认定本案中,首先没有证据证明提供涉案课程的行为取得了权利人许可;其次通过腾讯课堂提供涉案课程,实现了向他人提供涉案作品的目的;最后此种方式使腾讯课堂的用户可以在个人选定的时间和地点观看涉案作品。综上,认定提供涉案课程的行为构成侵犯信息网络传播权。

第四,腾某计算机公司应当为侵权行为承担责任。本案中,涉案课程的提供方为责任承担主体。高某教育出版社提交的证据已将涉案作品提供行为的主体初步指向腾某计算机公司,一审法院认定高某教育出版社已经完成了初步举证责任。腾某计算机公司作为腾讯课堂的经营主办方,虽然提供了涉案课程上传机构"武汉精品在线某某有限公司"的账号信息、营业执照、法定代表人身份证照片及承诺书等,但无法当庭核实上传机构的基本真实信息以证明涉案课程是由入驻的机构上传,因此无法证明腾某计算机公司提供的是存储空间服务而非内容本身。一审法院认定腾某计算机公司未能完成举证责任,应当承担举证不利的后果。因此,一审法院推定腾某计算机公司在本案中为网络内容提供者,涉案作品系由腾某计算机公司提供,侵犯了高某教育出版社就涉案课程享有的信息网络传播权,其应当为该侵权行为承担相应的法律责任。

第五,综合考虑合理性、必要性以及涉案课程的影响力和传播范围酌情予以认定。因该涉案课程属于国家级精品资源共享课,根据教育部相关文件要求,国家级精品资源共享课基本资源须全部上网免费共享,故涉案课程并不具有商品属性,且腾讯课堂播放涉案课程并不向用户收取费用,以现有证据无法确定涉案行为给高某教育出版社带来的实际损失或者腾某计算机公司因此而获得的实际收益,一审法院酌情进行认定。

腾某计算机公司对一审法院的判决不服,提起二审。

(二)二审法院认定

第一,课程类视频在腾某计算机公司所管理的网站上播放前,有对应的管理流程:①如欲入驻腾讯课堂,需要向腾某计算机公司提供相应的资质证明。②在入驻成功后,若需要发布付费课程,还需要签署收益补充协议;该协议对付费课程的收益分成作出了规定。③在"收益补充协议签署流程"中,指明"所有课程收入百分百分成,腾讯课堂不收取手续费"。④在涉案课程的播放页面上,都显示有"课程免费""开课机构:精品在线""联系机构,QQ:×××,精品在线群号:×××"的内容。

第二,腾某计算机公司提供的"账号信息""承诺书""营业执照副本"以及该"营业执照副本"上所列明的法定代表人手持其身份证的照片虽均为打印件,但其上列明了"账号名称:精品在线""运营公司:武汉精品在线某某有限公司"等内容,且这些材料与腾某计算机公司所要求的"入驻腾讯课堂需要提供资质证明"的相关细目相符。

第三,腾某计算机公司于一审法院开庭审理时曾当庭表示,其在收到本案诉讼材料后就立即删除了涉案视频。对此,在一审及二审诉讼过程中,高某教育出版社均未对腾某计算机公司所述情况提供相反证据或予以明确否认。

第四,结合在案的公证书,可知"腾讯课堂"平台上所列网络授课之课程甚多。

综上,二审法院得出以下两个结论。

一方面,腾某计算机公司经营的"腾讯课堂"平台系提供信息存储空间服务的网络平台,腾某计算机公司属于提供信息存储空间服务的网络服务提供者。理由如下:首先,只有在网络服务提供者不能提供证据证明被诉侵权作品系由他人提供并置于公众开放的网络服务器中的情况下,才可以推定该服务提供者实施了信息网络传播行为。从常理上讲,如一网络服务平台系提供课程下载服务的提供者,其并无必要要求上传者提供"营业执照副本"、法定代表人手持身份证的照片,更无必要以格式合同的形式约定付费课程的收益分成;相反,腾某计算机公司所采取的对上传者进行身份审查和与其约定收益分成的做法,多为仅提供信息存储空间服务的网络服务提供者所使用。其次,即使存在提供课程下载服务的网络服务平台"为掩人耳目"而声称"上传者必须提供身份信息"并"约定收益分成"的可能,但其现实实现可能较小。以课程内容甚多的"腾讯课堂"平台为例,如果其试图虚构与上传者数目相同的"上传者信息",就必须伪造数目繁多的"营业执照副本"及其"法定代表人"真人手持身份证的照片,从客观上讲,这几乎不可能实现。最后,在涉案课程播放页面上显示的"开课机构:精品在线""联系机构,QQ:×××"等内容与腾某计算机公司从网络后台打印的"账号名称:精品在线""运营公司:武汉精品在线某某有限公司""营业执照副本"等内容几乎一一对应的情况下,结合现有证据将腾某计算机公司经营的"腾讯课堂"平台认定为信息存储空间的网络服务提供者显然更为恰当。而对于通过网络平台打印、由上传者所提供的数码照片等证据,如果仅基于腾某计算机公司提供的打印件没有与之对应的原件而不认可其真实性,未免强人所难。"网络空间为虚拟空间,网络用户多以网名自称、多以虚拟身份示人"是互联网环境中客观存在的情况:在网络环境下网络服务提供者虽然可以要求"上传者提供真实身份信息"并对其"是否上传了身份信息"予以检查,但要求网络服务提供者对上传者上传的身份信息核实并确保其真实性,则较为困难。故在此情况下,如果仅基于腾某计算机公司提供的打印件没有原件对应且"无法当庭核实上传机构的基本真实信息"即否认其为信息存储空间的网络服务提供者,而推定其提供了涉案作品,未免太过草率。在此,本院不否认,仅凭腾某计算机公司提供的打印件确实无法构成定案的唯一证据,但综合在案之全部证据,已足以形成证据链、使本院确认腾某计算机公司经营的"腾讯课堂"平台系提供信息存储空间服务的网络平台。

另一方面,腾某计算机公司经营的"腾讯课堂"平台在为涉案课程提供信息存储空间服务时,不具有过错。理由是:其一,对于提供信息存储空间的网络服务提供者而言,即使其存储对象均为"课程",但要求其对专业性较强的课程均明晰其知名度,具有较大困难。因此,在案证据能够证明涉案课程或者授课者在相关专业领域确实具有某些知名度,但亦无法认定腾某计算机公司对涉案课程构成侵权存在明知或应知之可能。其二,基于上述原因,在上传者及上传课程甚多的情况下,最行之有效的方法就是要求上传者在上传课程之前提供真实的身份信息,从而做到一旦发现侵权即可明确追究到责任主体。对此,腾某计算机公司不但要求上传者签署"承诺书"、提供"营业执照副本"照片,而且还要求其法定代表人必须提供本人手持身份证的照片等材料,足见腾某计算机公司在核查并确保上传信息"客观真实"具有较大难度的情况下,已经充分考虑到了"身份信息可能有假"的问题,并采取了"尽量避免其有假"的措施。其三,至少就本案而言,涉案课程并不需要付费才能观看,腾某计算机公司并未从上传者提供的作品中直接获得经济利益,因此也就无法认定其对该上传者侵害信息网络传播权的行为负有较高的注意义务。在案没有证据可以证明腾某计算机公司曾对涉案课程实施了"主动选择、编辑、修改、推荐"等行为;也没有证据可以证明腾某计算机公司与提供涉案课程的上传者在频道、栏目等内容方面存在合作关系。其四,在案没有证据可以证明高某教育出版社在起诉前曾经就涉案课程存在侵权可能而通知腾某计算机公司;不但如此,在腾某计算机公司表示其在收到本案一审诉讼材料后就立即删除了涉案视频的情况下,高某教育出版社亦未对腾某计算机公司所述情况提供相反证据或予以反驳。因此,综合现有证据,本院无法得出腾某计算机公司在提供信息存储空间服务时明知或应知涉案课程可能构成侵权的结论,更倾向于认定腾某计算机公司在提供信息存储空间服务时已经采取了合理、有效的技术措施,不具有过错。但是,本院在此仍然需要指出,希望腾某计算机公司能够积极探索先进技术,从而在客观上尽量减少上传者提供虚假身份信息进而蒙混过关的概率。

(三)再审审查与审判监督认定

关于腾某计算机公司就"腾讯课堂"是否为仅提供信息存储空间服务的网络服务提供者的问题。首先,涉案课程播放页面上显示的"开课机构:精品在线""联系机构,QQ:×××"等内容与腾某计算机公司从网络后台打印的"账号名称:精品在线""运营公司:武汉精品在线某某有限公司""营业执照副本"等内容基本一一对应,且腾某计算机公司补强的公证书证据补充证明了前述打印件的真实性,故可以认定涉案课程由第三方上传至"腾讯课堂"平台。其次,即便腾某计算机公司提交的后台信息打印件无法构成定案的唯一证据,也只有在网络服务提供者不能提供证据证明被诉侵权作品系由他人提供并置于向公众开放的网络服务器中的情况下,才可以推定该服务提供者实施了信息网络传播权行为。因此,结合双方证据可以证明腾某计算机公司经营的"腾讯课堂"平台系提供信息存储空间服务的网络平台，腾某计算机公司属于提供信息存储空间服务的网络服务提供者。

五、诉讼经验总结

通过类案检索，可以发现此类案件在审判过程中出现的争议焦点较为集中。经过本律师的归纳总结，得出以下诉讼思路，以供读者参考。

（一）考虑涉案视频的权属问题

原告并不当然地享有涉案视频的权属，需要结合案涉权利课程的构成要素来看。例如针对汇编型课程，课程中的文字、插图内容是否是原告对知识点的具体表达，原告是否为此付出了较高的独创性劳动。例如针对相似课程时，需要考虑双方的课程问题设计、关卡形式及题目类型，综合判断两者是否构成实质性相似。例如判断是否构成法人作品时，应当同时满足以下三个条件，第一由法人主持，第二代表法人意志创作，第三由法人承担责任。

综上所述，代理律师在接案后，首先应当判断原告是否享有涉案视频的权属，是否存在风险点或突破点。

延伸案例一：（2019）京73民终2541号，某出版传媒集团有限公司与某大学出版社（集团）有限公司侵害著作权纠纷。关键词：汇编作品、独创性的表达、素材选择与编排。

延伸案例二：（2020）粤0192民初1445号，某科技（深圳）有限公司与某互联网科技有限公司、某电子科技有限公司、某互联网有限公司侵害作品信息网络传播权纠纷。关键词：实质性相似、部分修改、改编权的侵害。

延伸案例三：（2010）黄民三（知）初字第28号，胡某某、吴某某与上海某电影制片厂著作权权属纠纷。关键词：法人作品、单位职工、职责范围、单位主持、单位承担责任、署名。

（二）考虑被诉侵权的事实认定

是否可以构成网络服务提供者是被告抗辩的重要突破点之一，否则被告有直接侵权或帮助侵权的风险。例如，设置嵌入式深度链接的行为在司法实践中，存在"服务器标准""用户感知标准""实质替代标准"之争。"服务器标准"是一个相对可以客观量化的标准，数据是否实际指向其他数据库，实践中可以通过播放地址来进行溯源。

关于"避风港原则"与"红旗原则"。当平台方仅提供信息存储空间或者提供链接服务、由用户直接实施侵权行为的情况下，因为平台方客观上无法对所有的内容进行审查，所以设立"避风港原则"的免责情形；而当平台方明知或者应当知道侵权行为存在时，需要承担相应的直接侵权或间接侵权责任，为了避免"避风港原则"被滥用，当侵权事实像"红旗"一样显而易见时，"红旗原则"可以对"避风港原则"进行限制。

延伸案例一：（2020）豫知民终 657 号，某云网络科技有限公司与某文化传媒有限公司侵害作品信息网络传播权纠纷。关键词："可信时间戳认证证书"、未发生跳转、链接服务。

延伸案例二：（2016）京 73 民终 143 号，某科技有限公司与某计算机系统有限公司侵害作品信息网络传播权纠纷。关键词："服务器标准"、被链接网站、公开传播状态、"用户感知标准"。

延伸案例三：（2015）粤知法著民终字第 32 号，某某与某计算机系统有限公司著作权权属、侵权纠纷。关键词：足够引起合理关注、反复上传、必要审核、注意义务。

（三）考虑涉案行为是否侵犯了信息网络传播权，即是否满足侵权行为的构成要件

关于原告是否作出了"有效通知"。在"通知－删除"规则的框架下，"有效通知"是侵权行为构成要件中的重要一环。综合司法解释来看，权利人通过投诉等方式明确侵权用户、侵权视频链接地址、权利视频链接地址、权利人信息使得平台方可以作出判断及处理的，视为达到"有效通知"。

关于被告是否作出了"合理措施"。最高人民法院《关于审理侵害信息网络传播权民事纠纷案件适用法律若干问题的规定》要求网络服务提供者需要在其技术能力可达的范围内采取与能力匹配的必要措施，同时需要考虑作出合理措施的时间是否达到"及时"，这需要根据不同的争议场景再进行司法裁量。

延伸案例一：（2019）沪 73 民终 124 号，北京字节某某科技有限公司与上海某网络科技有限公司侵害录音录像制作者权纠纷。关键词：网络服务提供者、注意义务、必要措施、三次投诉、侵权行为再次发生。

延伸案例二：（2017）京 73 民终 1194 号，某云服务器著作权侵权纠纷。关键词："通知－删除"规则、删除、屏蔽或者断开链接、关停服务器、强行删除服务器内全部数据、云服务器租赁服务提供商。

延伸案例三：（2015）浙知终字 186 号，某烤生活家电有限公司与某工贸有限公司、某猫网络服务有限公司侵害发明专利权纠纷。关键词：投诉通知资料、通知被投诉人、转达。

（四）考虑涉案侵权行为的责任承担方式

根据《民法典》的原则性要求，停止侵权是民事责任承担方式中的主要方式，但如果停止侵权会造成有悖于社会公共利益的情形的，或者无法实际执行的，可以根据具体的争议场景进行判断，不判决停止侵权行为，而是通过更充分的赔偿或者经济补偿等方式进行替代性责任承担。

对于侵犯著作人身权能否适用精神损害赔偿，在司法实践中仍然存在一定的争议。赞成派认为确实存在严重的精神损害时，可以适用；也有主张认为《著作权法》第五十二条的"赔偿损失"中自然包括精神损害赔偿；而否定派认为，现行的法律法规并未作出明确性的规定，因此无法直接适用精神损害赔偿。

延伸案例一：（2013）深中法知民终字第290号，奥某公司与长某公司侵害著作权纠纷。关键词：发行权、停止侵权、已经向公众销售、社会资源的浪费、有效的赔偿救济。

延伸案例二：（2020）沪73民终263号，某某与某信息科技有限公司侵害作品署名权纠纷。关键词：停止侵害、赔偿损失、人身权利、人身专属性、精神权利、精神状态的恢复。

延伸案例三：（2016）京73民终587号，某某与某影业（北京）有限公司著作权权属、侵权纠纷。关键词：声誉受损、社会评价降低、保护作品完整权、歪曲、篡改。

（五）赔偿经济损失的具体数额如何认定

根据《著作权法》的规定，针对频发的恶劣侵权行为，首次提出了可以适用惩罚性赔偿："侵犯著作权或者与著作权有关的权利的，侵权人应当按照权利人因此受到的实际损失或者侵权人的违法所得给予赔偿；权利人的实际损失或者侵权人的违法所得难以计算的，可以参照该权利使用费给予赔偿。对故意侵犯著作权或者与著作权有关的权利，情节严重的，可以在按照上述方法确定数额的一倍以上五倍以下给予赔偿。权利人的实际损失、侵权人的违法所得、权利使用费难以计算的，由人民法院根据侵权行为的情节，判决给予五百元以上五百万元以下的赔偿。"

《北京市高级人民法院关于侵害知识产权民事案件适用惩罚性赔偿审理指南》有更详细的规定，"适用惩罚性赔偿确定的赔偿总额为基数与倍数乘积之和，权利人为制止侵权行为所支付的合理开支另行计算"，并且明确了基数的确定方法、基数确定方法的适用顺序、基数确定方法的选择适用、实际损失的计算、侵权获利的计算、单位商品利润的计算、举证妨碍规则的适用、许可使用费或者权利使用费的考量因素、许可使用费倍数的考量因素、知识产权的贡献度、知识产权贡献度的考量因素、倍数的确定、倍数的考量因素、侵害专利权倍数的考量因素、侵害商标权倍数的考量因素、侵害著作权倍数的考量因素、侵犯商业秘密倍数的考量因素、约定惩罚性赔偿的适用、惩罚性赔偿约定内容、以许可使用费作为基数的约定、法定赔偿中的惩罚性考量因素。

延伸案例一：(2020)吉民终270号，某体育文化传媒（北京）有限公司与某传媒股份有限公司侵害录音录像制作者纠纷。关键词：知名度影响力、所支付的成本、为制止侵权所支付的合理开支、侵权行为的性质、情节、侵权规模、地域。

延伸案例二：(2020)最高法知民终404号，某信息技术有限公司与某公司侵害计算机软件著作权纠纷。关键词：涉案软件的市场价格、服务器数量、销售数据、知名度。

延伸案例三：(2020)最高法知民终155号，某工业软件有限公司与某模具有限公司侵害计算机软件著作权纠纷。关键词：侵权赔偿数额、妨害证据保全、惩戒力度、引导当事人诚信诉讼。

六、相关法律规定

最高人民法院《关于审理侵害信息网络传播权民事纠纷案件适用法律若干问题的规定》（法释〔2012〕20号，简称《审理侵害信息网络传播权的规定》）第六条规定，原告有初步证据证明网络服务提供者提供了相关作品、表演、录音录像制品，但网络服务提供者能够证明其仅提供网络服务，且无过错的，人民法院不应认定为构成侵权。

《审理侵害信息网络传播权的规定》第八条第一款规定，人民法院应当根据网络服务提供者的过错，确定其是否承担教唆、帮助侵权责任。网络服务提供者的过错包括对于网络用户侵害信息网络传播权行为的明知或者应知。该条第二款规定，网络服务提供者未对网络用户侵害信息网络传播权的行为主动进行审查的，人民法院不应据此认定其具有过错。该条第三款规定，网络服务提供者能够证明已采取合理、有效的技术措施，仍难以发现网络用户侵害信息网络传播权行为的，人民法院应当认定其不具有过错。

根据《审理侵害信息网络传播权的规定》第九条规定，人民法院应当根据网络用户侵害信息网络传播权的具体事实是否明显，综合考虑以下因素，认定网络服务提供者是否构成应知：(1)基于网络服务提供者提供服务的性质、方式及其引发侵权的可能性大小，应当具备的管理信息的能力；(2)传播的作品、表演、录音录像制品的类型、知名度及侵权信息的明显程度;(3)网络服务提供者是否主动对作品、表演、录音录像制品进行了选择、编辑、修改、推荐等;(4)网络服务提供者是否积极采取了预防侵权的合理措施;(5)网络服务提供者是否设置便捷程序接收侵权通知并及时对侵权通知作出合理的反应;(6)网络服务提供者是否针对同一网络用户的重复侵权行为采取了相应的合理措施;(7)其他相关因素。

《审理侵害信息网络传播权的规定》第十一条第一款规定,网络服务提供者从网络用户提供的作品、表演、录音录像制品中直接获得经济利益的,人民法院应当认定其对该网络用户侵害信息网络传播权的行为负有较高的注意义务。该条第二款规定,网络服务提供者针对特定作品、表演、录音录像制品投放广告获取收益,或者获取与其传播的作品、表演、录音录像制品存在其他特定联系的经济利益,应当认定为前款规定的直接获得经济利益。网络服务提供者因提供网络服务而收取一般性广告费、服务费等,不属于本款规定的情形。

浅析劳动纠纷案件办理实务

□ 高　杨[①]

【摘　要】近年来,我国进一步深化经济结构的转型和升级,深化供给侧结构性改革,推动经济高质量发展,劳动者和用人单位的质量和数量都出现大幅提高。与此同时,劳动关系双方当事人的法律意识不断提高,双方当事人都学会用法律武器来捍卫自身利益,劳动争议矛盾纠纷案件的数量与处理难度只增不减,劳动纠纷对企业的经营管理和基层社会的稳定产生了一定影响。

"十四五"时期经济社会发展主要目标之一即:"贯彻尊重劳动、尊重知识、尊重人才、尊重创造方针,深化人才发展体制机制改革,全方位培养、引进、用好人才,充分发挥人才第一资源的作用。培养造就高水平人才队伍。激励人才更好发挥作用。"为助力我国"十四五"时期经济转型升级目标的顺利实现,劳动争议矛盾纠纷的化解应得到相当的重视。

法治社会是构筑法治国家的基础,习近平总书记指出:"法律要发挥作用,需要全社会信仰法律。"随着法治社会建设的深入推进,人民群众的法律意识逐步提高,然而部分企业在依法治企方面的认知和劳资法律知识更新相对滞后,伴随而来的就是劳动纠纷逐年呈上升趋势,尤其是在广大的劳动者维权意识和需求越来越强烈之际,劳动争议纠纷已经变成不容忽视的问题,而且劳资关系的妥善解决也是维护社会稳定的关键所在。

笔者将通过本人办理的一起劳动争议纠纷案例,结合办理过程中和法官、仲裁员以及律师同行多次对案情的研究,共同探讨劳动争议纠纷相关法律法规规定及适用,简单阐述一下劳动争议纠纷实务办理过程中法律、法规等的灵活运用。

【关键词】劳动争议;劳动合同;双倍工资

一、劳动争议纠纷案情概述

X先生于2008年9月1日入职Y公司,试用期为三个月,2008年12月

[①] 高杨,中共党员,北京京师(天津)律师事务所律师。

1日转正时搬至该公司门卫室居住,开始身兼数职,白天从事救生、售票工作,夜间从事保安等多项工作,自转正至2021年7月仅休5天假。他主张自入职起至2021年7月期间未签订劳动合同期间的双倍工资、加班工资、未休年假工资、各类津贴补贴、违法解除劳动合同的经济赔偿金等,几乎囊括了当前劳动纠纷中的绝大部分类型。X先生之前也已和我沟通过多次,鉴于他主张权利跨度时间长、工作性质特殊、直接证据缺失较多等诸多原因,该案件诉求得到法律支持的可能性较低,但是当事人期待值过高,律师团队对于案情本身和委托人的诉求之间的巨大差距也进行了风险研判,鉴于该种情况我们的首选是放弃该案件。

2021年7月X先生来到律所要求委托的时候,本案已经过了劳动仲裁,从仲裁委的庭审笔录中可以看出劳动者和公司代理律师对于X先生的入职时间、工作时间、工资计算方式等均有较大分歧,因此仲裁委以"超过45天未作出裁决"为由终止仲裁程序。据X先生谈到已经遭到线上和线下十余家律所拒绝,自觉求助无门,开始诉诸向有关部门投诉、信访等渠道解决问题。

律师团队就该案情进行了再次探讨,本着让最基层的劳动者可以感受到法律的温度的初衷,经过慎重考虑后接下了该委托,同时向X先生阐明了案件的难点和风险点。

首次起诉我们也是慎之又慎,通过和X先生不断地沟通,消化掉他带来几十斤的各类资料,我们发现X先生的仲裁请求存在很大的问题,包括:对于各类加班费出现了重复计算,未休带薪年假工资的计算、要求单位返还个人缴纳的社保费用等均不符合法律规定。于是我们通过查阅大量的法律、法规和案例后,将X先生之前向仲裁委提出的300余万元诉讼请求降低到了100余万元,即使这个数字,我们也和X先生释明,其中还有很大部分会因为缺少相应的依据而不被支持。经谨慎斟酌后我们向法院提起了首次起诉时,诉讼请求已和之前的仲裁请求大相径庭,也因此不久就迎来了第一次挫败,Y公司的代理律师提出了诉讼请求未经过仲裁程序前置,法官也是认同的,因此建议我们撤诉后按照调整后的诉求重新申请仲裁。撤诉后紧接着是第二次挫败,根据我们调整后的诉求再次向劳动仲裁委提出了仲裁申请,而仲裁委认为该案件已经过一次仲裁无法再次受理而不予立案,通过和仲裁委工作人员的多次解释,在法官帮助联络沟通后,仲裁委终于出具解决方案,通过作出《不予受理案件通知书》的形式,完成了劳动仲裁前置程序。我们凭借着第二次的劳动仲裁申请和不予受理通知书再次立案,立案后的诉讼请求变成了100余万元。

该案件由于其复杂性,立案后由简易程序转为普通程序,最终以判决结案。

二、劳动争议案件判决结果

鉴于解决劳动纠纷的趋势是法官居中调解,但是由于本案原被告双方均坚持自身立场,经过多次开庭、调解,本案件判决结果如下:

1. Y 公司于判决生效后十日内向 X 先生支付 2010 年 9 月 1 日至 2021 年 5 月 10 日标准工时外劳动报酬补偿;

2. Y 公司于判决生效后十日内向 X 先生支付 2020 年度未休年休假工资;

3. Y 公司于判决生效后十日内向 X 先生支付未签无固定期限劳动合同二倍工资差额。

三、关于本案的办理难点以及争议焦点

（一）劳动者的入职时间以及工作时长的确认问题

X 先生于何时入职 Y 公司的时间存在较大的争议,X 先生主张 2008 年 9 月 1 日入职,Y 公司坚持以开始为 X 先生缴纳社会保险的时间即 2010 年 9 月为 X 先生的入职时间。

X 先生虽称入职的时候有其他的同事作为证人,但是未能取得有效的证人证言,另外 X 先生还持有一份提档信的复印件,证明 Y 公司于 2009 年 12 月 7 日提取 X 先生人事档案,但是该时间仅能说明他的入职时间早于 Y 公司认可的时间,依然无法证明他真实的入职时间。由于 X 先生入职企业处于《劳动合同法》实施初期,很多企业人事管理不规范,劳动合同签订、社保缴纳等均未与入职实际时间同步,我们初期想通过工资发放记录确认入职日期,和 X 先生沟通后得知,入职初期存在现金工资发放的情况,发放记录无法找到,之后我们想通过企业人员的排班表、值班记录或者会议纪要等材料辅助进行证明,但是上述材料存在时间久远、文件无签字盖章等诸多无法核实、核对的问题,不满足证据基本要求,该案件一度陷入了胶着状态。后来我们发现了国家税务总局主办的"个人所得税 APP"的任职受雇信息中可以显示劳动者当前的受雇日期,该日期是国税系统根据企业最初申报的员工信息自动生成数据,具有较强的参考性,该系统显示的 X 先生的入职时间为 2008 年 9 月 1 日。

接下来,我们还需要面临的是,X 先生从一人一岗到身兼数职的时间,这直接关系到 X 先生主张的加班费如何计算的问题。X 先生自称 2008 年 12

月1日起在Y公司门卫室居住,白天从事救生、售票工作,夜间从事保安工作;Y公司称X先生离婚后没有居住场所,故自2010年9月1日起在Y公司门卫室居住,X先生白天担任救生员,并有一段时间兼职保安工作,并不负责售票工作。X先生在公司门卫室居住的时间直接关系到他是否存在加班的事实,根据"劳动者主张加班费的,应当就加班事实的存在承担举证责任",就该期间的加班事实我方确实无法举证,因此按照双方主张的重合时间,自2010年9月1日起作为X先生在门卫室居住的开始时间,即身兼数职的时间双方是没有争议的。

(二)关于考勤的认定问题

X先生主张的诉讼请求横跨了十余年之久,他的主张和考勤密切相关,关于考勤记录保存年限目前尚无法律明确规定,但是根据《工资支付暂行规定》第六条规定:"用人单位必须书面记录支付劳动者工资的数额、时间、领取者的姓名以及签字,并保存两年以上备查。"也就是说单位有义务保存两年之内的考勤记录,超过的部分需要劳动者自行举证。用人单位的代理律师在仲裁阶段的答辩意见中也体现了这一观点,也就是说目前劳动者如果主张超出两年以上的额外劳动报酬,需要自行提供考勤记录,这无疑大大加大了举证的难度。我们团队经过对案情不断深入研判,终于在对方代理律师提供的证据材料中发现了突破口,对方提供了X先生的工资台账是按照日工资乘以月度自然日天数计算发放工资,我方从这一点反推出X先生每月出勤是和每月自然天数一致的,由此证明了X先生的出勤情况,加之Y公司也承认X先生居住于单位的事实,也就确认了X先生10余年来的在岗时间。所以通过劳动者的工资流水反推出勤记录也可以弥补无法提供考勤记录的不足,这一观点也得到了法院的支持。

(三)关于劳动报酬和加班费用的计算问题

X先生主张每天工作24小时全年无休;Y公司称X先生夜间仅在门卫室居住。本次案件经过了两次劳动仲裁的原因和X先生的工作性质有关,X先生在首次劳动仲裁申请中主张"2008年9月1日至2021年4月30日延时加班费2360935.04元,同期间中班费和夜班费138617.5元"。由于对法律认知的局限性,X先生加班费主张的是中班费、夜班费以及延时加班费,这源自劳动者对于三班制度最为朴素的认知,但是恰恰忽略了如果按照24小时三个班次计算,就和延时加班费是重合的情形,而他的劳动合同中明确的是标准工时,可是劳动仲裁中却按照综合工时主张,两种工时计算直接关系到延时加班费、节假日加班费以及法定节假日加班费等的计算,我们和X先

177

计算的最大出入也是在这里,这也是造成二次劳动仲裁的重要原因之一,当然两次劳动仲裁虽然均未经过实质性审理,但是不影响后续的起诉。

我们按照标准工时的方式计算 X 先生的加班时长和劳动报酬同样也出现了难点,对于从未曾离开过单位的 X 先生应该如何计算超时工作时长呢?虽然在起诉状中我们主张了按照超出标准工时时长计算加班时间,但是 X 先生其实在单位是实现了起居饮食生活的,按照 24 小时计算工作时间缺乏合理性。经过我们和法官多次探讨,找到了这样的一个突破口,即企业其他的员工有一份午餐餐费补助,该补助是按照出勤天数发放的,X 先生的餐费补助是按照整月天数计算,且是其他人的二倍,由此既能弥补 X 先生考勤上的不足,也能说明 X 先生实际上和其他员工工作作息时间是不一致的,后经过法官全面考量后,判决如下:原告所从事的并非生产性工作,其主张的延时加班时间的工作内容与正常工作时间的工作内容并不相同,原告主张的加班时间和加班工作内容,并无劳动合同约定,也无被告的规章制度规定,更无相关领导的指派,故不能认定为加班。原告在被告处居住场所存在特殊性,客观上起到了一定的保安作用,被告长期未对原告居住的行为性质作出定性,也未能按照其居住行为的价值给予相应的报酬,存在过错。原告主张的正常工作时间之外在被告门卫室居住,存在一定的工作性质,原告付出了一定的时间和精力,对被告也具有一定的劳动价值,被告应当支付相应的劳动报酬。

确定了应给予劳动者报酬补偿后,就劳动报酬补偿标准如何确认,法院的意见如下:根据劳动者的工作性质、工作内容、工作强度、工作时长、历年工资标准等因素,衡量原告给予被告的用工价值,本院酌定在前述期间被告每月按照本市最低工资标准的 120% 向原告支付劳动报酬补偿。也就是该期间并不能认定为是按照劳动者工资标准直接计算,应考虑到所兼职的这份工作的各项因素,进行酌定、合理补偿,此处更多地体现了法官的自由裁量权限。

(四)关于带薪年假工资的性质界定

带薪休假是我国《劳动法》为保障劳动者的休息权而规定的一项重要法律制度,但也是目前很多企业最无法落实的一项制度。根据相关法律规定:劳动者因用人单位工作需要未休年假的,有权请求用人单位依照法律规定的日工资 300% 的标准支付未休年休假工资。目前劳动争议实务中,未休年假工资基本成为标配诉求。根据《劳动争议调解仲裁法》的规定,劳动争议申请仲裁的时效期间为一年。仲裁时效期间从当事人知道或者应当知道其权利被侵害之日起计算。劳动关系存续期间因拖欠劳动报酬发生争议的,劳动者申请仲裁不受上述规定的仲裁时效期间的限制；但是，劳动关系终止的，应当自劳动关系终止之日起一年内提出。

未休年假工资性质属于劳动报酬还是福利待遇直接关系到劳动仲裁的申请时效。目前司法实践中存在两种观点。

一种观点是《人力资源社会保障部对十三届全国人大一次会议第3825号建议的答复》中，肯定了未休年休假工资报酬属于劳动报酬，适用特殊申请仲裁时效规定，即自劳动关系终止之日起算。该工资视同劳动者在向用人单位提供正常劳动情形下获得的对价，而且经国务院批准、国家统计局发布的《关于工资总额组成的规定》第十条将定期休假工资列为特殊情况下支付的工资，因而劳动者请求用人单位支付未休年休假工资的，不适用一年仲裁时效的规定。

另一种观点是未休年假工资200%部分是一种福利待遇，这部分工资是用人单位侵犯劳动者休息权利，而给予劳动者的经济补偿，并非劳动者固有劳动报酬的一部分，故应适用一年的时效。

目前我国法律、行政法规或司法解释尚无对这一争议问题进行明确规定，但是部分省市出具的相关解答意见可供参考。

北京市高级人民法院、北京市劳动人事争议仲裁委员会关于《审理劳动争议案件法律适用问题的解答》第十九条指出，劳动者要求用人单位支付未休带薪年休假工资的，如何处理？对劳动者应休未休的年休假天数，单位应当按照该职工日工资收入的300%支付年休假工资报酬。劳动者要求用人单位支付其未休带薪年休假工资中法定补偿（200%福利部分）诉请的仲裁时效期间应适用《劳动争议调解仲裁法》第二十七条第一款规定，即劳动争议申请仲裁的时效期间为一年。

《长三角区域"三省一市"劳动人事争议疑难问题审理意见研讨会纪要》（2019年）第一条关于劳动者与用人单位就未休年休假工资报酬发生争议，请求权的时效以及起算点的认定。支付劳动者未休年休假工资报酬系用人单位应当履行的法定补偿义务。劳动者要求用人单位支付未休年休假工资的请求，符合《中华人民共和国劳动争议调解仲裁法》第二条规定的受案范围，劳动人事争议仲裁委员会应当予以受理。该请求权时效应按照《中华人民共和国劳动争议调解仲裁法》第二十七条第一款之规定，从应休年休假年度次年的1月1日起计算；确因生产、工作需要，经劳动者同意，用人单位跨年度安排劳动者休年休假的，请求权时效顺延至下一年度的1月1日起计算；劳动关系已经解除或者终止的，从劳动关系解除或者终止之日起计算。从现有的司法判例来看两种观点均有采纳，目前大多数法院的观点是：带薪年休假工资的本质并非劳动报酬，而是用人单位对应休未休年休假的劳动者的一种补偿或奖励,属于福利待遇,因此适用一年的普通时效。本案中法官的观点更倾向于认为:企业安排职工年休假一般不跨年度安排,因此"未休年休假工资报酬"适用一年的普通时效,但是,如果劳动者能证明诉讼时效中断,那么超过一年的诉讼请求也是可以被支持的。

四、劳动争议纠纷律师办理实务评析

(一)劳动争议纠纷的标配诉求的解决方法及要点

目前较为常见的劳动纠纷主要集中于确认劳动关系、工资、加班工资、未签书面劳动合同二倍工资、未休年休假工资、经济补偿金或违法解除赔偿金等。以上也基本上属于劳动争议的标准配置诉求。

1. 确认劳动关系的标准

《关于确立劳动关系有关事项的通知》(劳社部发〔2005〕12号)第一条规定,用人单位招用劳动者未订立书面劳动合同,但同时具备下列情形的,劳动关系成立:(1)用人单位和劳动者符合法律、法规规定的主体资格;(2)用人单位依法制定的各项劳动规章制度适用于劳动者,劳动者受用人单位的劳动管理,从事用人单位安排的有报酬的劳动;(3)劳动者提供的劳动是用人单位业务的组成部分。

按照上述标准,目前司法实践的趋势倾向于保护处于弱势地位的劳动者,偏向于认定劳动关系存在。即使用人单位和劳动者签订了劳务合同,甚至说劳动者属于兼职情形,只要用工的形式和事实要件符合劳动关系的基本特征,除非存在聘用超过法定退休年龄人员,或者挂证、挂社保、挂合同、挂花名册均因欠缺实际用工等情形,还是会认定为劳动关系的。

2. 未签订劳动合同期间的双倍工资

本案中为何X先生在入职10余年以后主张二倍工资的诉请仍可得到支持呢?先来看基本案情:X先生自入职以后Y公司一直未签订劳动合同,直至2017年6月1日,双方签订了固定期限劳动合同约定:合同期限自2017年6月1日至2020年6月1日。X先生于2021年5月10日向有管辖权的劳动仲裁委提出了《劳动争议仲裁申请书》。

在实践中,我们经常会用到《劳动合同法》第八十二条第一款规定:用人单位自用工之日起超过一个月不满一年未与劳动者订立书面劳动合同的,应当向劳动者每月支付二倍的工资。对《劳动合同法》第八十二条进行文义解释,双倍工资的起算时间应该是"自用工之日起超过一个月",双倍工资的截止时间应该是"自用工之日起不满一年"。即用人单位最迟应该自实际用

工的第二个月与劳动者签订书面劳动合同,否则最长就要从第二个月开始支付双倍工资一直到第十二个月,所以通常认定双倍工资的计算应当是11个月工资的二倍。X先生主张2008年即入职Y公司,满一年之后应视为双方已签订了无固定期限劳动合同,因此通常来看不符合X先生主张二倍工资的条件。但是本案中恰好在2017年的时候双方又签订了一个固定期限的劳动合同,笔者认为双方已合意对原来的无固定期限劳动合同作了变更,因此自2020年6月2日起,双方劳动关系延续,第二次应签订无固定期限劳动合同。此外《劳动合同法》第十四条的规定,劳动者在该用人单位连续工作满十年的应当订立无固定期限劳动合同,《劳动合同法》第八十二条第二款规定,用人单位违反本法规定不与劳动者订立无固定期限劳动合同的,自应当订立无固定期限劳动合同之日起向劳动者每月支付二倍的工资。因此本案X先生主张的应签订无固定期限劳动合同而未签订的双倍工资请求获得支持。

(二)不常见的劳动争议问题的处理

1. 劳动者入职时间的确认技巧

本案中的争议焦点之一就是X先生的入职时间,X先生主张2008年9月1日是入职时间,但是没有入职的证据,Y公司坚持以开始为X先生缴纳社会保险的日期即2010年9月确定为X先生的入职时间。该问题在本案中具有特殊性,一是因为X先生入职Y公司时,正处于《劳动合同法》实施初期,很多用人单位的管理很不规范,未及时和劳动者依据实际用工时间签订劳动合同;二是因为国家强制规定给员工缴纳社会保险的法律是《社会保险法》,但是该法的颁布时间是2010年10月28日,正式实施日期是2011年7月1日,因此存在社会保险缴纳的管控真空期。本案中笔者通过国家税务总局发布的"个人所得税APP"中记载的信息确认了X先生的入职时间,该信息一般通过企业的申报信息自动生成,具有一定的客观性,在无反证证明其不准确的情况下,该信息可以作为入职时间的认定,这个技巧也可以在同类的案件中适用。另外,该案例也给我们一个启迪,就是劳动者实际入职企业的时间标准,并不能以企业是否为员工缴纳社会保险以及社会保险缴纳的时间为依据,在没有直接证据证明入职时间的时候,可以灵活地通过多种方式去佐证,法院也是可以认定的。

2. 劳动仲裁前置程序实务处理和例外情形

(1)在劳动争议纠纷中,未经过劳动仲裁前置程序的法院不予受理,但是只要履行了仲裁程序即可而并不要求必须进行实体审查。在实务处理中特别提示代理律师注意的是:诉讼请求必须与仲裁裁决的事项保持一致,如果起诉的事项属于应当进行仲裁前置但未经仲裁的,法院不予受理。劳动者启动劳动仲裁时往往会选择自主进行,由于劳动仲裁的结果不甚理想的时候才想到聘请律师提供更为专业的法律服务,因此如果遇到已经过劳动仲裁的案件在诉讼阶段委托律师,需要甄别以下情形。

① 劳动者所谓已经过劳动仲裁的案件,是否是撤回申请后提起诉讼的。如果是当事人向仲裁委申请仲裁后又撤回申请并提起诉讼的,不能视为已经过仲裁前置程序,人民法院可裁定不予受理,即便是已经受理的案件也可以裁定驳回起诉,并告知劳动者先向仲裁委申请仲裁。另外,因劳动者无正当理由拒不到庭或者未经仲裁庭许可中途退庭,仲裁委依据《劳动争议调解仲裁法》第三十六条第一款规定作出自动撤回申请决定后,申请人不服向人民法院起诉的,人民法院应予受理,但是经审查认为确属无正当理由拒不到庭或者未经仲裁庭许可中途退庭的,应裁定驳回起诉。

② 劳动者已经过的仲裁请求是否具有获得支持的法律依据,比如 X 先生的案件中,他在劳动仲裁中主张的加班费用的计算方式和金额均有误,如果继续坚持在诉讼中也不会被支持,另外,如果混淆计算了经济赔偿金和补偿金,也不仅是变更诉讼请求这么简单,此时应当对劳动者已经提出的仲裁申请依法依规进行甄别。

如果不注意上述问题,那么律师后续要么按照劳动仲裁请求启动诉讼程序,但是诉求不能被法院支持,要么需要重新经过劳动仲裁前置程序再立案,无论哪种都会直接影响律师代理的效果和代理案件的工作量,甚至因此不能得到委托人的理解,更会让代理工作举步维艰。

(2) 关于仲裁程序前置实务中有几种例外情形,很值得注意。

① 企业向劳动者出具了欠付工资的欠条,欠条载明欠付工资金额,劳动者以用人单位的工资欠条为证据直接向人民法院起诉,诉讼请求仅主张欠条所记载的工资金额,不涉及劳动关系其他争议的可以按照普通民事纠纷受理。因为工资欠条已经明确了双方的权利义务,实质上从劳动争议变为了普通的民事纠纷,可以直接起诉。

② 要求用人单位承担加倍部分的赔偿金,即单位违法解除劳动合同需要承担的额外赔偿部分可以直接起诉,如果要求用人单位支付双倍经济赔偿金,就必须先行申请劳动争议仲裁。

③ 法院受理劳动争议纠纷案件后,当事人增加诉讼请求的,如该诉讼请求与诉争的劳动争议具有不可分性,可以直接起诉。比如,我们处理本案过程中,由于劳动关系一直存续,因此在诉讼期间增加了从劳动仲裁结束至起诉审理期间的劳动报酬请求,虽然对方的代理律师主张该部分未经过劳动

仲裁前置,但是该部分增加的诉讼请求即使属于直接起诉,也得到了法院支持。

④ 天津属于港口城市,因此特别提示涉及船员的劳动争议纠纷管辖问题,根据《最高人民法院关于审理涉船员纠纷案件若干问题的规定》第一条,船员因在船工作发生的劳动争议不受劳动仲裁前置的限制,管辖法院是当地海事法院。即船员与船舶所有人之间的劳动争议涉及船员登船、在船工作、离船遣返的,当事人可以直接向海事法院提起诉讼,其他纠纷仍需依照《劳动争议调解仲裁法》的规定处理。

3. 综合工时加班费用的计算

我们接受日常咨询时,会经常遇到实行综合工时制的劳动者主张加班费的问题,这里需要注意的是实行综合工时的劳动者工作有如下特点。

(1)综合工时制的劳动者如果实际工作日是休息日的,属于正常工作;实际工作日是法定休假日的,企业需按照《劳动法》第四十四条第三项规定,按工资标准的300%支付加班费。

(2)延长工作时间的加班费,应综合计算周期内的实际工作时长,是否超出该周期对应的法定标准工作时间总和,不应局限在具体某一天(或周、月、季)工作时间是否超出法定标准工作时间。

整个综合计算周期内,如果实际工作时长未超出该周期法定标准工作时长,不视为延长工作时间。如当中的某一天工作时间超过8小时,或者周期内某段时间工作时长超标,均不能主张加班费。

如果综合计算周期内的实际工作时间总数,超出了该周期法定标准工作时间总数。就超出部分,应当视为延长工作时间,一般需按工资标准的150%支付加班费,但如果不同地区存在特殊规定和做法依据地方标准执行。

这里也特别提示,用人单位大多数情况会默认为标准工时用工,如果实施综合工时制度,应当在劳动合同中明确约定,否则一旦发生劳动争议纠纷,如果主张实施综合工时则需要承担较大的证明责任。

4. 不属于劳动争议纠纷的诉求范畴

(1)如果因为劳动关系存续期间,企业未及时、足额给劳动者缴纳社保、公积金等,劳动者主张补缴的,需要向社保机构或者公积金管理中心投诉,要求用人单位补缴,不属于劳动争议纠纷。目前可能会面临相关机构和仲裁委"踢皮球"的情形,即部分地区社保部门认为,劳资双方对社保有争议,仲裁委或者法院的生效法律文书裁决单位补缴的才处理;部分地区仲裁委也认为,补缴社保的争议不属于劳动争议,而是社保征缴部门的行政职权范畴,因此不予处理,所以经常导致劳动者求助无门。目前各法院观点基本一致,即认为补缴社保不属于法院的受案范围,因此即便是诉讼请求有所涉及,法院也不会处理。但是劳动者以用人单位未为其办理社会保险手续,且社会保险经办机构不能补办导致其无法享受社会保险待遇为由,要求用人单位赔偿损失而发生争议的,可以向法院提起诉讼。

(2)劳动者对劳动能力鉴定委员会的伤残等级鉴定结论,或者对职业病诊断鉴定委员会的职业病诊断鉴定结论的异议纠纷不属于劳动争议。根据《工伤保险条例》第二十六条的规定,申请鉴定的单位或者个人对设区的市级劳动能力鉴定委员会作出的鉴定结论不服的,可以在收到该鉴定结论之日起15日内向省、自治区、直辖市劳动能力鉴定委员会提出再次鉴定申请。省、自治区、直辖市劳动能力鉴定委员会作出的劳动能力鉴定结论为最终结论。根据鉴定结论要求赔偿的主张属于劳动争议纠纷受案范围。

(三)劳动关系的延伸探讨问题

"同工同酬"在实践中的认定和处理

在本案中有一个劳动者坚持主张,但是最后法院完全没有支持的一点——同工同酬。X先生在10余年的工作时间,与另一名员工从事相同岗位工作,但是双方的津贴、补贴等福利待遇相去甚远,因此就该部分差额他主张Y公司应给予补偿。

我们在接受委托的时候已经向X先生释明该主张不被支持的风险,理由如下:根据《劳动法》第四十六条的规定,工资分配应当遵循按劳分配原则,实行同工同酬,因此同工同酬是劳动法的基本原则之一。经过对现有大量案例的查阅,目前对于该原则的适用案例极少,主要源于"同工"参照对象的标准、二者实际的工作内容、二者工作资历等是否完全一致,因为在企业评定员工工资薪酬方面,除了依据法律规定,工作标准更多依据企业自主订立制度,工资标准除了依据员工岗位、级别、学历等指标,还要参照工作表现、工作能力等偏于主观、非可量化的指标,对于这些指标的同一性认定是非常困难的,因此主张"同工同酬"这项诉求从举证难度上讲就几乎成了不可能。鉴于此,同工同酬目前作为无法确定具体工资标准的一个参照尚且可以,但是作为追索工资差额的理由就十分牵强了,当然最终实现"同工同酬"也代表着广大劳动者的美好愿望。

五、结语

随着社会的进步,作为社会建设者的劳动者的素质也在不断提高,加之法治理念的深入人心、劳动者维权意识日益增强,为此,如何有效解决劳动争议纠纷至关重要。

　　劳动争议纠纷涉及民生基本利益,关系人民群众的安居乐业,也关系到企业的健康发展,因此劳动争议纠纷案件也是最贴近老百姓的案件类型之一。妥善解决劳动争议纠纷,是能让广大为社会建设出力的劳动者感受到法治社会力量的途径,也是让他们感受到法律温度最好的方式。

股东冒名登记问题探微

——以一则申请执行人执行异议之诉中主张追加被执行人的案件探析真实意思表示与商事外观主义的张力与平衡

□ 梁晓光[①]

【摘　要】《公司法解释（三）》第二十八条针对冒名登记为股东的有关责任承担问题作出了规定，即"冒用他人名义出资并将该他人作为股东在公司登记机关登记的，冒名登记行为人应当承担相应责任"，但该条文仅规定了冒名登记的"行为"，并未对何为被"冒用"进行阐述而留待司法审判个案中结合具体事实予以认定。

探求当事人的真实意思表示以及商事外观主义的矛盾，在某种程度上也是"实质正义"与"形式正义"、"个案公平"与"普遍公平"之间的张力。解题的切入点是探求民商事审判中外观主义的合理适用范围与边界问题。"意思表示"与"外观主义"之间的紧张关系，在涉及"冒名登记"的司法裁判个案中集中体现在举证责任分配问题上，审判实践中，基于防止瑕疵出资股东可能存在的恶意逃避法定补足/赔偿责任的问题，更多赋予主张被冒用的股东承担其身份被冒用的举证责任，甚至会存在法院认为工商登记文件的字迹鉴定与案涉事实无关而不同意启动鉴定的问题。

"冒名登记"会引发相应工商登记的撤销问题，这属于行政机关自我纠正的行政撤销行为，工商登记被撤销的效力范围问题与工商登记是"行政许可"还是"行政确认"的行为定性相关；行政撤销仅及于"登记"本身，不会伤及市场交易秩序，当市场主体设立、变更或注销登记行为被撤销时，只是行政确认行为被撤销，而民事法律关系与市场交易秩序可根据民商事法律规则体系予以判断与裁判。

【关键词】冒名登记；真实意思表示；商事外观主义

---

① 梁晓光，中共党员，北京大学法学硕士，北京京师（天津）律师事务所律师。从事律师执业前曾在多家知名房地产开发企业法务部门任职。

自2019年5月1日起,在企业设立登记业务环节对相关自然人的企业登记实名验证在全国铺开,这将从源头减少被"冒名"登记为股东的情形。但此前已设立的公司,仍存在着大量现实或潜在的纠纷。在司法案例中,问题聚焦在公司债权人向注册登记的股东主张出资不实补充赔偿责任,但该股东以"被冒名"为由作为抗辩的场合。

现行《公司法解释(三)》第二十八条针对冒名登记为股东的有关责任承担问题作出了规定,即"冒用他人名义出资并将该他人作为股东在公司登记机关登记的,冒名登记行为人应当承担相应责任"。但在个案中,如何认定"被冒用",举证义务苛于哪一方当事人,似乎更多来源于法庭事先预设的理念差异与价值判断,即是注重探求当事人真实意思表示,还是更注重工商登记记载的商事外观主义原则。

一、案情简介

(一)本案基本事实

某银行与案涉公司金融借款合同纠纷一案,一审法院于2019年1月24日立案,经审理于2019年7月17日作出(2019)津0104民初1703号民事判决书。判决生效后,案涉公司未依法履行生效判决确定的义务,2019年8月21日,某银行向一审法院申请强制执行。执行过程中,双方当事人达成执行和解,一审法院于2019年12月25日作出(2019)津0104执5964号执行裁定书,裁定"终结(2019)津0104执5964号案件的执行"。因案涉公司未按照和解协议履行,某银行申请恢复执行,一审法院于2020年7月15日以(2020)津0104执恢441号恢复执行。因案涉公司暂无财产可供执行,一审法院于2020年8月14日作出(2020)津0104执恢441号执行裁定书,裁定"终结本次执行程序"。2021年1月21日,一审法院受理某银行提出书面异议,申请追加被申请人李某、刘某、张某、安某、师某为(2019)津0104执5964号执行案件的被执行人。一审法院受理后,依法进行审查,后作出(2021)津0104执异95号之一执行裁定书,裁定"一、驳回申请人某银行(中国)有限公司天津东马路支行申请追加被申请人李某、刘某、张某、安某、师某为(2019)津0104执5964号案件的被执行人的请求;二、保全费5,000元、公告费560元,由申请人某银行(中国)有限公司天津东马路支行负担"。

案涉公司工商档案显示:案涉公司原名称为某有限公司,公司于2005年8月成立,为有限责任公司,注册资本1,000,000元,股东原为李某、刘某。

其中,李某认缴出资900,000元,占股90%,实缴出资900,000元;刘某认缴出资100,000元,占股10%,实缴出资100,000元;天津市中兴有限责任会计师事务所于2005年8月24日出具的津中兴会验字(2005)第1—4481号《验资报告》记载,股东李某、刘某已缴纳注册资本合计1,000,000元。

庭审过程中,一审法院依某银行申请向中国农业银行股份有限公司天津长江道支行、中国邮政储蓄银行股份有限公司天津河西区支行、天津滨海农村商业银行股份有限公司营业部发出律师调查令。中国农业银行股份有限公司天津长江道支行反馈显示2005年8月24日,案涉公司从其开立的02-20030104004516账户中向李某开立的02-200300460022793账户转款900,000元,同日某有限公司开具现金支票一张,金额99,900元。

(二)本案裁判结果

一审法院认为,第一,虽然李某、刘某均陈述其在不知情的情况下被他人冒用身份办理公司登记,但李某、刘某并未通过登报或报警等方式对外宣告其身份证件被他人盗用,且身份证件作为自然人身份证明,具有较强的人身属性,一般情况下除非允许他人使用,否则他人一般无法获得。第二,即使公司设立、变更时工商登记材料上的笔迹非李某、刘某本人签署,但不排除其授意他人代签的可能性。李某申请对公司设立、变更时工商登记材料上的签字笔迹真实性进行司法鉴定,该鉴定事项与本案待证事实无关,一审法院不予准许。第三,工商登记信息具有一定的公示性,在公司已产生债务且已无财产可供执行的情况下,为保护债权人利益,否认股东身份应当更为谨慎。关于李某、刘某、安某主张的其从未出资,对公司的成立及公司股权转让均不清楚的抗辩理由。案涉公司在变更登记时以及公司章程中,均载明李某、刘某、安某系公司的股东,则李某、刘某、安某已取得公司的股东资格。其是否出资、是否行使并享有股东权利,并不影响其已经取得股东身份并承担责任。关于李某、刘某、张某、安某、师某是否存在抽逃出资的行为的问题。根据审理查明的事实,李某将注册资本900,000元存入公司在银行开立的验资账户内,后公司又将900,000元存入李某账户内。至此,李某将注册资本全部收回。刘某、张某、安某、师某缴纳出资并完成验资后,公司以转账、支票等形式将验资账户内的验资款全部转出,刘某、张某、安某、师某作为公司股东应当对资金的合法使用作出合乎常理的说明和充分举证,公司亦应对款项的合理使用充分举证,否则承担举证不能的法律责任。刘某、张某、安某、师某在履行出资义务后又将出资转出的行为符合《最高人民法院关于适用〈中华人民共和国公司法〉若干问题的规定(三)》第十二条规定"未经法定程序将出资抽回的行为且损害公司权益",应当认定为抽逃出资。

李某、刘某、张某、安某、师某作为公司股东抽逃出资,减少公司资本,损害公司和债权人利益,应当在其抽逃出资本息范围内对案涉公司债务不能清偿部分承担补充赔偿责任。

二审法院认为,李某、刘某等以工商登记档案及相关银行业务中的签字并非本人所签、身份被冒用为由主张其未有设立公司、成为公司股东的意思表示。但是,该上诉人并未提交充分且直接的证据证明其主张成立,且在本案作出判决前,市场监管部门并未因此作出撤销登记的决定,故上诉人以该理由主张不应被追加为被执行人理据不足,本院无法采信。

工商登记信息具有公示效力,李某、刘某曾被登记为案涉公司的股东,在公司已产生债务且已无财产可供执行的情况下,某银行要求追加存在抽逃出资情形的股东应予支持。某银行结合案涉公司注资、增资时间、数额以及公司账户资金转出情况,主张李某、刘某、张某、安某、师某作为股东存在抽逃出资的情况,各上诉人不能对该资金转出情况作出合理的说明并提供证据,一审法院据此认定各上诉人存在抽逃出资的情况,并判决在抽逃出资本息范围内对案涉公司债务不能清偿的部分承担补充赔偿责任并无不当。

二、真实意思表示与商事外观主义的张力与平衡

(一)"冒名"问题引述

《公司法解释(三)》第二十八条针对冒名登记为股东的有关责任承担问题作出规定,即"冒用他人名义出资并将该他人作为股东在公司登记机关登记的,冒名登记行为人应当承担相应责任",但该条文仅规定了冒名登记的"行为",并未对何为被"冒用"进行阐述而留待司法审判个案中结合具体事实予以认定。

最高人民法院民事审判第二庭编著的《最高人民法院关于公司法解释(三)、清算纪要理解与适用》对上述条文进行解读时指出:"冒名股东是指以根本不存在的人的名义(如去世者或者虚构者)出资登记,或者盗用真实人的名义出资登记的投资者。包括以根本不存在的人的名义出资并登记和盗用真实的人的名义出资并登记两种情形。"[①]

当公司债权人向公司登记机关注册登记的股东主张出资不实的赔偿责任时,若被冒名人主张不承担相应责任,其核心待证事实即为其个人身份被

[①] 最高人民法院民事审判第二庭编著:《最高人民法院关于公司法解释(三)、清算纪要理解与适用(注释版)》,人民法院出版社2016年版,第435页。

"盗用"。

关于个人身份被盗用的问题,《刑法修正案(九)》增加了"使用虚假身份证件、盗用身份证件罪"作为《刑法》第二百八十条之一,即"在依照国家规定应当提供身份证明的活动中,使用伪造、变造的或者盗用他人的居民身份证、护照、社会保障卡、驾驶证等依法可以用于证明身份的证件,情节严重的,处拘役或者管制,并处或者单处罚金。有前款行为,同时构成其他犯罪的,依照处罚较重的规定定罪处罚"。

关于何为"盗用",可参照"盗窃罪"中"盗窃"行为的分析,其核心为"以非法占有为目的"。"非法占有目的,是指排除权利人,将他人的财物作为自己的财物进行支配,并遵从财物的用途进行利用、处分的意思。"[1] "一般来说,如果行为人没有占有他人财产的合法根据,或者说没有使他人转移财产给自己或第三者的合法根据,却具有占有他人财产的目的,就属于非法占有目的。"[2]

综上所述,当"盗用人"没有合法根据取得他人身份证明文件,且未经授权即使用在"依照国家规定应当提供身份证明的活动中",则构成"盗用";故此,被冒名人须证明其与冒名人不存在授权使用的意思联络,这也是区分其主动"借用"与被动"冒用"的关键所在。

(二)"冒名"在民事法律上的评价问题

"冒名"属于未经他人授权而使用他人身份,在我国现行民事法律行为体系中虽对"冒名"并未予以直接界定,但根据行为的性质可以看出,"冒名"与"代理"中的"无权代理"行为有相似之处,其法律后果与行为效果归属似可参照适用"无权代理"与"表见代理"的法律规则,《最高人民法院关于适用〈中华人民共和国民法典〉总则编若干问题的解释》(法释〔2022〕6号)第二十八条[3]针对表见代理的构成以及表见代理在"被代理人"与"相对人"间的举证责任分配问题进行了明确规范。

但是,我们关注到,《公司法解释(三)》第二十八条规定:"……公司、

---

[1] 张明楷:《张明楷刑法学讲义》,新星出版社2021年版,第357页。
[2] 张明楷:《张明楷刑法学讲义》,新星出版社2021年版,第362页。
[3] 《最高人民法院关于适用〈中华人民共和国民法典〉总则编若干问题的解释》第二十八条规定:"同时符合下列条件的,人民法院可以认定为民法典第一百七十二条规定的相对人有理由相信行为人有代理权:
(一)存在代理权的外观;
(二)相对人不知道行为人行为时没有代理权,且无过失。
因是否构成表见代理发生争议的,相对人应当就无权代理符合前款第一项规定的条件承担举证责任;被代理人应当就相对人不符合前款第二项规定的条件承担举证责任。"

其他股东或者公司债权人以未履行出资义务为由,请求被冒名登记为股东的承担补足出资责任或者对公司债务不能清偿部分的赔偿责任的,人民法院不予支持。"根据商事登记制度的公示效力,如果参照"表见代理"的制度规则,公司债权人作为相对人是当然"有理由相信行为人有代理权"的"善意相对人",但为何《公司法解释(三)》却作出了相反法律效果的规定,这是否违背了我国《立法法》等立法领域的规定精神,属于司法解释对于立法权的"越权"呢?对此,带着这样的疑问,笔者试作如下法律思考。

从学理分析的角度而言,"……有必要辨析'使用他人名义实施法律行为'与'以他人名义实施法律行为'。德国民法学者一般将前者称为'Handeln unter fremdem Namen',把后者称为'Handeln in fremdemNamen'。二者虽然仅一字之差,但却被赋予不同的内涵。'以他人名义实施法律行为'这一表述来源于代理制度,它是代理的构成要件之一。"①"一般而言,'以他人名义实施法律行为'意味着行为实施者在行为过程中以文字、言语或其他方式向相对人表明其自身并非名义载体而只是名义载体的代理人。……在某些情形中,代理人仅仅对外标示被代理人的名字而没有在身份上区分自己与被代理人,比如仅仅在合同文本上签署被代理人的名字。这种非常态的代理行为无疑也属于'以他人名义实施法律行为',日本民法学者山本敬三称之为署名代理……"②可以看到,《公司法解释(三)》第二十八条所规定的"冒名人"与"被冒名人"的关系,与前述日本学者学理上的所谓"署名代理"行为较为相近,但两者只是外观相似,本质不同。

对此,我们试回到"代理"制度的出发点展开分析,可以说"代理"法律制度是法律回应社会分工的现实所创设的,可以达到"专业的人做专业的事"之效果;但"代理"是具有适用范围的,例如,"身份关系"的形成原则上是不能代理的③。关于"代理"的适用范围问题,我国《民法典》第一百六十一条作出了原则允许、例外排除的规定:"民事主体可以通过代理人实施民事法律行为。依照法律规定、当事人约定或者民事法律行为的性质,应当由本人亲自实施的民事法律行为,不得代理。"

结合上述关于代理制度创设的初衷以及必须"本人亲自实施"的民事法

---

① 杨代雄:《使用他人名义实施法律行为的效果——法律行为主体的"名"与"实"》,载《中国法学》2010年第4期,http://clsjp.chinalaw.org.cn/portal/article/index/id/11169.html。
② 杨代雄:《使用他人名义实施法律行为的效果——法律行为主体的"名"与"实"》,载《中国法学》2010年第4期,http://clsjp.chinalaw.org.cn/portal/article/index/id/11169.html。
③ 例如,我国《民法典》第一千零四十九条规定:"要求结婚的男女双方应当亲自到婚姻登记机关申请结婚登记。"我国《民事诉讼法》第六十五条规定:"离婚案件有诉讼代理人的,本人除不能表达意思的以外,仍应出庭;确因特殊情况无法出庭的,必须向人民法院提交书面意见。"

律行为的分析,再次将讨论聚焦到《公司法》中有限责任公司的设立、运行的场景中。从理论上看,有限责任公司因有股东个数(五十个以下)限制而具有典型的"人合性",股东本应"亲自实施"公司的设立、运营管理等各项事务,但现实中因种种原因,在公司登记文件中记名的人(名义股东)与真正投资人(实际出资人)相分离的情形屡见不鲜。通常,双方当事人间通过签署"隐名投资合同""股权代持合同"等法律文件进行权利义务约束。对此类合同的效力,《公司法解释(三)》第二十四条①作出了原则认可的规定。我们分析现实中造成名义股东与实际投资人身份分离的多数原因可见,典型的情形是实际出资人基于特定原因(如系国家公职人员等)不便于"显名化"而策略性"借名"以形成"隐名股东"身份,在此情形下,"隐名股东"只是"通过他人名义"实施法律行为,将"他人"作为一种行权的"外观""通道"而已,本质是"为自己利益"而行为,故此,与前文日本学者所谓的"署名代理"行为有本质区别,"署名代理"作为"代理"的一种表现行为,其本质与内涵仍限定于"代理人"系"为署名人利益"而行权,而"隐名股东"仅将"名义股东"(署名股东)作为"通道"或"工具人",本质系仅为自身利益而行权,已超出一般"代理"法律规则的框架,但与一般"代理"规则相似的是,因商事登记具有公示对抗效力,"名义股东"不能仅以其"名义"身份对抗善意第三人。

被"冒名"的股东虽形式上与"名义股东"相近,但被"冒名"股东对被冒名的事实完全不知情,并未作出任何授权的意思表示,故此,《公司法解释(三)》第二十八条作出穿透式规定,因被冒名人不具备成为股东的任何真实意思表示,故该条文对于"被冒名人"作出相较于"表见代理"的制度规则体系而言相反的法律效果的规定。这时我们便可以回答,在"名义股东""冒名股东"的场合,仅有"代理"或"无权代理"的外观,但并无"代理关系"的实质,该法条也因此与《民法典》相关规定不构成冲突,并未违背我国《立法法》等立法领域的规定精神,不构成"越权立法"。

(三)"真实意思"与"外观主义"的张力与平衡

"被冒用人"不承担瑕疵出资补足责任的规定本身,确实存在着多种法律制度,甚至可以说是作为民法体系的核心"民事法律行为"理论与商事组织法体系的核心商事登记公示效力、资本维持原则之间的紧张关系。

具体而言,从民法体系的民事法律行为角度观察,"法律行为以意思表

---

① 《公司法解释(三)》第二十四条第一款规定:"有限责任公司的实际出资人与名义出资人订立合同,约定由实际出资人出资并享有投资权益,以名义出资人为名义股东,实际出资人与名义股东对该合同效力发生争议的,如无法律规定的无效情形,人民法院应当认定该合同有效。"

示为核心要素,在冒名实施的民事法律行为中,被冒名人并无与任何人缔结法律关系的意思表示,与交易相对人之间自然也无合意形成,在此情形下,认定被冒名人与相对人之间民事法律行为因欠缺意思表示要件而不成立,具有理论上的合理性。司法实务中一些判例也是采用了这一观点。如最高人民法院(2019)最高法民申6149号再审申请人彭飞、都清香与被申请人张云福、朱静、一审第三人朱晓燕民间借贷纠纷案中,最高人民法院认为,签订《借款/担保合同》和《重庆市房地产抵押合同》、办理房屋抵押登记的'朱静'并非本人,而是朱晓燕。朱静身份遭冒用,其并未参与合同订立,没有借款及提供抵押担保的意思表示,事后亦不认可。因此,《借款/担保合同》和《重庆市房地产抵押合同》对朱静不发生法律效力,依法不成立。"①

但与此同时,就商事登记的外观主义角度而言,也可见最高人民法院相关负责人曾于2007年作出如下讲话:"正确适用外观主义原则,注意维持公司内部各民事主体之间约定的效力。公司法律关系具有很强的涉他性,公司机关的内部决策、内部各民事主体的意思自治,往往涉及公司外部当事人的利益。在审理公司纠纷案件过程中,要注意贯彻外观主义原则,在维护公司内部当事人约定的效力的同时,优先保护外部善意当事人的权利。在审理涉及股东资格认定及其与外部第三人之间关系方面的有关纠纷案件时,要准确理解和适用公司法(2005)第三十三条的规定。在股东与公司之间的内部关系上,股东可以依据股东名册的记载向公司主张权利,公司亦可依据股东名册的记载识别股东,并仅向记载于股东名册的人履行诸如通知召开股东会、分配利润等义务。实际出资人与记载于股东名册的股东之间有关'名实出资'的约定,仅在定约人之间产生效力,一般不能对抗公司。在股东与公司之外的第三人之间的外部关系上,应当坚持外观主义原则,即使因未办理相关手续导致公司登记机关的登记与实际权利状况不一致,也应优先保护善意第三人因合理信赖公司登记机关的登记而作出的行为效力。"②探求当事人的真实意思表示以及商事外观主义的矛盾,在某种程度上也是"实质正义"与"形式正义"、"个案公平"与"普遍公平"之间的张力。解题的切入点是在民商事审判中关注外观主义的合理适用范围与边界问题。

关于外观主义的适用范围问题,《全国法院民商事审判工作会议纪要》

---

① 朱晓春:《冒名行为法律性质探析》,载青岛市中级人民法院官网,http://qdzy.sdcourt.gov.cn/jnanlxqfy/383905/383908/8830683/index.html。
② 最高人民法院民事审判第二庭编著:《最高人民法院关于公司法解释(三)、清算纪要理解与适用》,人民法院出版社2016年版,第381—382页。

(法〔2019〕254号)中作出了阐述,最高人民法院已关注到"外观主义"在审判实践中可能存在的过度适用的问题,指出"注意处理好民商事审判与行政监管的关系,通过穿透式审判思维,查明当事人的真实意思,探求真实法律关系;特别注意外观主义系民商法上的学理概括,并非现行法律规定的原则,现行法律只是规定了体现外观主义的具体规则,如《物权法》第106条规定的善意取得,《合同法》第49条、《民法总则》第172条规定的表见代理,《合同法》第50条规定的越权代表,审判实务中应当依据有关具体法律规则进行判断,类推适用亦应当以法律规则设定的情形、条件为基础。从现行法律规则看,外观主义是为保护交易安全设置的例外规定,一般适用于因合理信赖权利外观或意思表示外观的交易行为。实际权利人与名义权利人的关系,应注重财产的实质归属,而不单纯地取决于公示外观。总之,审判实务中要准确把握外观主义的适用边界,避免泛化和滥用。"

结合上述分析,我们将分析再次聚焦到有限责任公司"借名登记"与"冒名登记"性质的区别上来。法律要求"借名登记"场景下的"名义股东"承担瑕疵出资补足责任[《公司法解释(三)》第二十六条],是因为实际出资人仅以"被借名人"为"通道"(前提是"被借名人"知情且未持异议),通过穿透式审判思维,可以对实际出资人形成精准而有力的规制。与此不同的是,在"冒名登记"场景下,"被冒名人"并未作出任何开办公司、对外投资的"意思表示",并未作出任何"民事法律行为",若仅因被冒名登记具有涉他性而对外承担第一性的财产责任将对"冒名人"的"冒名行为"产生不当激励,难谓公平。

(四)"冒名"的举证责任问题

前文论及"意思表示"与"外观主义"之间紧张关系,在涉及"冒名登记"的司法裁判个案中集中体现在举证责任分配问题上,具体而言,在审判实践中多聚焦到公司登记文件的笔迹鉴定问题上,在最高人民法院(2017)最高法民申2602号民事裁定书中,认可了笔迹鉴定意见并非本人签名而认定"冒名"成立的裁判:"根据一、二审查明的事实,在最终形成的《出资协议》《公司章程》《公司名称预先核准申请书》《股东会选举执行董事、监事的决定》等公司设立的重要文件中出现的'王其安'签名均非王其安本人所签,王重杰冒用王其安的名义出资并将王其安作为股东在公司登记机关进行登记,张海旭并无充分证据证明王其安授权王重杰签名或事后予以追认。故张海旭请求王其安承担补充赔偿责任的主张不应予以支持。"

但值得关注的是,即使存在最高人民法院在个案中的认定,但该个案并非指导性案例,且通过初步案例检索可以发现,在"冒名"问题的认定上,裁判思维并未完全统一,仍然会在不同程度上存在倾斜保护债权人,也就是优先适用商事登记外观主义进行审判的倾向。①

审判实践中,基于防止瑕疵出资股东可能存在的恶意逃避法定补足/赔偿责任的问题,更多赋予主张被冒用的股东承担其身份被冒用的举证责任,甚至会存在法院认为工商登记文件的字迹鉴定与案涉事实无关而不同意启动鉴定的问题。对此倾向,暂且不论笔迹问题与待证事实的高度关联性,仅从民事审判证据调查的职权角度而言,也值得商榷。

《最高人民法院关于民事诉讼证据的若干规定》(法释〔2019〕19号)第三十条规定:"人民法院在审理案件过程中认为待证事实需要通过鉴定意见证明的,应当向当事人释明,并指定提出鉴定申请的期间。符合《最高人民法院关于适用〈中华人民共和国民事诉讼法〉的解释》第九十六条第一款规定情形的,人民法院应当依职权委托鉴定。"而《最高人民法院关于适用〈中华人民共和国民事诉讼法〉的解释》第九十六条规定:"民事诉讼法第六十七条第二款规定的人民法院认为审理案件需要的证据包括:(一)涉及可能损害国家利益、社会公共利益的;(二)涉及身份关系的;(三)涉及民事诉讼法第五十八条规定诉讼的;(四)当事人有恶意串通损害他人合法权益可能的;(五)涉及依职权追加当事人、中止诉讼、终结诉讼、回避等程序性事项的。"也就是说,虽然婚姻、收养、监护等系典型的身份关系,但关于股东资格认定的问题,其实也涉及经济领域有关主体的身份认定问题。即使严格解释该身份关系而排除股东资格认定问题,至少在该类案件中,为确保当事人在个案中程序权利与程序正义的实现,也建议法院依职权向当事人释明申请鉴定的程序权利。

(五)"冒名"成立的司法审查问题

审判实践中,为了防止股东逃废债务的动机,法院更多对于主张"冒名"的成立采取相对审慎的态度,对冒名股东的认定适用较为严格的审查标准,审查要点主要包括:

第一,审查主张被冒名者是否存在成为公司股东的动机。同时,严格审查主张被冒名者是否存在逃废债务的动机,避免损害公司已知或未知债权

---

① 例如,天津市第三中级人民法院作出的(2021)津03民终6947号民事判决书所载:"蔡某某上诉主张被冒名登记为宝联公司的股东和监事,但在二审庭审中自认,其以宝联公司、曹某某为被告提起了姓名权纠纷诉讼,被判决驳回,该案已经发生法律效力,其主张冒名登记依据不足,本院不予支持,且工商登记具有对外公示效力,应当作为认定公司股东资格的依据,一审认定蔡祖才为宝联公司股东并无不当,蔡祖才在股东出资期限内未缴纳出资,应依法在未出资限额内承担责任。"

人的合法权益。

第二，公司的章程、股东会决议、股权转让协议以及设立公司时所提交资料上的签名是否为本人签字，如非本人签字是否为授意签字。

第三，被冒名者需要初步举证证明冒名者未经授权持有其身份证原件，应提供在被冒名登记期间遗失身份证的报失证明原件等。

第四，被冒名者对工商登记等事宜是否知情，如果其知情但未反对的，则不应被认定为冒名登记。

第五，综合考虑其他因素，如被冒名登记的股东与冒名股东或其他股东的关系，以及被冒名登记股东的身份、财产情况，被冒名登记的股东是否参与公司管理、是否参加过股东会、是否有分红等。主张被冒名者应就冒名事实的存在承担举证责任。①

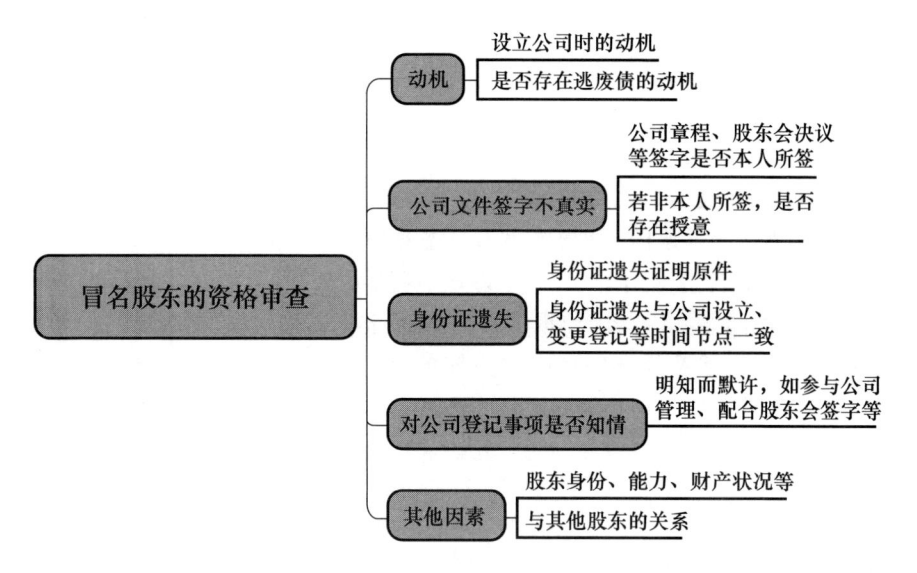

```
                    ┌── 动机 ─── 设立公司时的动机
                    │            是否存在逃废债的动机
                    │
                    ├── 公司文件签字不真实 ─── 公司章程、股东会决议
                    │                         等签字是否本人所签
                    │                         若非本人所签，是否存在授意
冒名股东的资格审查 ─┤
                    ├── 身份证遗失 ─── 身份证遗失证明原件
                    │                  身份证遗失与公司设立、变更登记等时间节点一致
                    │
                    ├── 对公司登记事项是否知情 ─── 明知而默许，如参与公司管理、配合股东会签字等
                    │
                    └── 其他因素 ─── 股东身份、能力、财产状况等
                                     与其他股东的关系
```

（六）"冒名登记行为人"的责任问题

《公司法解释（三）》第二十八条针对冒名登记为股东的有关责任承担问题作出规定，即"冒用他人名义出资并将该他人作为股东在公司登记机关登记的，冒名登记行为人应当承担相应责任"。这样规定的法理与《民法典》针对"无权代理行为人"的责任规定相同，《民法典》第一百七十一条规定"行为人实施的行为未被追认的，善意相对人有权请求行为人履行债务或者就其受到的损害请求行为人赔偿。但是，赔偿的范围不得超过被代理人追认

---

① 《股东资格确认纠纷案件的审理思路和裁判要点》，载上海市第一中级人民法院官网，2020年2月3日，https://www.a-court.gov.cn/xxfb/no1court_412/docs/202002/d_3576005.html。

时相对人所能获得的利益"。

聚焦"冒名登记行为人"的责任,具体分析如下。

第一,实施"冒名登记行为"的人可能是中介机构或代理机构人员,此时,该代理机构将面临信用惩戒等责任,而指示冒名的委托人将承担相应的主体性责任。

第二,"冒名登记行为人"当然应承担侵犯他人姓名权的侵权责任,但"冒名登记行为人"是否当然取得相应的"股东资格"?针对此问题,仍应坚持"内外有别"的原则:就外部关系而言,"冒名登记行为人"应向公司债权人就公司债务不能清偿的部分承担赔偿责任;就内部关系而言,应类推适用《公司法解释(三)》第二十四条规定,将"冒名登记行为人"视为"实际出资人",即"实际出资人未经公司其他股东半数以上同意,请求公司变更股东、签发出资证明书、记载于股东名册、记载于公司章程并办理公司登记机关登记的,人民法院不予支持"。

第三,现实中存在一种情况,经过岁月流转,"冒名登记行为人"已无法核实。此时,可依据《公司法解释(三)》第十三条,要求公司设立时的"发起人"[①]承担连带责任或增资时未尽职的"董事、高级管理人员"承担相应责任。但仍然存在一种极端情况,公司设立时的"发起人"也已无法核实,[②]本文论及的案例中便出现此种情形,"发起人"在公司设立登记文件上的"签名"经笔迹鉴定亦非"本人"签署,此时则只能根据民事诉讼证明责任、证据规则等程序法规则作出案件实体裁判。

(七)"冒名登记"引发的行政撤销行为与民商事审判的关系问题

1. 基于行政机构自我纠错机制的行政撤销方面的文件规定

《市场监管总局关于撤销冒用他人身份信息取得公司登记的指导意见》(国市监信〔2019〕128号,已失效)针对撤销有关公司登记作出指导。《天津

---

① 此处的"发起人"概念并不限于《公司法》规定的股份有限公司,见《公司法解释(三)》第一条:"为设立公司而签署公司章程、向公司认购出资或者股份并履行公司设立职责的人,应当认定为公司的发起人,包括有限责任公司设立时的股东。"

② 根据国家市场监管总局要求,自2019年5月1日起,在企业设立登记业务环节实行对相关自然人的企业登记实名验证在全国铺开,无法核实"发起人"的问题理论上不再存在。

市撤销冒用他人身份信息取得公司登记工作操作规程》①于2019年12月1日起施行,有效期五年。2021年8月国务院颁布行政法规《中华人民共和国市场主体登记管理条例》(2022年3月1日起施行),整合了各类市场主体登记的规范。《市场主体登记管理条例》中确认了自2019年以来公司登记注册过程中实行"实名认证"的经验做法。第十五条规定:"市场主体实行实名登记。申请人应当配合登记机关核验身份信息。"从源头上最大限度地减少"冒名登记"行为。

《市场主体登记管理条例》进一步明确登记机关仅进行形式审查,第十九条规定,"登记机关应当对申请材料进行形式审查"。在此基础上明确了撤销登记的申请与处理程序。第四十条规定:"提交虚假材料或者采取其他欺诈手段隐瞒重要事实取得市场主体登记的,受虚假市场主体登记影响的

---

① 《天津市撤销冒用他人身份信息取得公司登记工作操作规程》:
第五条　申请人申请撤销公司设立登记、变更登记和注销登记中涉及下列登记事项被冒用的,适用本规程。
(一)公司法定代表人姓名;
(二)有限责任公司股东或者股份有限公司发起人的姓名或名称。
第十三条　调查终结或公示期满后,综合行政执法机构做出调查终结报告,认定是否存在冒用他人身份信息办理登记、相关人员无法取得联系或不配合调查,且公示期内无利害关系人提出异议等事实,并将全部调查材料及调查终结报告转交信用监管机构审核。
综合行政执法机构认定冒名登记事实的,应同时认定冒名登记的直接责任人,或者作出不能认定直接责任人的说明。
第十五条　具备以下情形之一的,市场监管部门可认定冒名登记成立,依法作出拟撤销登记的决定。
(一)经调查认定冒名登记基本事实清楚的;
(二)公司和相关人员无法取得联系或者不配合检查,且公示期内无利害关系人提出异议的;
(三)人民法院生效判决或者裁定已认定冒名登记事实的。
第十六条　具备以下情形之一的,市场监管部门依法做出不予撤销登记的决定。
(一)有证据证明被冒用人对该次登记知情或曾予追认的;
(二)公示期内利害关系人提出异议且有证据证明属实的;
(三)公安、税务、金融、人力资源社会保障等相关部门出具不同意撤销登记意见的;
(四)撤销登记可能对公共利益造成重大损害的。
第二十一条　公司被撤销登记的,办理该次登记的下列人员为冒名登记的直接责任人:
(一)冒名使用他人身份信息或提供他人身份信息的人员;
(二)冒名签字人或直接指使他人冒名签字的人员;
(三)对冒名登记负有直接责任的登记代理机构、代理人员和其他组织机构。
第二十三条　自市场监管部门决定撤销冒名登记之日起5个工作日内,行政审批(政务服务)机构应在登记注册系统标注做出撤销决定的状态,通过公示系统向社会公示,并记录在企业名下。
撤销公司设立登记的,应公示公司名称、成立时间、被撤销登记日期和原因、做出撤销登记的登记机关等基本信息。
撤销公司变更登记的,恢复公司冒名登记前的信息,同时公示撤销冒名登记相关信息。
撤销公司注销登记的,恢复公司注销登记前的信息,并标注"已撤销注销登记,恢复主体资格"。

自然人、法人和其他组织可以向登记机关提出撤销市场主体登记的申请。

"登记机关受理申请后,应当及时开展调查。经调查认定存在虚假市场主体登记情形的,登记机关应当撤销市场主体登记。相关市场主体和人员无法联系或者拒不配合的,登记机关可以将相关市场主体的登记时间、登记事项等通过国家企业信用信息公示系统向社会公示,公示期为45日。相关市场主体及其利害关系人在公示期内没有提出异议的,登记机关可以撤销市场主体登记。

"因虚假市场主体登记被撤销的市场主体,其直接责任人自市场主体登记被撤销之日起3年内不得再次申请市场主体登记。登记机关应当通过国家企业信用信息公示系统予以公示。"

第四十一条规定:"有下列情形之一的,登记机关可以不予撤销市场主体登记:

"(一)撤销市场主体登记可能对社会公共利益造成重大损害;

"(二)撤销市场主体登记后无法恢复到登记前的状态;

"(三)法律、行政法规规定的其他情形。"

2. 行政撤销行为与民商事审判的关系问题

从前述关于"冒名登记"撤销的行政监管文件展开思考,以下三个方面的问题值得思考。

(1)第一个问题是,行政监管机关与司法审判机关的裁量尺度不同,导致同一事实行为得到不同的法律实施主体的不同评价而效力不稳定。

行政监管机关在面对"冒名登记"申请从而撤销相应市场登记的态度是较为宽松的,特别是除了规定经调查属实后"应当撤销市场主体登记"外,还规定了"存疑撤销"情形,即当"相关市场主体和人员无法联系或者拒不配合的"时,只要符合"相关市场主体及其利害关系人在公示期内没有提出异议的"情形,登记机关便"可以撤销市场主体登记"。① 但前文已论述,基于对于涉案股东可能存在着逃废债务的动机问题,民商事司法审判机关目前对于"冒名登记"行为普遍是持有较为审慎态度的,并且司法审判机关在审判过程中因普遍存在诉辩的对抗过程,审判人员在兼听双方正反两方面意见后,

---

① "与司法实务中对行政撤销权的严格限制不同,在行政法理论上,行政撤销的权力构造维度历来是不证自明的行政法命题,即所谓的'作出权隐含了撤回权'。依此逻辑,任何行政机关有权作出某一行政行为,它也有权撤回这一行为,且需要有法律规范的特别规定。德国联邦行政程序法规定在法定救济期限经过后,有权机关仍然可以依职权全部或一部分撤销违法行政行为,这是由于'行政机关始终是这一程序的主人,在具体情况下有权因存在错误或情势变更而撤废或变更行政行为'。"王青斌:《行政撤销权的理论证成及其法律规制》,载《法学》2021年第10期,http://fzzfyjy.cupl.edu.cn/info/1145/14963.htm。

相对更易于在个案中实现更高的客观事实的复原程度。故此，因行政监管机关与司法审判机关的体制机制不同，将会导致已被撤销的登记行为再次面临变动的可能，将使得与案涉当事主体相关的市场交易秩序面临相当期间内变动不居的状态。

（2）第二个问题是，行政监管机关与司法审判机关裁量尺度不同将造成司法审判机关在个案裁判中进退失据的"囚徒困境"。

个案审理困境的典型场景是，审判机关基于个案事实调查后发现，虽然工商登记文件中存在伪造笔迹问题，但通过个案其他事实可以高度盖然地认定，"被冒名人"与"冒名人"具有特定关系，"被冒名人"对于相应公司登记行为知情、默认，对笔迹代签存在授意，据此，审判机构基于审慎认定"冒名登记"的司法尺度，更倾向于作出否定"冒名"事实存在的法律认定；但在案件审理过程中，"被冒名人"很可能会向公司登记机关根据有关行政撤销的程序规则要求撤销相应的"冒名登记"行为，此时，如果公司登记机关基于依法行政理念下的"自我纠错"职责，从而倾向宽松认定"冒名"行为成立而作出撤销相应登记的决定，那么此时，法院该如何裁判呢？这似乎便构成了一个两难的裁判难题。

（3）第三个问题，如果说前述两个问题更偏向于个案裁决方面的抵牾，那么，下文论及的问题更具有普遍的理论意义，也是可能一并解决前面两个问题的前置性、基础性问题，这个问题就是公司登记若被撤销，那么，既往已形成的公司内外部交易关系、交易秩序是否面临调整的问题。

坦言之，此问题涉及行政法上的有关理论与实践问题。依据我国《行政许可法》第六十九条第二款之规定，当具体行政许可事项中涉及"被许可人以欺骗、贿赂等不正当手段取得行政许可的，应当予以撤销"。进而从一般性法理分析，该撤销的法律后果自然是许可行为"自始撤销"。若如此，则公司作为一类内外部商事交易关系频繁发生的市场经济主体，围绕该主体已发生的交易行为便无所依从，而若适用行政法上的法的安定性原则、信赖利益保护原则或利益衡量原则对此种情形上的"行政撤销权"加以限定[①]，可能也会存在执行尺度不一从而滋生权力寻租等新的问题。

这促使我们进一步思考，商事主体的登记行为，从行政法律关系上看，是否更靠近学理上的行政确认行为，而非行政许可行为。这种论断从官方文件中已可看出端倪，2020年6月15日，市场监管总局发布关于《中华人民

---

① 参见王青斌：《行政撤销权的理论证成及其法律规制》，载《法学》2021年第10期，http://fzzfyjy.cupl.edu.cn/info/1145/14963.htm。

共和国商事主体登记管理条例(草案)》公开征求意见的通知[①],在该份草案的起草说明中载明:"商事主体登记是由登记机关依法通过登记确认商事主体资格和一般经营资格,签发营业执照,并予以公示的行为,登记机关对申请人提交的材料实行形式审查。我们认为,从事商业活动并非为法律普遍所禁止,而是通常被允许的,而行政许可以一般禁止为前提,以个别解禁为内容。行政许可是一种授益行为,其内涵在于行政主体为行政相对人设定权益或者免除义务,但是从事经营活动的权利(行商权)并非源自授予,而是一项代表了自由意志的基本权利。同时,商事登记的功能之一是确立商事主体对内对外的关系(权利和义务),这也是商事登记的目的,这个过程中并没有创设新的私法上的相对权,只是通过公示的方式产生了对世权(对抗权)。因此,商事登记不同于行政许可。随着商事制度改革的持续深入,在当前商事主体登记过程中,登记机关进行形式审查、几无自由裁量权、并奉行准则主义,赋予了商事登记羁束行政行为的特征。《条例(草案)》将商事主体登记的性质界定为通过登记确认商事主体资格和一般经营资格,既否认了商事登记是对商事主体的许可,又保留了商事登记的创设力。"

诚然,如我们所知,2021年7月国务院最终颁布的行政法规《中华人民共和国市场主体登记管理条例》对前述草案内容进行了删改,回避了商事登记性质的界定。但草案及其起草说明所阐述的商事登记的内涵是不容回避的,且关于商事登记确认制的制度创新问题,中共中央、国务院已授权浦东新区先行先试。[②] 据此授权,上海市于2022年2月18日颁布《上海市浦东新区市场主

[①] 参见《市场监管总局关于〈中华人民共和国商事主体登记管理条例(草案)〉公开征求意见的通知》,载国家市场监督管理总局官网,https://www.samr.gov.cn/hd/zjdc/202006/t20200615_317040.html。

[②] 《中共中央 国务院关于支持浦东新区高水平改革开放打造社会主义现代化建设引领区的意见》(2021年4月23日)指出:"创新政府服务管理方式。加强各部门各领域协同放权、放管衔接、联动服务。探索试点商事登记确认制和市场准营承诺即入制,制定浦东放宽市场准入特别措施清单,深化'一业一证'改革,率先建立行业综合许可和综合监管制度。深化行政体制改革,按程序赋予浦东在统筹使用各类编制资源方面更大自主权。提高专业化精细化管理水平,实行与经济发展水平相适应的薪酬制度。"

体登记确认制若干规定》（2022年3月15日起施行）①，该规定明确了有限责任公司等主体的商事登记的性质为行政确认行为。同时明确"提交虚假材料或者采取其他欺诈手段取得市场主体登记的，依法撤销登记"。该撤销登记属于行政机关自我纠正的撤销行为，基于其为针对行政确认的撤销，笔者认为，其并不具有当然自始无效的效力。又或者说，其登记被撤销的效力范围仅及于"登记"本身，并不会伤及市场交易秩序。当市场主体设立、变更或注销登记行为被撤销时，只是行政确认行为被撤销，而民事法律关系与市场交易秩序可根据民商事法律规则体系予以判断与裁判，如依据民事法律行为制度、无权处分制度、表见代理制度、善意相对人制度、公司"借名"登记与"冒名"登记的司法判断标准等规则予以认定。

至此，经过前述对于商事登记行为性质的分析，当我们将商事登记行为从行政许可的观念更迭为行政确认行为后，即使公司登记机构基于依法行政理念"自我纠错"要求而作出相应登记撤销决定，该"行政撤销"的效力从

---

① 《上海市浦东新区市场主体登记确认制若干规定》：

第二条第二款：本规定所称市场主体登记确认制，是指登记机关依据法定的权限和程序，对有限责任公司、非公司企业法人及其分支机构，个人独资企业、合伙企业及其分支机构（以下统称"市场主体"）的主体资格和登记事项予以认定并公示其法律效力的登记制度。

第三条：实施市场主体登记确认制，应当遵循尊重意思自治、贯彻形式审查、全程公开透明、智慧便捷高效的要求，赋予市场主体更大的经营自主权，降低制度性交易成本。

申请人应当以实名申请登记，并对其提交材料的真实性、合法性和有效性负责。登记机关对申请材料进行形式审查，对申请材料齐全、符合法定形式的予以确认并登记。

第四条：市场主体的设立登记实行行政确认。符合法律法规规定的设立条件的，由登记机关确认其主体资格，并分别登记为相应类型的市场主体，签发营业执照。取得营业执照的市场主体即可从事一般经营项目。

第六条：市场主体自主确定经营范围，并记载于章程（合伙协议）。

市场主体仅需将主营项目、许可项目以及涉及外商投资准入特别管理措施的项目申请登记。登记机关按照经营项目分类标准予以确认并登记。

市场主体超越登记的经营范围开展非许可类经营活动的，登记机关不予处罚；未经许可开展许可类经营活动的，由有关许可部门依法处理。

第九条：市场主体应当置备股东（合伙人、投资人）名册。股权（财产份额、出资额）转让的，应当书面通知市场主体。

市场主体应当及时变更名册并申请变更登记，免于向登记机关提交转让协议等材料。

第十条：推进市场主体备案事项改为自主公示。市场主体应当在设立时或者下列事项变动之日起二十个工作日内通过国家企业信用信息公示系统、"一网通办"平台向社会公示：

（一）董事、监事、高级管理人员；

（二）市场主体登记联络员；

（三）外商投资企业法律文件送达接受人。

市场主体公示前款规定的材料和事项应当合法、准确、完整。公示虚假信息的，应当将其违法失信行为记入市场主体信用档案，依法实施失信惩戒；损害他人合法权益的，依法承担法律责任。

第十五条第三款：提交虚假材料或者采取其他欺诈手段取得市场主体登记的，依法撤销登记。

理论内涵上可避免伤及商事交易秩序与交易安全,并与《公司法解释(三)》第二十五条条文内涵与逻辑取得一致,即商事登记的内容构成第三人的一般信赖,并落脚于《民法典》第三百一十一条关于善意取得制度的规定。

三、案例总结

在本案二审中,我们是作为被追加为执行人一方的代理人,在二审中我们并未能改变原一审判决的认定,从我方当事人的角度,对二审结果是感到遗憾的。但其实,这也体现了个案中千差万别的细微事实差异可能会对法庭心证所产生的影响,以及法庭对于法律理念、法律秩序的探微与在司法解释规定范围内不得不作出的裁量与取舍。

通过案例检索,我们可以发现,在证明身份被冒用的问题上,如果"冒用人"有所忌惮,并出庭作证陈述冒用的事实,这可以最大限度还原事实,也利于法庭基于此作出个案认定,避免被冒用人担责。

以"买卖不破租赁"探析"债权物权化"

——以一则受让人与承租人房屋租赁合同纠纷案件探析债权物权化的发展进程

□ 孔令雨[①]　苗　菲[②]

【摘　要】 随着短视频自媒体文化的发展,律师基于自我宣传所进行的法律普及,"买卖不破租赁"这一规则逐渐深入人心。从实践及比较法的角度来看,"买卖不破租赁"规则的立法目的在于保护承租人对于租赁物享有的先占有使用利益,同时不违反当事人订立转让合同时的预期,进而该规则亦保护了交易安全,通过保护承租人进而提高了租赁物流转的效率。另外,"买卖不破租赁"这一规则的适用又以租赁合同为基础,即承租人以有效租赁合同约定占有和使用租赁物,受让人在取得租赁物所有权时,发生合同法定概括转移的效果。承租人权利义务不因租赁物所有权转移而产生变化,受让人亦因此概括承受出让人就租赁合同相应权利义务。由此结合理论与实务,就是否可以类推适用债权转让等规则作相应探析,以期在未来实务工作中,对相关案件有更详尽的思路。本文以相关案件为切入点,对债权物权化这一思路进行分析,并明确以类推债权转让等规则作为"买卖不破租赁"的价值基础这一实践思路。

任何一条法律规则都应当规定相应的适用条件、行为模式和法律后果。我国自1999年10月1日施行的《合同法》第二百二十九条规定:"租赁物在租赁期间发生所有权变动的,不影响租赁合同的效力。"《民法典》第七百二十五条规定:"租赁物在承租人按照租赁合同占有期限内发生所有权变动的,不影响租赁合同的效力。"这两条均未明确指出该规定所适用的前提条件,因而由该规定所确立的并非法律规则,而是租赁物所有权变动不影响由租赁合同构成租赁关系的原则。又因本条规定相对简略,故而在适用范围、构成以及实践过程中一直存在争议。

---

①　孔令雨,北京京师(天津)律师事务所执业律师。
②　苗菲,北京京师(天津)律师事务所执业律师。

【关键词】"买卖不破租赁";债权转让;合同的法定概括转移;租赁合同

一、案情简介及评析

（一）本案基本事实

上诉人（原审第三人）：甲。
被上诉人（原审原告）：乙、丙。
被上诉人（原审被告）：丁、戊。
被上诉人（原审被告）：A公司。

丁、戊原系案涉房屋所有权人。2012年5月15日，丁、戊将该房产抵押给案外人B并办理抵押登记，又于同日通过公证委托案外人B办理与案涉房屋转让有关的事宜。2012年7月31日，乙、丙通过A公司的中介，与案外人B就案涉房屋签订房屋转让合同，约定转让价格为190万元。合同签订后，乙分两次将190万元购房款通过A公司的指定账户支付给案外人B。案涉房屋于2012年8月2日转移登记于乙、丙名下。2012年3月，丁向甲借款，甲提出丁、戊将案涉房屋长期出租给甲，双方签订房屋租赁合同。后双方于2012年5月18日修改租赁合同，合同约定该房屋租赁期20年，租赁期限自2012年5月18日开始，房屋租金20年内不变，租金总计40万元。2012年6月，甲在得知丁将房屋抵押给案外人B后，双方又对2012年5月18日签订的租赁合同进行了修改，主要内容未变，将租赁期限改为自2012年3月18日至2032年3月17日止。甲于2012年3月19日至2012年4月1日分四次向丁汇款共计40万元。后因乙、丙购买涉案房屋并办理了产权过户手续，而甲主张履行租赁合同，发生本案纠纷。乙、丙遂诉至法院，请求：确认案涉房屋转让合同有效；甲腾退房屋；丁、戊、A公司立即交付房屋并支付延迟交房违约金38万元；A公司退还居间费3万元。

一审审理中，第三人甲亦提出诉讼请求，要求确认丁、戊与其签订的租赁合同有效。

（二）本案裁判结果

一审人民法院经审理认为，案外人B接受丁、戊的委托出售案涉房屋，乙、丙在A公司中介的沟通介绍下，与出卖方签订房屋转让合同，该房屋买卖合同有效，对乙、丙要求丁、戊交付房屋的诉请应予以支持。2012年6月，甲在得知涉案房屋抵押给案外人B后，要求将租赁合同的租期起始时间由

2012年5月改为2012年3月,系串通损害抵押权人利益的行为,其于2012年5月18日与丁签订的租赁合同,真实意图是为保障债权的实现,因而不具有租赁合同的效力。丁、戊未如实陈述案涉房屋已签订租赁合同的事实,是导致本案纠纷的主要原因,应承担违约责任,但乙、丙主张的违约金过分高于实际损失,酌情予以调整。由于A公司不是本案房屋转让合同的当事人,故乙、丙要求A公司交付房屋以及承担违约金的请求不予支持。至于居间费用,因不属于本案的审理范围,当事人可另行主张权利。

综上,判决:确认案涉房屋转让合同有效;甲腾退案涉房屋;丁、戊交付案涉房屋并支付迟延交房违约金;驳回乙、丙的其他诉讼请求;驳回甲要求确认案涉租赁合同有效的诉讼请求。

宣判后,甲不服一审判决,提起上诉。

二审法院确认一审法院查明的事实。另查明,丁、戊曾分别出具落款时间分别为2012年3月19日和2012年4月1日的承诺书和收款收据各一份,表示自愿将案涉房屋出租给甲,收到40万元房屋租金。2012年6月29日,甲向案涉房屋的物业管理单位交纳了一定期限的物业管理费。2012年6月22日,甲作为股东的C公司向丁、戊、D公司发函,要求归还两份借款合同中的借款本息共计94.5万元。

二审人民法院经审理认为,本案二审争议的焦点是:案涉房屋承租人以承租人身份对抗案涉房屋受让人所提出的腾退房屋请求是否成立,以及确认其原租赁合同效力的诉讼请求是否成立。二审法院认为,从租赁合同签订目的来看,租赁合同双方在庭审中均明确签订合同之初系确保出租人按时还款,由此可见,签订租赁合同双方在签订合同过程主观上并不具有建立租赁关系的真实意思表示。此外,该合同的修改、重签等补足过程中,亦表明双方真实意思表示并非建立房屋租赁关系。从事实层面,根据合同签订双方的履行行为,承租人支付出租人40万元,出租人主张与承租人名下公司发函内容的该笔款项为借款,同时承租人亦表示其名下公司与出租人无借贷关系。在此基础上,承租人未能举证证明其实际向出租人支付过租金。双方签订房屋租赁合同,一方却始终未履行租赁合同主要义务,另一方亦不行使其权利,该状况已显然与一般生活经验相左。同时双方当事人又存在着债务关系,即可认定该租赁合同不具备房屋租赁的实质,双方当事人亦无建立房屋租赁关系的真实意思表示。据此,判决:驳回上诉,维持原判。

(三)案件评析与思考

本案是一个以租赁合同为名行债权担保之实的典型案件,侧面也体现出在"买卖不破租赁"的原则下,实践中亦会出现恶意出让人,在房屋买卖合同签订之后,通过与第三人采用租赁合同的形式进行其他债权的担保,从而损害买受人的利益,或者在其将受强制执行之际,通过与第三人签订虚假的租赁合同以规避强制执行。而笔者作为律师在实践中主要考虑的方向为对于其中"买卖不破租赁"的具体适用情形,以及明确构成"买卖不破租赁"的核心要件。

"买卖不破租赁"这一原则适用基于两个独立的法律关系,即出租人与承租人之间的租赁关系,以及同为出租人的出卖人与买受人之间的买卖关系。实践中,经常通过有独立请求权第三人制度以推进相应诉讼,即买受人诉请出卖人按房屋买卖合同交付房屋,而第三人则提出确认租赁合同有效或确认与出卖人之间存在租赁关系的独立诉讼请求。而在该种情形下,第三人提出的请求显然是独立于原、被告的。第三人参与本案诉讼,可以通过其对出卖人的权利主张来对抗买受人,或者说利用有独立请求权的第三人独立诉讼请求与买受人诉讼请求的客体牵连性来阻却买受人对房屋的占有、使用。于此类纠纷中,各方当事人对于买卖合同关系一般均无异议,争议核心问题往往是作为有独立请求权的第三人的独立诉讼是否成立,也就是出卖人与第三人之间的租赁关系是否成立。该争议的核心则是租赁关系的认定标准。

而租赁关系在我国《民法典》中有明确规定,《民法典》第七百零三条规定:"租赁合同是出租人将租赁物交付承租人使用、收益,承租人支付租金的合同。"从规定中可知,租赁是出租人以交付租赁物于承租人为基础,请求承租人支付对应租金。由此规定可以得知,在承租人未取得租赁物占有前,承租人对出租人仅享有纯粹的债权请求权,不享有占有使用利益,而当承租人取得对租赁物的占有时,才客观上享有占有使用权益[①]。由此引申出《民法典》第七百二十五条"在承租人按照租赁合同占有期限内"的规定,可以避免因以合同生效为对抗力的发生时间节点所可能引发的合同倒签风险。至于租赁合同的备案与否,是否影响租赁权的对抗效力,笔者认为二者互不影响。在实践中,大多数房屋租赁以个人闲置为主,出于种种原因,当事人大多也没精力和动力去进行租赁登记或备案,事实上也确实如此。如果强行以登记或备案作为对抗效力的前提条件,对承租人来说也过于苛刻。同时,《民法典》第七百二十五条规定:"租赁物在承租人按照租赁合同占有期限内发生所有权变动的,不影响租赁合同的效力。"该规定在明确表明"买卖不破租赁"这一原则的同时,对于租赁关系的明确重点概括为"租赁物在承租人

[①] 朱虎、张梓萱:《买卖不破租赁:价值的确立、贯彻与回调》,载《苏州大学学报(法学版)》2022年第3期。

按照租赁合同占有",也就是"买卖不破租赁"中的租赁关系以承租人按照租赁合同"占有"为认定点,其认定的重点不是交付的方式,而是占有的方式,不可仅依占有改定或指示交付来进行判断,而是以承租人是否现实地占有而享有占有使用利益为判断基准。另外,对于现实占有后丧失占有的,对其是否仍受"买卖不破租赁"保护应就具体情况予以区分。另外,占有的丧失亦可能基于占有人的意思表示。如租赁物损坏需由出租人维修,此时承租人对于租赁物的占有使用利益仍应当受到租赁关系保护。

二、对标的物的占有及租赁合同的效力

依据上文所言,"买卖不破租赁"中的租赁关系以承租人按照租赁合同占有为认定要件,即出租人已处分租赁物,交由承租人占有使用。基于此,出租人则不应再享有再次处分租赁期限内该租赁物的权利,也就是出租人在租赁期限内转让该租赁物所有权时,转移的是租赁物返还请求权,与此同时,承租人对出租人的抗辩亦可向受让人主张。这一表现与《民法典》第五百四十八条规定的债权转让抗辩延续规则相一致,侧面突出了租赁权的债权性。但因不动产登记制度,使得不动产受让人仅通过转移登记就可以实现变动物权的效果,但不动产承租人对租赁物的使用权益不应因登记制度而变化。同时,又因不动产租赁合同大多涉及居住,而居住作为生存基本要求,实践中承租人多为经济上的弱势群体,故民法突破合同相对性,以"买卖不破租赁"原则,赋予租赁合同超出债权的效力[①]。同时,对于租赁合同是否要以公示作为对抗买受人效力的方式,笔者认为从兼顾各方合法权益及保障交易安全等角度考虑,未来应规定相应公示以进一步使得买受人或受让人不必承受不可预知的风险,亦减轻目前实践中通过有独立请求权第三人利用独立诉讼请求与买受人诉讼请求的客体牵连性来平衡多方权益给基层法院带来的压力。

三、债权与物权以及买卖与租赁的区别

基于上述内容对目前适用"买卖不破租赁"原则的相关案件及法律规定,不难看出,对于相关纠纷的核心争议仍然以租赁权的本身性质及买卖与租赁的认定为中心。对于债权与物权的相关定义,前人之述备矣,笔者仅就债权与物权的区别作简单解析,二者基础性质有差别,债权为请求权,而物

[①] 睢晓鹏:《买卖不破租赁规则中租赁关系的司法判定》,载《人民司法》2013年第22期。

权为支配权,二者并存于一物时,物权通常优于债权。而买卖与租赁均由《民法典》明确规定,前者为就标的物所有权的处分,后者则是就标的物占有使用以向所有权人支付相应费用。但目前对于"债权物权化"的探讨一直层出不穷,一方面是因为实践中对于"买卖不破租赁"原则于不动产租赁的广泛适用,另一方面承租人对于按照租赁合同占有使用的租赁物优先购买权亦体现了租赁权超越债权的部分效力。笔者之所以就买卖与租赁进行论述,不仅是因为本文主体所涉原则必然涉及两种不同的关系,更是因为对于买卖所处分的是所有权,而租赁关系中,承租人所享有的权利却为"租赁权"[①]。也正是因为租赁权这一定义,使得其本质为租赁合同所赋予的债权外观蒙上了一层类似物权的效力。但租赁权实质上依然仅是请求出租人交付租赁物于承租人,并由承租人使用收益的权利,也就是说本质上仍是请求权。

四、"买卖不破租赁"的价值基础

通过对于物权与债权的区分,以及进一步对于买卖和租赁之间关系的思考,笔者基于"买卖不破租赁"这一原则目前存在的"债权物权化"这一说法于实践中的影响探究"买卖不破租赁"的价值基础。《民法典》第七百二十五条对"买卖不破租赁"这一原则作出了两方面明确的限制,一方面为"按照租赁合同",另一方面为"占有期限",即承租人需在符合租赁合同约定基础上,租赁房屋在租赁合同约定期间内所有权转让,不影响租赁合同的效力。也就是说,"买卖不破租赁"的核心价值依附于租赁合同的存在、承租人对租赁物以符合租赁合同的方式占有、租赁物于租赁合同约定期限内的所有权变动,基于此可以判断"买卖不破租赁"的价值基础为承租人基于租赁合同所产生的占有使用权益。

五、善意受让人正当利益的保护

"买卖不破租赁"原则的广泛适用,使得善意受让人的正当利益常常因无法预知标的物的租赁状态而受影响,导致相应纠纷及争议产生,而对于善意受让人正当权益的保护在此便显得尤为重要。

而在实践中,"买卖不破租赁"的善意受让人往往遭遇承租人以第三人

---

① 章杰超:《对所谓"债权物权化"的思考——以"买卖不破租赁"为例》,载《法学论坛》2005年第5期。

的身份参与相应诉讼,以其独立于原、被告的诉讼请求于诉讼中阻却善意第三人对标的物的合法占有。基于该种情况,实践中善意受让人与出让人之间的买卖关系往往清楚明晰,而对于租赁关系的认定,在此时不仅成为对承租人权利保护的根本,也对善意受让人的正当利益造成影响。另外,在租赁物所有权已转让于受让人后,租赁合同应发生合同的法定概括转移,由受让人自动取代出让人成为原租赁合同中约定的出租人,概括承受原租赁合同的全部权利义务。此时,受让人也就因所有权的变动而取得变动后且在租赁合同期间内的租金请求权,以及违约损害赔偿请求权,负担维修等义务并承担相应的违约损害赔偿责任。

对于转让前出租人与承租人之间的相应约定,例如实际中减损出租人利益或增加出租人义务的相应内容,基于诚信原则,出让人应予以告知,且承租人在接到所有权转让通知时,亦有告知义务,否则不得对受让人所取得以租赁合同为基础的租金债权行使抵销权。

若在出让人转让租赁物所有权之前,已将以租赁合同为基础的租金债权转让于第三人,基于此种债权多重处分情况,为保护善意受让人及多方合法权益,应类推适用《民法典》第七百六十八条的规定,即已登记优先于未登记;先登记优于后登记;均未登记以先通知承租人为先;均未通知,租金债权受让人取得债权①。

六、总结

"买卖不破租赁"这一原则的广泛适用,不仅降低了交易成本,还保护了承租人的权益,同时也维护了交易安全。而其对租赁权所赋予的对抗第三人的效力也因此更为明确。基于此,"债权物权化"这一说法也日益增长,而在实践中,也影响着对于相应关系及权利的判断。笔者作为律师,对于该原则的考量依据为目前法律法规,主要针对于租赁关系的认定要件。因为不论对于承租人还是受让人,影响案件的根本因素亦是租赁关系。而对于债权物权化,笔者认为并不会是以租赁合同为基础的租赁权的发展趋势,租赁权仅因其于交易中独特的占有使用权益通过适用"买卖不破租赁"获得一部分物权的特征,也正因为其仍基于租赁合同,故其债权的本质不会发生变化。

---

① 朱虎、张梓萱:《买卖不破租赁:价值的确立、贯彻与回调》,载《苏州大学学报(法学版)》2022年第3期。